网络安全法治保障研究

郑文阳 王旭 著

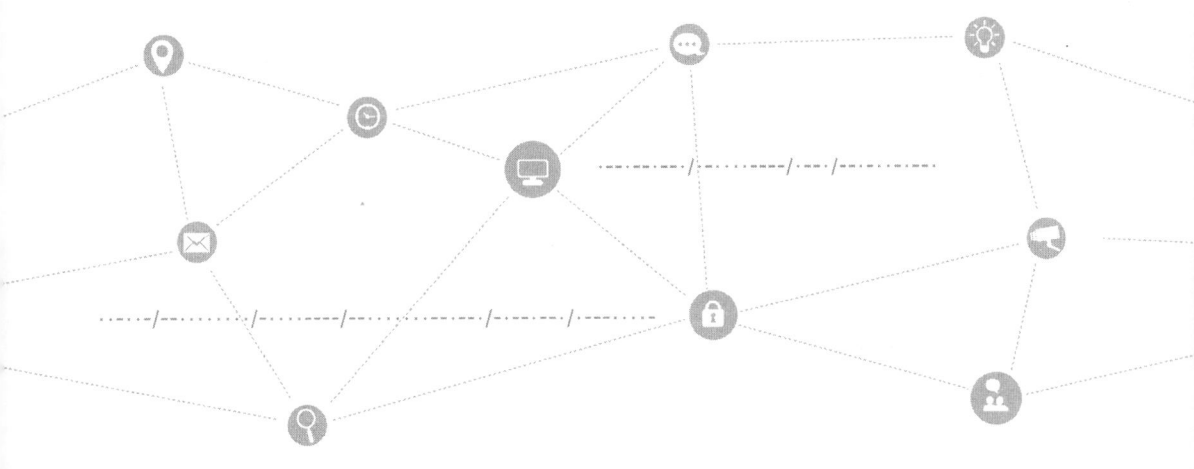

中国政法大学出版社

2023·北京

声　明　　1. 版权所有，侵权必究。

　　　　　2. 如有缺页、倒装问题，由出版社负责退换。

图书在版编目（CIP）数据

网络安全法治保障研究/郑文阳，王旭著. —北京：中国政法大学出版社，2023.3
ISBN 978-7-5764-0879-9

Ⅰ.①网… Ⅱ.①郑… ②王… Ⅲ.①计算机网络—科学技术管理法规—研究—中国 Ⅳ.①D922.174

中国国家版本馆 CIP 数据核字(2023)第 048555 号

出 版 者	中国政法大学出版社	
地　　址	北京市海淀区西土城路 25 号	
邮寄地址	北京 100088 信箱 8034 分箱　邮编 100088	
网　　址	http://www.cuplpress.com（网络实名：中国政法大学出版社）	
电　　话	010-58908586(编辑部) 58908334(邮购部)	
编辑邮箱	zhengfadch@126.com	
承　　印	北京中科印刷有限公司	
开　　本	720mm×960mm　1/16	
印　　张	14.5	
字　　数	260 千字	
版　　次	2023 年 3 月第 1 版	
印　　次	2023 年 3 月第 1 次印刷	
定　　价	88.00 元	

序言一

PREFACE 1

党的十八大以来,以习近平同志为核心的党中央高度重视网络安全工作,将网络安全纳入总体国家安全观,提出了一系列重要战略决策。习近平总书记指出:"没有网络安全就没有国家安全;过不了互联网这一关,就过不了长期执政这一关。"十九届五中全会提出了"建设更高水平的平安中国"的要求,强调要在坚持总体国家安全观的基础上,加强国家安全体系和能力建设。党的二十大报告深刻阐述了"中国式现代化"的科学内涵、中国特色和本质要求,明确指出"中国式现代化是走和平发展道路的现代化";同时强调,要加快建设网络强国、数字中国。上述重要战略布局为我国开展网络空间安全治理指明了方向,当前的网络安全政策与之一脉相承。我国尊重网络空间主权,倡导建立符合国际法的网络空间运行规则,坚决反对网络霸权主义,积极维护中小国家的网络安全利益。近年来,随着《网络安全法》等众多网络信息领域法律法规的颁布实施,我国正逐步建构系统化的网络安全法治体系。针对各界关注、民众关切的突出问题,陆续公布了《数据安全法》《个人信息保护法》等重要法律法规,并结合相关法律条文的规定,建立网络安全执法配套制度,完善了网络安全人才队伍建设,大力支持高等院校开设网络安全等专业课程。另外,由国家互联网信息办公室等13部门联合修订的《网络安全审查办法》,有力维护了网络安全和数据安全,为防范和化解网络安全风险保驾护航。总体而言,进入新时代以来,我国的网络安全建设取得了显著进步,成为新兴网络技术大国,网络信息领域的科技产品在国际市场具有较强的竞争力,培育了数家知名的网络科技头部企业,正逐步由网络技术大国向网络技术强国迈进。

进入数字时代,数据成为助推生产力发展的核心要素之一,数字经济逐步超越传统经济,成为推动国民经济增长的重要力量。网络大国纷纷认识到网络数据的重要性,投入大量人力物力开展网络技术研发。当前网络安全领域的竞争日趋激烈,个别网络霸权主义国家否认网络空间的国家主权属性,妄图凭借自身掌握的先进网络技术,实施长臂管辖,直接或间接的侵蚀其他国家的网络主权。总体而言,自党的十八大以来,网络安全受到了高度重视,中央层面全面规划网络安全建设,不断完善网络安全立法体系,提升网络安全核心技术,优化网络安全执法力量,培养网络安全科技人才。当然还必须清醒的认识到,我国网络安全建设仍然面临一系列挑战,与网络技术强国相比,还有一定差距,特别是在网络安全国际规则制定中,话语权较为有限。我国关于网络安全的许多政策主张应该走出国门,为更多国家所知晓,如网络安全命运共同体理念等。因此,作者主张今后有必要强化国际视野,在全球层面进一步增强网络安全合作,吸收各国合理的主张,积极推动网络安全全球治理体系变革,紧紧把握时代机遇,共同应对网络安全带来的国际挑战。

2020年12月30日,国务院学位委员会、教育部印发了《关于设置"交叉学科"门类、"集成电路科学与工程"和"国家安全学"一级学科的通知》(学位〔2020〕30号)。按照学科设置的相关规定,经专家评议论证推荐,国务院学位委员会批准,最终决定设置"国家安全学"一级学科(学科代码为"1402")。国家层面的战略决策布局,为网络安全理论研究注入了强心针。借助这一热潮,当前越来越多的高校独立设置了国家安全专业,或者在法学专业之下将网络安全视为全新的研究方向。然而,作为近两年成立的新兴学科,国家安全学的研究领域和研究范式还不成熟,相关基础理论并不完善,未来发展方向亦不明确,处在不断探索学习的阶段。在总体国家安全观指引下,网络安全法治保障的研究,不仅有利于法学专业深化网络安全的理论研究,更有助于国家安全专业确定重点研究领域。因此,作者在书中用较大篇幅阐述网络安全之于国家安全的重要意义,积极倡导将网络安全作为国家安全学的重要研究方向,并以此为突破口,不断丰富国家安全学的研究内容,优化国家安全学的研究范式,奠定国家安全学的理论基础,以便为后续学科建设作出更大贡献。

数字时代网络安全法治保障研究,直接关系经济安全、社会安全和科技安全等重要领域。当前数字经济占比不断提升，以"大数据""云计算""区块链"为代表的数字新兴领域，正不断改变影响着普通公民的日常生活，在为经济发展提供助力的同时，亦有可能带来意想不到的风险。如数字时代的个人信息保护问题，以往个人信息大多通过零散的方式泄露，数字时代个人信息则存在大规模批量泄露的可能性，虽然《个人信息保护法》已经出台，但个人信息泄露问题依然非常严重，甚至引发了电信诈骗等刑事犯罪案件。同时，跨国网络巨头凭借自身的技术优势和资金优势，不断抢占市场份额形成垄断地位，通过广泛收集个人信息，利用算法等先进技术，影响个人的消费生活习惯，甚至将个人视为数据载体，损害了宪法规定的人格尊严。再者，跨国网络巨头倘若将所收集到的信息输送给母国开展数据分析，势必严重危害我国的国家安全，带来不可预料的风险，甚至引发国际争端。网络技术是把双刃剑，技术本身并不会直接危害公民的日常生活，但不受节制的网络技术则可能带来巨大危害，为保护自身的网络空间安全，各国纷纷立法，由此形成了网络空间治理国家化趋势。自中美贸易战爆发之后，美国政府频繁以国家安全为借口，打压我国网络头部企业，如美国联合盟友打压华为公司，逼迫欧盟部分国家放弃与华为公司在网络通信领域的合作，终止已经签订的合同，不仅侵害了华为公司的合法利益，还影响了欧洲国家5G通讯网络的建设速度，造成两败俱伤的局面。此种行为不仅践踏了公认的国际准则，还削弱了我国网络科技企业的国际竞争力，是美国网络霸权主义政策的直接体现。因此，对我国网络安全相关法治问题的研究，有助于强化我国的科技安全，推动网络科技企业积极参与国际竞争，保护我国企业的海外合法权益。

郑文阳博士所著《网络安全法治保障研究》一书，内容全面，着重论述了网络安全法治保障的理论基础、制度实践、域外镜鉴、优化举措等。文阳博士学术功底扎实，具有很强的学术敏锐性，能够在较短时间内抓住学界研究的焦点问题，并探索出潜在的学术增长点。书中研究主题高度契合国家大政方针，提出了若干具有创新性的观点，积极回应党和政府对网络安全问题的关切，为推动网络安全法治理论建设作出了有益探索。书中探讨了网络治理工作中的管理性、法治性、人才性、技术性等制约网络安全建设的现实困境，阐述了强化网络安全法治保障不仅需要提升网络安全技术实力，还要研究网络安全国际准则，推动网络安全命运共同体的实现，在公平公正的贸易体系下，维护我国网络头部企业的合法权益。总体而言，本书是近期研究网络安全法治问题的一部佳作，期待看到文阳博士在网络安全、数据安全等领域的更多研究成果。

西南政法大学校长、教授

2023 年 2 月 5 日　元宵节

序言二
PREFACE 2

随着互联网的逐渐普及和数字政府的快速发展,网络安全日益受到关注。党的十八大以来,以习近平同志为核心的党中央,从总体国家安全观出发,就网络安全问题提出了一系列新思想、新观点、新论断,对加强国家网络安全工作作出了重要部署,网络安全建设已成为党和国家的一项重大战略。如:党的十八届四中全会决定要求完善网络安全保护方面的法律法规;党的二十大报告中多处提到"网络",包括要加快建设网络强国,健全网络综合治理体系,推动形成良好网络生态,强化网络安全保障体系建设,等等。网络信息安全保障网络信息数据的完整性、保密性、可用性以及禁止发布传输违法有害信息,保障网络信息传播的有序进行,网络安全的基本要素包括了可用性、可控性、可审查性等。网络安全由于不同的环境和应用而产生不同的类型,包括运行系统安全即保证信息处理和传输系统的安全、系统信息的安全、信息传播安全、信息内容的安全等。

目前,我国网民规模已达十多亿,并逐年增加,数量居全球第一,我国现在面临的重要战略目标,即从网络大国向网络强国迈进。网络安全法治保障方面的研究,既是大力发展数字经济的现实需求,也是保障公民网络权利的题中之义。同时,有助于丰富和发展总体国家安全观,拓宽马克思主义国家安全观的新视野,为保障我国网络安全和建设网络强国提供了理论依据。网络安全研究越来越受到重视,不断有一些新的学术成果出现,包括从纯技术角度、比较法的角度、法律适用的角度研究网络安全,也有一些学者在总体国家安全观视域下研究网络安全。网络安全问题直接影响到相关学科的繁荣发展,网络安全具有多元属性,属于跨学科问题,牵涉计算机、国家安全学、法学等诸多学科,各个学科均能从自身视角出发,结合本学科的知识特点和经验思维开展网络安全研究。从法学视角研究网络安全问题,较为注重通过规则之治,维护网络主体权利义务的平衡,并从国际法的层面助推完善网络安全国际规则的制定。

当今世界和平与发展是时代的主题,伴随苏联解体、冷战结束,人类面临传统军事安全的风险相对较小,但是非传统领域的安全风险却呈增加趋势,需要引起高度重视。网络信息往往通过技术媒介的方式呈现,故网络信息领域的安全影响并不局限于网络安全本身,还会牵涉其他领域的安全问题,如经济安全、社会安全、科技安全等。当前错综复杂、形势严峻的网络空间现实与治理,需要国家、国际组织、企业、个人等网络空间参与主体齐心协力,共同应对。网络安全法治保障的主体日益多元,客体逐渐扩展,内容不断丰富。在网络安全法治保障体系建设过程中,应当坚持习近平关于网络安全法治保障的思想引领,树立正确的网络安全观,努力维护网络空间的主权,突出网络安全的人民性。我国网络安全立法经历了萌芽、发展、转型三个发展演变阶段,目前已出台了《网络安全法》《个人信息保护法》《数据安全法》等法律法规。在网络安全立法过程中,应当注意搭建完善的网络安全立法体系,综合立法与专项立法相互融合,中央立法与地方立法相互结合,统筹协调国内立法与国际条约。

作者从立法、执法、网络技术、国际挑战等方面,详细分析了我国网络安全法治建设面临的诸多现实困境:首先,网络安全立法方面,表现为立法理论基础较为薄弱,立法价值定位较为模糊,立法技术水平仍需提升;其次,在网络安全执法方面,体现为执法制度尚不健全,执法责任不够清晰,执法追责监督乏力,执法人员力量不足,公众参与力度不够等;再次,在网络安全技术方面,表现为核心技术供给不足,技术开发机制不畅,技术领域缺乏分级,技术研发人才紧缺;最后,网络安全还面临一些国际挑战,表现为不同国家网络安全理念价值的差异,缺乏统一明确的网络安全国际规则,域外网络霸权主义带来的不利影响,网络安全治理的国际合作程度较低等。

结合前文的分析脉络,作者主张应当从宏观和微观两个方面分别采取措施,不断完善我国网络安全法治保障体系。在宏观层面,应当健全完善网络安全的国家治理体制,逐步培育网络安全的社会治理,完善参与网络安全全球治理的机制。具体来说,在健全完善网络安全的国家治理体制方面,应当强化党关于网络安全治理的集中统一领导，妥善处理数字经济与网络安全之间的平衡，统筹协调立法、执法与司法等各项环节；在培育网络安全的社会治理方面，应当倡导社会主义网络文化，发挥社会组织网络安全治理的效能，提升社会主体参与网络安全治理的积极性，加快网络信息核心技术的自主创新；在完善参与网络安全全球治理的机制方面，应当以联合国作为主要平台，积极参与全球网络安全治理机制，搭建全球网络安全治理的新制度框架，坚守全球网络安全治理的基本原则，强化与理念相同国家的网络安全合作，突出维护网络安全是国际社会的共同责任。在微观层面，优化网络安全法治保障的方案，包括完善网络安全执法体制，健全网络安全参与制度，强化网络安全审查制度，优化网络安全实名登记制度。具体来说，应当通过健全网络安全执法体系、强化执法部门统筹协作、明晰网络安全执法责任、提升网络安全执法人员综合素质等方面，完善网络安全执法体制；鼓励并积极帮助社会公众有效参与网络安全治理的顶层设计，优化相关的制度安排，提供切实的保障；审视强化网络安全审查的必要性、网络安全审查范围的有限性，构建网络安全审查的具体措施，进一步完善网络安全审查制度；通过对实名登记的主要内容、功能、范围、救济措施等方面的制度设计，优化网络安全实名登记制度。

网络安全法治保障是新问题，既跨学科和专业，又跨理论与实践。本著较好地解决了两者的融合问题，又体现了原创性与再创造。当然，任何学术研究成果都难以至善至美，文中的若干见解亦是作者个人的判断，有待时间的检验。某些观点或许还会引发学界的争论，不同学者观点的碰撞有助于进一步厘清该问题，学术争鸣为学术研究的深入发展留下了广袤的空间。相信作者会持续深入研究网络安全问题，并不断完善本书的学术观点，以便为网络安全问题的研究贡献更多的学术智慧。希望有越来越多的学者能够关注、研究本问题，由衷期待法学、国家安全学以及计算机等学科的学者，能够同舟共济、通力协作，助推国家网络安全事业打开新的局面，共同维护我国的网络空间主权。

中国政法大学法学院院长、教授
焦洪昌
2023 年 2 月

目 录

序言一 / 001
序言二 / 005
导　论 / 001
　　一、研究现状 / 002
　　二、研究重点与难点 / 007
　　三、研究创新点与方法 / 009
第一章　新时代的网络安全概述 / 012
　第一节　网络安全的概念解析 / 012
　　一、网络安全及其相关概念 / 012
　　二、网络安全的解析 / 014
　　三、网络安全的结构要素 / 016
　第二节　总体国家安全观视野下的网络安全 / 018
　　一、网络安全的全面强化 / 019
　　二、网络安全的综合统筹 / 023
　　三、网络安全的国际合作 / 027
　第三节　网络安全法治保障的正当性基础 / 031
　　一、网络安全法治保障的价值优化 / 032

二、网络安全法治保障的时代演化 /035
三、网络安全法治保障的发展 /039

第二章 我国网络安全立法的实践探索 /044
第一节 网络安全立法的发展演变 /044
一、网络安全立法的萌芽阶段 /044
二、网络安全立法的发展阶段 /046
三、网络安全立法的转型阶段 /048

第二节 网络安全的立法现状评估 /050
一、网络安全立法概述 /050
二、《网络安全法》解读 /051
三、其他网络安全领域重要立法的分析 /055

第三节 网络安全立法的有益经验 /061
一、搭建完善的网络安全立法体系 /061
二、综合立法与专项立法相互融合 /063
三、中央立法与地方立法相互结合 /064
四、统筹协调国内立法与国际条约 /065

第三章 我国网络安全面临的现实困境检视 /067
第一节 网络安全立法领域的困境 /068
一、立法理论基础较为薄弱 /068
二、立法价值定位较为模糊 /075
三、立法技术水平仍需提升 /078

第二节 网络安全执法领域的困境 /081
一、网络安全执法制度尚需健全 /081
二、网络安全执法权责不够清晰 /083
三、网络安全执法追责监督乏力 /086
四、网络安全执法人员力量不足 /088

五、网络安全执法公众参与力度不够 / 090

第三节　网络安全技术领域的困境 / 092
　　一、网络安全核心技术供给不足 / 093
　　二、网络安全技术研发机制不畅 / 095
　　三、网络安全技术领域缺乏分级 / 098
　　四、网络安全技术研发人才紧缺 / 101

第四节　网络安全面临的国际挑战 / 104
　　一、不同国家网络安全理念价值的差异 / 104
　　二、缺乏统一明确的网络安全国际规则 / 106
　　三、域外网络霸权主义带来的不利影响 / 109
　　四、网络安全治理的国际合作程度较低 / 111

第四章　域外网络安全治理法治保障的路径选择 / 114

第一节　美国：技术领先的网络安全治理 / 114
　　一、美国网络安全治理概述 / 115
　　二、美国网络安全治理的主要特征 / 118
　　三、美国网络安全治理对我国的启示 / 121

第二节　欧盟：独立自主的网络安全治理 / 124
　　一、欧盟网络安全治理概述 / 124
　　二、欧盟网络安全治理的主要特征 / 128
　　三、欧盟网络安全治理对我国的启示 / 132

第三节　日本：政企合作的网络安全治理 / 135
　　一、日本网络安全治理概述 / 136
　　二、日本网络安全治理的主要特征 / 139
　　三、日本网络安全治理对我国的启示 / 142

第五章　宏观层面网络安全法治保障的治理途径 / 146

第一节　健全完善网络安全的国家治理体制 / 146

一、强化党关于网络安全治理的集中统一领导 / 146
　　二、妥善处理数字经济与网络安全之间的平衡 / 151
　　三、立法、执法与司法等各项环节的统筹协调 / 156
第二节　逐步培育网络安全的社会治理 / 161
　　一、倡导社会主义网络文化 / 161
　　二、发挥社会组织网络安全治理的效能 / 166
　　三、提升社会主体参与网络安全的积极性 / 169
　　四、加快网络信息核心技术的自主创新 / 171
第三节　完善参与网络安全的全球治理机制 / 174
　　一、以联合国作为主要平台积极参与全球网络安全治理机制 / 174
　　二、搭建全球网络安全治理的新制度框架 / 179
　　三、坚守全球网络安全治理的基本原则 / 181
　　四、强化与理念相同国家的网络安全合作 / 183
　　五、维护网络安全是国际社会的共同责任 / 185

第六章　微观层面网络安全法治保障的优化方案 / 187

第一节　完善网络安全执法体制 / 187
　　一、健全网络安全执法体系 / 187
　　二、强化执法部门统筹协作 / 191
　　三、明晰网络安全执法责任 / 194
　　四、提升网络安全执法人员综合素质 / 196
第二节　健全网络安全参与制度 / 197
　　一、网络空间是人民群众的共同家园 / 197
　　二、人民参与网络安全治理的顶层设计 / 199
　　三、人民参与网络安全治理的制度安排 / 200
第三节　强化网络安全审查制度 / 203
　　一、强化网络安全审查的必要性 / 203
　　二、网络安全审查范围的有限性 / 204

三、网络安全审查的基本原则 / 207
四、网络安全审查的具体措施 / 209
第四节 优化网络安全实名登记制度 / 211
一、实名登记的主要内容及其功能 / 211
二、实名登记的范围限制 / 213
三、实名登记的制度设计 / 214
四、实名登记的救济措施 / 215

导 论

网络空间已经成为继领土、领海、领空和太空之外的第五大空间，互联网进入我国近30年，网民数量仍在逐年增加。2022年10月党的二十大报告提供的数据显示，"互联网上网人数已经达到十亿三千万人"。当前我国网民数量位居全球第一，已经迅速发展成为网络大国，加快实现网络强国战略目标任重而道远。网络空间命运共同体具有现实性、共生性、联动性和复合相互依赖性等基本特征。[1] 网络技术的迅猛发展，上网人数的快速增加，推动我国逐渐成为世界上最大的网络市场，在此背景下，网络安全问题逐步浮出水面，受到越来越广泛的关注。自党的十八大以来，我国成立了国家安全委员会，逐步形成了总体国家安全观，强调既重视传统安全，又重视非传统安全。国家安全领域包含多个方面，网络安全和信息安全已经成为国家安全的重要领域。囿于各种因素，我国在网络安全立法、执法、司法以及国际合作方面，还有较大的改善空间。网络安全属于非传统安全范畴，保障网络安全是中国特色社会主义进入新时代维护国家安全的题中应有之义。[2] 近年来，党和政府采取了多种措施，提供了各种政策支持，帮助网络企业发展网络技术，培养高素质的网络科技人才，网络安全的硬实力和软实力均获得了一定程度的提升。

---

[1] 王满荣："网络空间命运共同体的本体理论初探"，载《浙江学刊》2022年第6期，第157页。

[2] 何阳、娄成武："新时代中国网络安全再认识：基于网络空间属性视角"，载《西南民族大学学报（人文社会科学版）》2021年第8期，第118页。

一、研究现状

(一) 国内研究现状

国内学者对网络安全领域的关注热点有：

1. 从纯技术角度研究网络安全

李爽等的《红蓝对抗——解密渗透测试与网络安全建设》一书以"红蓝对抗"为背景，以攻促防为手段，在深入解密渗透测试的基础上，结合等级保护2.0和实战经验，为大众提供防护思路和措施，以提升网络安全防御能力。[1]齐爱琴主编的《网络安全原理与案例分析》一书内容涵盖操作系统技术、数据库安全技术、漏洞扫描技术、防火墙技术、病毒技术等方面，案例分析既包含对网络安全原理的理解和运用，又融合了当今网络安全的主流技术，以适应基础与验证性、综合与设计性两种不同层次要求。[2]刘化君编著的《网络安全技术》一书讨论了网络安全理论、网络攻防与安全应用从攻与防、密码学及其应用以及网络安全实验从搭建网络安全实验环境开始。[3]贾铁军、何道敬主编的《网络安全技术及应用实践教程》一书内容涵盖常用网络安全基础知识、技术和方法要点，以及同步实验与综合课程设计指导，包括网络安全体系与管理、黑客攻防与检测防御等，涉及"攻、防、测、控、管、评"多个方面。[4]范渊主编的《网络安全运营服务能力指南》以九维彩虹模型为核心要素，分别从网络安全运营（白队）、网络安全体系架构（黄队）等九个方面，全面讲解企业安全体系建设，解密彩虹团队非凡实战能力。[5]此外，郭启全和黄铮等学者还在其著作里介绍了网络安全等级的相关内容。[6]

2. 从比较法的角度研究网络安全

付红红在《日本网络安全问题研究》一书中指出，网络安全问题在当前

---

〔1〕 李爽等：《红蓝对抗——解密渗透测试与网络安全建设》，上海科学技术出版社2022年版。

〔2〕 齐爱琴主编：《网络安全原理与案例分析》，科学出版社2017年版。

〔3〕 刘化君编著：《网络安全技术》，机械工业出版社2022年版。

〔4〕 贾铁军、何道敬主编：《网络安全技术及应用实践教程》（第4版），机械工业出版社2022年版。

〔5〕 范渊主编：《网络安全运营服务能力指南》（共9册），电子工业出版社2022年版。

〔6〕 郭启全主编：《网络安全等级保护基本要求（通用要求部分）应用指南》，电子工业出版社2022年版；黄铮、黄砚夫编著：《企业网络安全建设》，电子工业出版社2022年版。

日本已被提升至国家战略高度，既是日本国家安全政策的重点，也成为日本实现所谓"国家正常化"和"军事正常化"的重要抓手。[1]陈斌等译的《美国网络安全法》一书指出，《美国网络安全法》的颁布进一步推动了美国网络安全法律的发展进程，意味着美国政府在网络空间防控的优化升级与信息资源整合上，迈出了重要一步；该法对网络信息共享机制的设计、对网络人事制度的筹划等方面，不仅体现了其网络空间治理的精细化，还体现了其对网络空间本身的尊重。[2]米铁男撰写的《俄罗斯联邦网络安全法律与政策研究》一书不仅覆盖了民法、行政法、国际法等众多领域，涉及几乎全部俄罗斯信息网络政策；还论述了俄罗斯在网络安全领域国际合作的特征与发展趋势，详细地解读了美俄在网络安全领域对话的相关概念术语，并提出了中俄网络空间合作的建议。[3]张继红、姚约茜主编的《"一带一路"沿线国家数据保护与网络安全法律指南》一书主要涉及"一带一路"沿线国家及地区，包括亚洲地区、欧洲地区、非洲地区等13个国家的个人数据保护法律制度的介绍、分析及比较研究。[4]王孔祥在《全球治理与网络安全》一书中指出，当今世界正处于百年未有之大变局的历史转折点，全球治理陷入困境；新冠肺炎疫情更使全球化和全球治理遭受重创；网络安全面临的威胁、挑战更加复杂、严峻。中国主张在"人类命运共同体"的理念下开展国际合作，推动制定各方普遍接受的网络空间国际规则，共同维护网络空间的和平与安全。[5]

3. 从法律适用的角度研究网络安全

赵力主编的《网络安全法学》一书以我国当前的网络安全法律法规体系为基础，主要介绍我国的网络安全法律制度，具体内容包括：网络安全法的基本概念、国家网络安全战略、网络安全法的地位与作用、网络安全的基本原则、网络运行安全法律制度、网络信息内容安全法律制度、个人信息保护制度、网络安全监测预警与应急处置制度、网络安全犯罪等。[6]黄道丽在

---

[1] 付红红：《日本网络安全问题研究》，时事出版社2022年版。
[2] 陈斌等译：《美国网络安全法》，中国民主法制出版社2017年版。
[3] 米铁男：《俄罗斯联邦网络安全法律与政策研究》，北京邮电大学出版社2021年版。
[4] 张继红、姚约茜主编：《"一带一路"沿线国家数据保护与网络安全法律指南》，知识产权出版社2020年版。
[5] 王孔祥：《全球治理与网络安全》，时事出版社2022年版。
[6] 赵力主编：《网络安全法学》，西安电子科技大学出版社2020年版。

《网络安全法治研究 2020》一书中指出,国际层面,网络空间制网权、数据资源的战略争夺方兴未艾,各国纷纷从政策、法律、标准等方面加强网络空间安全治理;国内层面,网络空间领域的基本法正式实施,个人信息保护和跨境数据流动、网络安全等级和关键信息基础设施保护、网络犯罪生态治理等配套法规制定并不断完善,为我国网络安全与发展提供新维度、新境界和新跨越。[1]原浩撰写的《网络安全法律解析 2020》一书以信息和网络安全法律领域的两部基本法律《网络安全法》[2]与《密码法》为法律依据,并通过比较国内外在相关领域中的立法和执法实践,介绍了两个法域交叉而又不同的合规要求,网络运营者等企业探索和实现合规的一般方法,并对这些法律规定如何影响企业和产业进行了适度评价,使得企业在进行法律遵从的过程中,可以对这些合规法律依据进行独立的思考,得出符合企业自身特点的遵从路径。[3]

4. 在总体国家安全观视域下研究网络安全

邹来龙编著的《网络安全评估标准实用手册》一书以总体国家安全观为根本遵循,对网络安全评估方法进行了详细介绍,基于《网络安全法》《密码法》《数据安全法》《个人信息保护法》等法律法规,网络安全等级保护 2.0 标准体系,以及金融、电力和广电等行业和大数据、密码应用测评等专业近年来的应用实践,系统全面地设计和构建了网络安全评估标准体系。[4]蒋丽、张迪在《习近平网络安全治理思想及其指导意义》一文中提出了国家、企业、网民三主体联动的互联网治理模式。[5]王海稳、郑秋伟撰写的《习近平网络安全战略思想探究》一文着重论述了在总体国家安全观下,我们要坚持走以人民为中心的网络群众路线,与广大网友共同承担网络责任,共享网络发展成果。[6]孙会岩在《习近平网络安全思想论析》一文中针对目前国际社会企

---

[1] 黄道丽主编:《网络安全法治研究 2020》,华中科技大学出版社 2020 年版。

[2] 《网络安全法》,即《中华人民共和国网络安全法》。为表述方便,本书中涉及我国法律文件直接使用简称,省去"中华人民共和国"字样,全书统一,后不赘述。

[3] 原浩:《网络安全法律解析 2020》,华中科技大学出版社 2020 年版。

[4] 邹来龙编著:《网络安全评估标准实用手册》,电子工业出版社 2022 年版。

[5] 蒋丽、张迪:"习近平网络安全治理思想及其指导意义",载《思想理论教育导刊》2017 年第 8 期。

[6] 王海稳、郑秋伟:"习近平网络安全战略思想探究",载《中共浙江省委党校学报》2017 年第 6 期。

图遏制我国网络技术发展的现实,提出了网络技术行业发展和国家网络安全要坚持以人为本的理念。[1]

(二) 国外研究现状

杰夫·科瑟夫(Jeff Kosseff)在《网络安全法》一书中概述了数据安全的法律要求,综合了联邦贸易委员会的网络安全案例,提供美国联邦贸易委员会(FTC)对数据安全观点的背景;该书还研究了越来越多的州立法机构提出的数据安全要求以及因数据泄露引起的私人诉讼;对反黑客法,例如联邦计算机欺诈和滥用法案、经济间谍法案和数字千年版权法案,以及公司如何能够在确保遵守美国宪法和法规的同时打击网络犯罪分子进行了深入讨论。[2]塔瑞(Tari)撰写的《网络安全法、标准和法规(第2版)》一书弥合了网络安全计划和网络安全法之间的差距,该书提供了作者的经验以及大量法庭案例支持的真实商业示例,涵盖了大众在探索和准备应用网络安全法时所需的实用信息范围。[3]杰伊(Jay)和卡罗尔(Carol)的《网络安全和隐私法简述》一书提供了网络安全法律和政策的全面和最新的概述,该书指出网络安全是我们日常生活中的一个严重问题,它影响个人、政府、军队、大企业、小企业和律师事务所本身;涉及国内法、国际私法和公法;该书介绍判例法、联邦、州和国际立法、行政行为和法规,以及律师及其客户应牢记的相关政策注意事项。[4]詹姆斯(James)在其《网络安全法基础》一书中指出,几乎与网络安全已成为主要的公司和公共政策问题一样迅速,一套网络安全法业已形成,然而这部法律体系并不系统,正在迅速发展中;网络安全法基础知识的目的是对这一不连贯的法律体系进行连贯的总结。[5]丹尼尔(Daniel)在《什么是网络安全法律实践》一书中指出,企业法律顾问协会(ACC)最近的调查一致表明,私营公司总法律顾问最关心的问题之一是网络安全,企

---

[1] 孙会岩:"习近平网络安全思想论析",载《党的文献》2018年第1期。

[2] Jeff Kosseff, *Cybersecurity Law*, Publisher: Wiley; 1st edition (February 28, 2017), 2nd edition (November 19, 2019).

[3] Schreider Tari, *Cybersecurity Law, Standards and Regulations*: 2nd Edition. Publisher: Rothstein Publishing; 2nd ed. edition (March 2, 2020).

[4] Jay P. Kesan, Carol M. Hayes. Cybersecurity and Privacy Law in a Nutshell. Publisher: West Academic Publishing; 1st edition (May 20, 2019).

[5] James X. Dempsey, *Cybersecurity Law Fundamentals*, Published by the International Association of Privacy Professionals (IAPP) 2021.

业总法律顾问越来越多地聘请或意识到需要一位专注于"网络安全"的律师;该书详细解析了这具体意味着什么以及律师的投资组合中应该包含哪些内容。[1]爱德华(Edward)和凯文(Kevin)撰写的《2022年美国网络安全法律法规》一书描述了网络安全法律和法规中的常见问题,包括网络犯罪、适用法律、预防攻击、特定部门、公司治理、诉讼、保险以及调查和警察权力。[2]《英国关于负责任的网络权力的最新立场》一文中指出,英国正在不断努力发展其作为"负责任、民主的网络强国"的资格,其中包括在其新成立的国家网络部队(NCF)中公开的进攻性网络能力。关于英国如何通过NCF开展自己的网络行动,几乎没有实质性的法律发展,这导致英国在公共论坛上适用国际法时存在解释性空白。[3]杰夫·科瑟夫(Jeff Kosseff)在《定义网络安全法》一文中指出,美国网络安全法未能提供具体定义、阐明网络安全法的范围和目标。尽管新法规可以在没有定义的情况下发挥作用是对现有法律的重大改进,但它省略了这一关键定义造成了"当政策制定者谈论网络安全时,他们并不总是在谈论相同的概念"这一问题。[4]斯图尔(Stuart)在《新的网络安全法规即将到来——这要如何准备》一文中指出,在美国,一整套新的法规和执法措施正在酝酿之中:联邦贸易委员会、食品和药物管理局、交通部、能源部以及网络安全和基础设施安全局都在制定新规则。此外,仅在2021年,就有36个州颁布了新的网络安全立法。在全球范围内,有许多举措,例如中国和俄罗斯的数据本地化要求,印度的CERT-In事件报告要求以及

---

[1] Daniel Sutherland, What Is a Cybersecurity Legal Practice? Published by the Lawfare Institute in Cooperation With BROOKINGS, 2021. Daniel Sutherland 是网络安全和基础设施安全局 CISA 的首席法律顾问。

[2] Edward R. McNicholas, Kevin J. Angle, Cybersecurity Laws and Regulations Report 2022 USA. Edward R. Published by Global Legal Group, 2022. McNicholas 是 Ropes & Gray 隐私和网络安全业务的联合负责人,他是 PLI 论文《网络安全》的主编,被美国法律杂志认可为"网络安全和数据隐私的开拓者",曾担任克林顿总统的助理法律顾问。Kevin J. Angle 是 Ropes & Gray 隐私和网络安全业务的法律顾问。

[3] Andrew Dwyer, Ciaran Martin Monday, *A Frontier Without Direction? The U. K.'s Latest Position on Responsible Cyber Power*, Published by the Lawfare Institute in Cooperation With BROOKINGS. 2022. Andrew Dwyer 是杜伦大学的 Addison Wheeler 研究员,英国进攻性网络工作组的联合负责人,2022 年秋季担任伦敦大学皇家霍洛威学院信息安全系的助理教授。Ciaran Martin 是牛津大学布拉瓦尼克政府学院的实践教授,从 2014 年到 2020 年,他成立并随后领导了英国国家网络安全中心,该中心是他任职的情报机构 GCHQ 的一部分。

[4] Jeff Kosseff, *Defining Cybersecurity Law*, 103 Iowa L. Rev. 985 (2018).

欧盟的《通用数据保护条例》（GDPR）及其事件报告。有关公司需要努力了解目前正在考虑的各种法规，确定不确定性和潜在影响，并准备采取行动。[1]

二、研究重点与难点

（一）研究重点

网络安全领域包含的范围较为广泛，不同的学科、不同的研究主题会分别确定其研究的重点问题，结合当下网络安全的发展现状，笔者的研究重点主要集中在以下方面：其一，厘清我国网络安全立法的现状。囿于历史因素的影响，网络大规模应用于我国社会经济生活开始于20世纪90年代，我国真正进入网络时代不过30年左右的时间。以往网络安全立法注重计算机信息系统的技术安全，偏重从技术、仪器、人员等方面确保计算机系统不被非法侵犯，而较少从宏观层面综合考量，亦忽视了对个人信息的保护。因此，笔者的研究首先是梳理近年来我国在网络安全领域的立法，分析重点法律，厘清网络安全立法体系化建设的现状。其二，分析国内外网络安全立法的理论基础。当前世界各国采取了不同的网络安全立法模式，国际社会还未形成完全一致的共识，主要产生了以下三种理论基础：网络安全自由主义、网络安全霸权主义和网络安全命运共同体。每一种立法理论基础背后都代表了不同的网络安全社会思潮，亦体现了不同国家不同的网络安全理念，甚至与其外交政策密切相关。以美国为代表的一些网络发达国家，为维护自身的网络霸权地位，否定网络空间存在国家主权。[2]通过对比上述三种理论基础，进而发掘出网络安全命运共同体的若干优势，并不断宣传推动其成为国际社会主流的网络安全立法理论基础。强化我国在网络安全领域的话语权，推动公正合理的网络安全国际规则的早日形成。其三，优化网络安全法治保障制度。网络社会环境的高度复杂性和诸多不确定性，给网络社会环境治理带来了新的挑战。[3]网络安全是国家安全的重要组成部分，虽然近年来我国在网络安

---

[1] Stuart Madnick，*New Cybersecurity Regulations Are Coming. Here's How to Prepare*，Harvard Business Review，2022. Stuart Madnick 是麻省理工学院斯隆管理学院信息技术教授。

[2] 刘煜、程恩富："我国网络自主权维护问题与路径分析"，载《东南学术》2021年第6期，第21页。

[3] 雷承锋："法治视角的网络社会治理探究"，载《现代传播（中国传媒大学学报）》2020年第12期，第138页。

全领域取得了较大进步,但依然有一定的改善空间。优化网络安全法治保障制度,不仅需要形成完善的网络安全立法体系,还应该培养高素质的网络安全执法队伍,扶持若干网络安全领域的头部企业,培育技术能力过硬的顶尖网络人才等。逐步形成立体化系统化的网络安全法治保障制度,借此推动总体国家安全观的进一步落实。

(二) 研究难点

网络安全研究属于跨学科研究,需要具备不同学科的知识,且网络安全属于较为新兴的领域,亟待完善相关的规则范式,这为本书的研究带来了一定挑战。本书研究的难点主要体现在以下方面:其一,网络安全技术层面的认知还有待深化。随着网络信息技术的发展,网络技术在便利公民生活的同时,亦产生了一定的风险。从技术层面加强技术监管,完善网络信息安全管理。[1]技术本身并不会直接带来风险,但缺乏必要的规则,则可能凭借技术优势引发制度漏洞,因此,掌握必要的网络安全技术知识,对于本书研究具有重要意义。囿于笔者法学专业的学术背景,缺乏对计算机知识的深入研究,在涉及网络安全技术层面的问题时,必须向相关专业人士请教,这对笔者自身深入研究网络安全技术问题造成了一定的障碍。后期笔者将进一步学习网络安全技术知识,弥补技术层面的短板,丰富相关技术知识。其二,如何构建完善的网络安全治理机制。网络安全问题牵涉面较广,既包括网络安全立法领域,又涵盖网络安全执法领域,既涉及国内网络安全治理,又融入国际网络安全合作等。传统法律体系无法回应网络空间治理体系现代化需求,需要融入良法所蕴含的各种核心价值要素。[2]因此,如何构建完善的网络安全治理机制,是今后网络安全工作最大的难点。以往我国关于网络安全领域并未形成统一的规划,呈现出"九龙治水"、分散执法等现象,此种模式与当前倡导的治理现代化有一定的差距。其三,强化社会公众广泛参与网络安全治理。以往网络安全治理被视为国家机关的权责范围,通过制定网络安全立法,以及设立完善的执法机构来提升治理水平。然而,网络安全的内涵外延在不断扩大,仅仅凭借国家公权力机关难以达到理想的治理效果,需要激发

---

[1] 卢晓雯、李俊奎:"网络意识形态安全治理中的'过滤气泡'负效应分析",载《东南大学学报(哲学社会科学版)》2022年第5期,第113页。

[2] 周佑勇:"社会主义核心价值观融入网络空间治理现代化的法治逻辑",载《江苏行政学院学报》2022年第1期,第120页。

社会公众的热情，鼓励社会公众参与网络安全治理活动。在网络空间政治安全治理实践中，广泛的社会力量参与共治有其必要性。[1]如通过网络传播颠覆国家政权的信息，公民往往能够第一时间发现相关信息，并及时报告给网络执法机关，既减轻了执法机关的负担，又培育了公民维护国家安全的意识。

三、研究创新点与方法

（一）研究创新点

近年来关于网络安全的著述较为丰富，不同学科的学者均产出了大量有影响力的著作，为完善网络安全治理工作提供了帮助。本书的研究以党的二十大报告为指引，以构建网络安全领域的中国式现代化为目标，结合当下网络安全的最新发展，集中论述了不同于前人的若干理念。本书的创新点主要集中在以下方面：其一，将网络安全置于国家安全的框架下开展研究。以往学者研究网络安全问题，主要聚焦于网络安全问题本身，并未进一步探索网络安全之于国家安全的重要意义。本书则首先明确了网络安全是国家安全的一部分，网络安全领域牵涉政治安全、经济安全、社会安全、科技安全等不同范畴，进一步提升了网络安全的重要性，使网络安全成为国家安全学的重要研究范畴，进而有利于新兴的网络安全学受到普遍重视。当代社会网络安全是国家安全的重要一环，政府对网络的管制不可或缺，法治化是其必然要求。[2]其二，有针对性地参考借鉴域外发达国家网络安全治理路径。网络安全并非孤立地存在于一国之内，而是世界各国普遍面临的问题。发达国家不仅拥有较为先进的网络安全技术，充裕的网络安全治理资金，还有各自独特的网络安全治理规则。如美国大力扶持网络巨头的战略，欧盟注重培养高端网络科技人才的思路，以及日本左右逢源的网络安全外交政策等。上述方法都值得我国深入思考，比较借鉴吸收转化，从而推动我国网络安全治理与国际接轨。倡导国际合作以降低风险，从而建构稳定且有活力的网络空间。[3]其三，强化党对网络安全治理的集中统一领导。如前所述，网络安全问题牵涉面广，且

---

[1] 唐庆鹏：“网络空间政治安全的社会共治：逻辑、困境及进路”，载《理论改革》2022年第1期，第143页。

[2] 宋方青、张可：“论政府基于国家安全理由对网络的管制：逻辑、措施与限度”，载《湖南大学学报（社会科学版）》2021年第5期，第136页。

[3] 赵瑞琦：“全球网络治理改革：崛起国的路径选择”，载《学术界》2021年第1期，第50页。

伴随传统安全风险的逐步降低，网络安全问题逐渐成为我国面临的重要威胁。我国是社会主义国家，自党的十八大以来，党的领导得到了进一步的强化，2018年宪法修改将党的领导从宪法序言调整到宪法正文。作为我国社会主义事业的坚强领导核心，强化党对网络安全领域的集中领导自然是题中应有之义，既有利于从意识形态领域把握正确的方向，又有利于调动充足的资源，强化网络安全建设。从百年党史中淬炼政治能力，不断提高坚持党管互联网的自觉性和坚定性。[1]

（二）研究方法

网络安全法治保障属于跨学科研究领域，针对该主题的研究以规范分析方法和文献分析方法为主，并辅之以适当的案例分析方法和比较分析方法。

1. 规范分析方法

总的来看，本书的研究偏重法学领域，法学研究方法最重要的是研究规范，规范分析方法也是法学领域常见的研究方法，对网络安全法治保障的研究，自然离不开与之相关的法律规范。当前关于网络安全领域的立法已经形成较为规范的体系，除了中央层面的立法之外，地方性法规和地方政府规章中也有很多关于网络安全领域的立法。本书拟重点研究《网络安全法》《数据安全法》《个人信息保护法》等，其他法律法规中关于网络安全的条文，也应该成为规范分析的研究对象，如《密码法》《邮政法》等法律也有个别条文涉及网络安全问题。上述法律法规构成了规模庞大层级分明的网络安全法律体系，这些法律法规都是当下解析网络安全法治保障的关键要素。

2. 文献分析方法

文献分析方法是人文社科领域的重要研究方法，集中体现了前人的研究成果，通过全面检索和系统梳理与研究主题相关的文献资料，在有效鉴别去粗取精的基础上，从已有研究成果中析出有价值的文献资料，为文献综述埋下伏笔。本书文献研究的对象不仅包括与主题相关的中外学术论文、学术专著、学术译著、学位论文，还涵盖党的文献、人大及政府公开文件、电子数据信息、知名网站平台数据等。文献分析方法有助于快速总结归纳出前人已有的研究成果，节约宝贵的研究资源，有利于避开前辈学者过往研究中所走

---

[1] 庄荣文："汲取党的百年奋斗历史伟力 谱写网络强国建设时代篇章"，载《党建》2021年第12期，第12页。

的弯路，防止重复性劳动，集中攻克前人研究的难点问题。近年来网络安全问题逐渐成为热点研究问题，吸引了不同学科学者广泛参与研究，并取得了丰硕的研究成果。研究网络安全法治保障，应该注重合理运用文献分析方法，防止陷入前人研究网络安全的窠臼，同时，能够在前人已有研究成果的基础上，结合当下的最新形势有针对性地开拓创新。

3. 案例分析方法

无论是人文社科领域，还是自然科学领域，理论研究都应该运用于实践以实现其价值，20世纪80年代已经明确实践是检验真理的唯一标准，学术研究领域同样应该遵循该标准。网络安全领域的研究素材较为丰富，典型案例影响较为突出，通过分析案例材料能够甄别理论研究是否具有合理性，网络安全理论研究又能借助案例材料，丰富研究基础以及扩展研究思路，如美国针对TikTok的政策演变，即是影响力较大的典型案例。笔者希望能够为网络安全法治保障提供路径指引，而研究设想是否具有合理性可行性，需要在未来网络安全的实践中进行检验。当然，囿于当下还没有严格意义上的国际公认的网络安全国际标准，只能借助有限的国际规则，进行适度的案例分析，并通过抽丝剥茧地分析典型案例，探讨不同国家关于网络安全的不同标准，并优化我国网络企业参与国际竞争的路径，维护其海外利益。

4. 比较分析方法

比较分析方法是人文社科领域的重要研究方法，比较分析方法主要包括横向层面的国别对比和纵向层面的历史对比。网络安全领域早已超越了国界的限制，成为国际社会共同关注的焦点问题，针对该问题的研究必须具备国际视野，通过比较研究的方法，探讨各国网络安全政策的差异。不同国家因为经济技术实力的差异，采取了不同的网络安全政策，即使发达国家内部也制定了不同的网络安全准则，美国与欧盟的网络安全政策亦有一定差异。从横向层面比较，重点分析美国、欧盟和日本的网络安全政策，探讨其政策演变，以及可能带来的国际影响。除此之外，还可以从纵向层面对比我国网络安全政策的调整，网络安全技术的进步，分析"网络安全命运共同体"相较于以往网络霸权主义和网络自由主义的优势，并探究我国网络安全法律法规建设取得的进步，以便为后续网络安全政策的出台提供借鉴。

第一章
新时代的网络安全概述

从网络秩序和治理实践来看,中国信息基础设施建设规模全球领先,网络空间治理能力不断提高。截至 2021 年 12 月,中国网民规模达 10.32 亿人,建成 5G 基站超过 142.5 万个。中国信息技术创新能力和数字经济发展活力持续提升,全球创新指数排名已跃至第 14 位,数字经济核心产业增加值占 GDP 比重达 7.8%。中国数字政府服务效能也显著提高,电子政务发展指数全球排名升至第 45 位。[1]

第一节 网络安全的概念解析

由于计算机网络多样的连接形式、不均匀的终端分布,以及网络的开放性和互联性等特征,使通过互联网传输的数据较易受到监听、截获和攻击。伴随着虚拟化、大数据和云计算技术等各种网络新技术广泛而深入的应用,如今网络安全问题已经和几乎所有传统的安全问题相关联。银行、证券、交通、电力和城市运行等,都离不开新一代网络技术,同样也都面临着网络安全问题。

一、网络安全及其相关概念

(一) 网络安全(Cyber Security)

网络空间(Cyberspace)是"一个由电子技术构成的操作领域……通过相互连接的系统及其相关的基础设施来利用信息"。[2]从不同的角度出发,网络

---

[1]《中国网络安全产业白皮书》,中国信息通信研究院,2022 年 1 月。

[2] Kuehl cited in Nye, 2010: 3.

安全的定义有一定差别：从广义角度看，网络安全主要保障网络中的硬件、软件与信息资源的安全性。从用户角度看，网络安全主要保障用户数据在网络中的保密性、完整性与不可否认性，防止用户数据的泄露、破坏与伪造。从管理角度看，网络安全主要保障合法用户能够正常使用网络资源，避免计算机病毒、拒绝服务、远程控制与非授权访问等安全威胁，提供及时发现安全漏洞与制止攻击行为等安全手段。从教育角度看，网络安全主要保障信息内容的合法与健康，控制包含不良内容的信息在网络中传播。通说认为：网络安全是指网络系统中的硬件、软件和系统中的数据得到保护，网络中的信息不会因为偶然的或者恶意的原因而遭到破坏、更改和泄露，网络能够持续地、不间断地提供服务。[1]国际电信联盟将网络安全定义为："网络安全是集合工具、政策、安全概念、安全保障、指南、风险管理方法、行动、培训、实践案例、技术等内容的一整套安全管理体系，用于保护网络环境、组织以及用户的资产。"《网络安全法》明确规定，网络安全是指通过采取必要措施，防范对网络的攻击、侵入、干扰、破坏和非法使用以及意外事故，使网络处于稳定可靠运行的状态，以及保障网络数据的完整性、保密性、可用性的能力。[2]

（二）网络空间（Cyberspace）

网络空间是一种包含互联网、通信网、物联网、工控网等信息基础设施，并由人—机—物相互作用而形成的动态虚拟空间。网络空间安全既涵盖包括人、机、物等实体在内的基础设施安全，也涉及其中产生、处理、传输、存储的各种信息数据的安全。随着云计算、大数据、物联网、量子计算等新兴技术的迅猛发展，网络空间安全面临着一系列新的威胁和挑战。网络空间安全问题的影响力不再局限于数据篡改、系统控制和信息泄露等"狭义"网络安全问题，真实世界和社会的行为可以被来自其"数字孪生"世界的特定组织所操控。世界正在经历的各种数字化转型、升级和联网浪潮，不仅需要大数据、人工智能、云计算、5G等新技术的持续推动，更离不开网络安全技术在每一项新技术背后的保护力加持。没有网络安全的基础保障，网络空间安全将无从谈起。在网络空间充分体现马克思主义理论体系的引领力，形成有效

---

[1] 吴萍："计算机的安全问题及应对策略"，载《信息与电脑（理论版）》2010年第24期。
[2]《网络安全法》第76条第2款。

抵御各种有害渗透的网络安全体系。[1]

（三）网络治理（Network governance）

在互联网经济发展的现代化进程中，由于网络的复杂化程度较高，治理路径发生了改变，引发治理形式的渐变，从而形成了一种新的治理形式，被称为网络治理。美国学者斯蒂芬·戈德史密斯和威廉·D.埃格斯在《网络化治理：公共部门的新形态》一书中将网络治理看作实现高度公私合作、非营利组织和营利公司等广泛参与提供公共产品和服务的治理模式。他们强调网络化政府具有最高程度的公私合作，同时又拥有对网络合作最强的管理能力。[2]网络治理是国家、政府、企业、网络社会组织和网民多方主体，发挥各自职能制定和实施，规范互联网发展和运行的共同原则、规则、决策程序、运行方案，同时承担和疏导互联网空间的各种活动的过程，具有系统性、源头性和共享性。网络治理也是指网络空间治理，治理的途径方法多样化，国家制定法律法规，推进网络空间法治化；政府加大管理机制，把握网络舆论引导权；网民树立正确的网络安全观，营造清朗的网络空间环境，从而构建合作共治的网络治理模式。

二、网络安全的解析

（一）网络安全的内涵

网络安全的内涵一直在不断丰富与延伸，并且不同的"角色"对于网络安全含义的理解也会有所不同。保障网络安全就是在分布式网络环境中，为信息载体和信息的处理、传输、存储、访问提供安全保护，以防止数据和信息内容遭到破坏、更改、泄露，避免网络服务中断、拒绝服务或数据被非授权使用和篡改等严重后果。《网络安全法》对网络安全的内涵主要确定为网络运行安全和网络数据安全两个方面。

网络运行安全是指网络硬件设施设备与软件系统功能不受侵入、干扰和破坏，保障网络设施系统处于正常运行的状态。网络运行安全是网络安全的前提和基础。没有网络运行安全这一物质基础，网络安全就变成空中楼阁。网络运行安全主要包括网络的硬件设施设备安全和软件操作系统安全两个方

---

[1] 杜小峥：《网络意识形态安全评价体系构建探析》，载《中州学刊》2022年第11期，第99页。
[2] [美]斯蒂芬·戈德史密斯、威廉·D.埃格斯：《网络化治理：公共部门的新形态》，孙迎春译，北京大学出版社2008年版，第158~159页。

面。只有对网络硬件和软件采取综合保护措施，才能比较有效地保障网络运行安全。网络空间成为一个越来越重要的公共活动空间，维护其良好秩序是全球面临的重大挑战。[1]

网络数据安全是指保障网络信息数据的完整性、保密性、可用性以及禁止发布传输违法有害信息，保障网络信息传播的有序进行。网络信息安全是网络安全的核心要素，可以说没有网络信息安全就没有网络安全。网络信息安全包含两个方面：一方面，是对合法的信息内容而言，网络信息安全需要保障网络信息数据的完整性、保密性和可用性，也即信息数据本身的安全。另一方面，是对违法的信息内容而言，网络信息安全要求禁止发布传输违法有害信息，也即信息传播秩序的安全。上述两个方面共同构成了网络信息安全保障的"一体两面"。[2]

（二）网络安全的本质及特征

网络安全本质上就是网络上的信息保安，指网络系统的硬件、软件及数据受到保护，不遭受破坏、更改、泄露，系统可正常运行，网络服务不中断。在物理层面和执行层面，从使用者、网络运营商和管理者的不同角度，均有不同的理解。[3]

网络安全的特征包括：（1）网络安全主体的广泛性。网络主体主要有一般网络用户、网站运营人、网络运营商和网络主管部门，简而言之，国家、政府部门、国际组织、企业、个人等，均是网络空间参与的主体。（2）网络安全客体的复杂性。网络安全的客体应包括主体秩序安全、网络系统安全、网络数据安全和网络信道安全。[4]（3）网络安全内容的丰富性。网络安全的内容有：物理层安全，防火、防盗、防静电、防雷击、防电磁泄露等；系统层安全，系统漏洞、系统的（安全）配置错误、病毒等；网络层安全，身份认证、访问控制、数据传输的保密性和完整性、路由系统安全、入侵检测、防病毒技术等；应用层安全，Web 安全、DNS 安全、邮件系统安全等；管理层

---

[1] 王仕民、严哲："平台、治理与安全：网络空间命运共同体的三维建构理路"，载《广西社会科学》2022 年第 7 期，第 8 页。

[2] 周立波："论网络安全的刑法保护"，华东政法大学 2021 年博士学位论文。

[3] 石国岩、李冰："互联网安全技术浅谈"，载《信息与电脑（理论版）》2011 年第 2 期。

[4] 谢君泽："网络安全法的主客体探讨"，载《中国信息安全》2015 年第 4 期。其中，网络信道安全，是指网络主体从事网络活动不得破坏网络社会的安全秩序，不得从事恶意破坏网络通信信道的活动。

安全,包括技术和设备的管理、管理制度、部门与人员的组织规则等。(4)网络安全治理的多元性。国家、企业和民众按照自己的角色制定和应用互联网发展和使用过程中的原则、标准、规范、决策步骤和共同规划。政府起主导作用,媒体企业应恪守道德底线,社会组织应主动承担社会责任,民众应自律并自觉懂法守法,形成网络空间治理"三位一体多元共治"。

(三)网络安全的类型

网络信息内容生态安全风险是一种全新的信息生态安全问题,从多个维度影响和威胁着总体国家安全。[1]网络安全由于不同的环境和应用而产生了不同的类型。主要有以下几种:(1)系统安全:运行系统安全即保证信息处理和传输系统的安全。它侧重于保证系统正常运行。避免因为系统的崩溃和损坏而对系统存储、处理和传输的消息造成破坏和损失。避免由于电磁泄露,产生信息泄露,干扰他人或受他人干扰。(2)网络信息安全:网络上系统信息的安全。包括用户口令鉴别、用户存取权限控制、数据存取权限、方式控制,安全审计。计算机病毒防治,数据加密等。(3)信息传播安全:网络上信息传播安全,即信息传播后果的安全,包括信息过滤等。它侧重于防止和控制由非法、有害的信息传播所产生的后果,避免公用网络上大量自由传输的信息失控。(4)信息内容安全:网络上信息内容的安全。它侧重于保护信息的保密性、真实性和完整性。避免攻击者利用系统的安全漏洞进行窃听、冒充、诈骗等有损于合法用户的行为。

三、网络安全的结构要素

网络安全的基本要素包括保密性、完整性、可用性、可控性、可审查性等。其中三个最基本的要素是保密性(Confidentiality)、完整性(Integrity)、可用性(Availability)。

(一)保密性

网络信息不泄露给非授权用户、实体或过程,或供其利用的特性。保密性主要是指控制信息的流出,即保证网络信息不被非授权者所获取与使用,主要防范措施是密码技术。保密性是在可靠性和可用性基础之上,保障网络

---

[1] 周毅、张雪:"网络信息内容生态安全风险整体智治的理论框架与实现策略研究",载《图书情报工作》2022年第5期,第44页。

信息安全的重要手段。常用的保密技术包括：（1）物理保密：利用各种物理方法，如限制、隔离、掩蔽、控制等措施，保护信息不被泄露（锁好柜、关好门、看好人）；（2）防窃听：使对手侦收不到有用的信息；（3）防辐射：防止有用信息以各种途径辐射出去，如防窥一类；（4）信息加密：在密钥的控制下，用加密算法对信息进行加密处理，即使对手得到了加密后的信息也会因为没有密钥而无法读懂有效信息。

（二）完整性

数据未经授权不能进行改变的特性。完整性是指信息的可靠性，即信息不会被伪造、篡改、丢失，主要防范措施是校验与认证技术，保证系统可以正常使用。对网络信息内容生态的安全风险治理是网络信息内容生态治理的重要组成部分，也是网络整体生态环境问题解决的重要突破口。[1]网络信息在存储或传输过程中保持不被偶然或蓄意地添加、删除、修改、伪造、乱序、重放等破坏和丢失的特性。完整性是一种面向信息的安全性，它要求保持信息的原样，即信息的正确生成、正确存储和正确传输。保障完整性的方法包括：（1）良好的协议：通过各种安全协议可以有效地检测出被复制的信息、被删除的字段、失效的字段和被修改的字段；（2）密码校验和方法：它是抗窜改和传输失败的重要手段；（3）数字签名：保障信息的真实性，保证信息的不可否认性；（4）公证：请求网络管理或中介机构证明信息的真实性。

（三）可用性

网络信息可被授权实体访问并按需求使用的特性。即网络信息服务在需要时，允许授权用户或实体使用的特性，或者是网络信息部分受损或需要降级使用时，仍能为授权用户提供有效服务的特性。即当需要时能否存取所需的信息，例如网络环境下拒绝服务、网络和有关系统的正常运行等都属于对可用性的攻击。可用性是系统在执行任务的任意时刻能正常工作的概率，一般用系统正常使用时间和整个工作时间之比来度量；提高可用性需要强调减少从灾难中恢复的时间；是产品可靠性、维修性和维修保障性的综合反映。

（四）可控性

对信息的传播及内容具有控制能力。可控性是人们对信息的传播路径、

---

〔1〕 白文琳、周毅："网络信息内容生态的安全风险治理行动及其转型"，载《图书情报工作》2022年第5期，第24页。

范围及其内容所具有的控制能力,即不允许不良内容通过公共网络进行传输,使信息在合法用户的有效掌控之中。"安全可控"的提法由来已久,各种法律法规、政府文件、技术标准以及各级领导的讲话中,都多次提及甚至强调安全可控的重要性。《网络安全法》颁布后,各种配套法规、实施细则以及配套标准都在紧锣密鼓地起草制定之中。为推动我国网络安全建设,国家互联网信息办公室等13个部门联合发布的《网络安全审查办法》明确指出,关键信息基础设施运营者采购网络产品和服务,影响或可能影响国家安全的,应当进行网络安全审查。[1]

（五）可审查性

出现安全问题时提供依据与手段,以可控性为基础。对个人和企业用户而言,网络安全侧重对个人信息和商业机密的保护,以防他人通过窃听、篡改、冒充和抵赖等途径侵犯个人用户或企业用户的利益,需要对网络传输信息的保密性、真实性和完整性进行保护。从网络运行和管理者角度来说,他们希望对本地网络信息的访问、读写等操作受到保护和控制,避免出现"陷门"、病毒、非法存取、拒绝服务和网络资源非法占用和非法控制等威胁,制止和防御网络黑客的攻击。对安全保密部门来说,他们希望对非法的、有害的或涉及国家机密的信息进行过滤和防堵,避免机要信息泄露,避免对社会产生危害,对国家造成巨大损失。从社会教育和意识形态角度来讲,网络上不健康的内容,会对社会的稳定和人类的发展造成阻碍,必须对其进行控制。

第二节　总体国家安全观视野下的网络安全

国家安全是一个国家和社会赖以生存与发展最基本的条件和保障。在复杂多变的世界格局和新的历史时代背景下,我国的国家安全面临诸多挑战,维护国家安全与稳定的任务更加艰巨。总体国家安全观是顺应我国复杂严峻的国家安全新特点、新态势而提出的重大战略思想,是对传统国家安全理念的重大突破。[2]总体国家安全观是党和国家领导人根据我国面临的新的、复

---

[1] 倪光南:"自主可控是网络安全的'基石'",载《中国科学奖励》2020年第7期。

[2] 王宝鑫:"总体国家安全观视域下高校网络意识形态治理研究",载《马克思主义理论学科研究》2022年第10期,第93页。

杂的国内、国际深刻变化，系统总结长期工作实践得出的宝贵经验，是今后相当长时期我国国家安全工作的总指引。习近平总书记强调，要从维护国家政治安全、文化安全、意识形态安全的高度，加强网络内容建设，用总体国家安全观引领做好网络安全。自党的十八大以来，党中央高度重视互联网的发展和治理，不断推进理论创新和实践创新。[1]

一、网络安全的全面强化

习近平总书记指出，"没有网络安全就没有国家安全""网络空间不是'法外之地'"。网络安全是国家安全的重要组成部分，理解网络安全的重要意义，布局网络安全的工作要点，都应当充分贯彻"总体国家安全观"。[2]总体国家安全观是一个系统概念，集政治安全、国土安全、军事安全、经济安全、文化安全、社会安全、科技安全、信息安全、生态安全、资源安全、核安全"11种安全"于一体。2015年7月1日，《国家安全法》正式颁布，将总体国家安全观予以明确，标志着我国国家安全工作进入崭新的阶段，对网络安全的制度构建和具体操作发挥了"灯塔"作用。2016年12月，《国家网络空间安全战略》发布，确立了网络安全的战略目标、战略原则、战略任务。[3]综合各地实践经验及其效果来看，我国网络安全的全面强化主要体现在以下方面：

（一）网络安全管理体系日益健全

网络安全和信息化是事关国家安全和国家发展、事关广大人民群众工作生活的重大战略问题。[4]在党中央统一领导下，我国的网络安全组织管理架构不断完善。就组织机构而言，现阶段，全国在地方建立健全了省、市、县三级网络安全工作机构，并由此形成了由网信部门牵头、有关职能部门配合、各级党委（党组）履行主体责任的网络安全工作格局；就工作机制而言，各地逐步建立联席会议、联合检查通报、会商决策咨询、应急处置和重大活动保障等系列制度规范；就追责机制而言，地方夯实各级党委（党组）网络安

---

[1] 安钰峰："学习习近平网络强国战略思想建设中国特色网络强国"，载《学校党建与思想教育》2021年第15期，第4页。

[2] 王静、王轩："以总体国家安全观为指引筑牢网络安全防线"，载《网络传播》2020年第9期。

[3] 刘沁娟、蔡霖："网信法治建设深入推进"，载《网络传播》2021年第9期。

[4] 蒋广学："贯彻习近平网络强国战略思想的实践探索——以北京大学网络安全工作为例"，载《学校党建与思想教育》2021年第17期，第9页。

全工作主体责任，多数地方陆续出台了责任制检查评估制度，以督促各部门进一步强化网络安全意识，确保网络安全管理制度和技术手段落实落地。[1]

（二）网络安全保障能力全面提升

其一，各地结合自身实际情况，成立由网络安全领域相关专家和学者组成的网络安全和信息化专家咨询委员会，适时采用专家提供的政策咨询和建议，在专家人才层面为网络安全工作提供保障；其二，各地遴选有关网络安全企业作为网络安全应急服务支撑单位，以提供咨询、政策建议和必要技术支撑；此外，各地陆续建成多个技术保障平台，持续提升网络安全防护的前瞻性、精准度和覆盖面，从而在专业技术层面为网络安全工作提供保障；其三，各省组建覆盖省、市、县三级的网络安全联络员队伍，畅通工作沟通渠道，在人才队伍建设层面为网络安全工作提供保障；其四，强化源头治理，主攻隐患整治，各地组织开展互联网网络安全威胁专项整治行动、网络安全风险隐患大排查，联合开展网络安全应急演练，确保互联网运行平稳有序，从而在工作方式层面为网络安全工作提供保障。

（三）网络安全技术产业迅猛发展

根据中国信息通信研究院的统计测算，2020年我国网络安全产业规模达到1729.3亿元，[2] 较2019年增长10.6%，企业发展态势总体良好。[3] 各地积极推动网络安全产业高质量发展，积极出台政策措施推动产业高质量发展，提升网络安全产业技术水平和竞争力。以山东省为例，2021年1月山东省委网信办会同工信厅等12部门制定出台了《山东省关于促进网络安全产业发展的指导意见》，该意见是全国首份省级面向社会公开的网络安全指导性政策文件，意见中提出到2025年，全省网络安全产业规模突破300亿元。在成就方面，山东省在网络安全领域核心技术和共性关键技术研发成果突出，在服务器、商用密码、安全保密等领域取得突破性进展，安全可控信息技术产品和

---

[1] 山东省委网信办："强化网络安全保障体系建设 推进更高水平安全发展"，载 https://www.toutiao.com/article/7106795385871565347/? channel&source=search_tab，最后访问日期：2022年7月18日。

[2] 2020年产业规模数据以国家统计局、工业和信息化部等相关单位公布的网络安全收入或增加值相关数据为基础，通过信通院网络安全产业规模测算框架进行综合测算得出。若相关基础数据由于规模以上入统企业数量或企业年度审计数据变动等原因发生调整，则后续将对相关测算数据进行同步调整。

[3] 《中国网络安全产业白皮书》，中国信息通信研究院，2022年1月。

服务普及程度显著提高。2021年，全省网络安全产业增速超过20%，产业规模突破130亿元，培育了浪潮、中孚等一批网络安全领域的领军企业，网络安全上下游企业超过500家，产业体系日趋健全，技术创新高度活跃，综合实力显著增强，形成了以济南市为主要承载地，具有山东特色的网络安全产业生态。此外，2021年5月，北京市通州区发布《关于加快推进国家网络安全产业园区（通州园）产业发展若干措施（试行）》，助力将园区打造成引领国家网络安全产业发展的战略高地。加速推进信息领域核心技术突破，发挥信息化对经济社会发展的驱动引领作用，维护国家网络安全。[1]

（四）网络安全人才体系建立完善

习近平总书记强调，网络空间的竞争，归根结底是人才的竞争。网络安全是技术密集型领域，人才的数量和质量决定着国家网络安全的实力和水平。2016年6月，原中央网信办等六部门联合印发《关于加强网络安全学科建设和人才培养的意见》，推动开展网络安全学科专业和院系建设，创新网络安全人才培养机制。一方面，各地加强高等院校网络空间安全专业建设，鼓励职业院校与网络安全企业合作，形成了一批网络安全示范学院单位，建立了多层次网络安全人才培养体系。另一方面，各地破除人才流动障碍，促进网络安全人才合理流动和有效配置；强化人才激励机制建设，采用股权期权激励、提高薪酬待遇等方式，激发网络安全人员的工作积极性，鼓励网络安全人才创新；完善海外人才引进机制，搭建网络安全海外人才引进公共服务平台，为特殊人才开辟渠道，实现精准引进。[2]2022年1月12日，由工业和信息化部网络安全产业发展中心（工业和信息化部信息中心）与部人才交流中心联合牵头组织编制的《网络安全产业人才岗位能力要求》[3]标准正式发布。在此基础上，工业和信息化部网络安全产业发展中心（工业和信息化部信息中心）作为工业和信息化重点领域人才能力评价测试机构的网络安全领域揭榜

---

[1] 邬贺铨："走中国特色的网络强国之路"，载《红旗文稿》2021年第7期，第13页。

[2] 刘玉琢："加强网络安全人才队伍建设的几点建议"，载 https://www.ccidgroup.com/info/1105/33467.htm，最后访问日期：2022年7月18日。

[3] 安恒、奇安信、腾讯等网络安全龙头企业以及北航、哈工大、西工大等知名院校共同参与编制。标准正文内容分为六个部分，包括标准的适用范围、规范性引用文件、涉及的术语和定义、主要方向及岗位、能力要素和要求等，涵盖网络安全规划与设计、网络安全建设与实施、网络安全运行与维护、网络安全应急与防御、网络安全合规与管理五大类38个岗位的通用标准和细分标准，为各相关单位开展网络安全产业人才招聘引进、培训评测、能力提升等工作提供了依据和参考。

单位,将与人才交流中心以及网络安全产业龙头企业、知名高校、科研院所等各方主体加强合作,指导研发线上线下相结合、理论实践融合的课程体系,开展网络安全产业人才能力评价,促进形成网络安全人才培养、技术创新、产业发展的良性生态,为推动网络安全产业高质量发展夯实人才基础。以新动能推动新发展,引领经济社会实现跨越式发展,进而实现"网络大国"向"网络强国"的伟大迈进。[1]

(五)网络安全宣传教育丰富高效

习近平强调:"做好网上舆论工作是一项长期任务,要创新改进网上宣传,运用网络传播规律,弘扬主旋律,激发正能量,大力培育和践行社会主义核心价值观,把握好网上舆论引导的时、度、效,使网络空间清朗起来。"[2]自2014年举办首届国家网络安全宣传周以来,通过宣传网络安全理念,我国形成了共同维护网络安全的良好氛围。历届国家网络安全宣传周亮点可以概况为:第一届,我国首次举办全国范围的网络安全宣传活动;第二届,重点加强青少年网络安全教育;第三届,首次举办网络安全技术高峰论坛;第四届,网络安全新技术集中涌现;第五届,首次打造网络安全大赛活动——"巅峰极客"网络安全技能挑战赛;第六届,博览会展示面积2.3万平方米、参展单位达110余家,均达历届之最;第七届,首次在"学习强国"平台引入网络安全答题,首次开设线上课堂等;第八届,网络安全博览会、网络安全教育云课堂、网络安全技术高峰论坛等重要活动;第九届,以"网络安全为人民,网络安全靠人民"为主题。2021年底,中央网络安全和信息化委员会办公室印发《网信系统法治宣传教育第八个五年规划(2021-2025年)》,围绕五个方面部署了主要任务,并提出了建设五大工程,加快推进网络治理规范化、程序化、法治化。[3]在习近平总书记重要讲话、建党100周年、网络安全政策密集发布等大背景下,我国网络安全宣传教育及宣传效果得到了进一步提升。

---

[1] 徐汉明、李辉:"习近平关于网络强国的重要思想的理论渊源、核心要义及其总体性特征",载《经济社会体制比较》2022年第1期,第18页。

[2] 《习近平谈治国理政》,外文出版社2014年版,第198页。

[3] 《网信系统法治宣传教育第八个五年规划(2021-2025年)》提出的五个方面主要任务分别是:一是明确网络普法的重点内容,二是系统提升全民网络法治素养,三是推进网络普法与依法治网有机融合,四是着力提升网络普法针对性实效性,五是构建网络普法大格局;五大工程:网信系统领导干部依法管网治网能力提升工程、青少年网络法治素养培育提升工程、互联网企业合规建设工程、网络普法师资培养工程、网络普法志愿者队伍建设工程。

此外，我国还创新对外话语体系，运用新技术新手段，打造了一批内容鲜活、形式新颖的外宣网络普法产品，让更多国外受众听得懂、听得进，全方位、多维度向世界展示中国特色治网之道，进一步宣传互联网治理的中国理念、中国方案，进一步提升传播力、增强引导力、涵养亲和力、提高影响力。

二、网络安全的综合统筹

习近平总书记指出，要提高网络综合治理能力，形成党委领导、政府管理、企业履责、社会监督、网民自律等多主体参与，经济、法律、技术等多种手段相结合的综合治网格局。[1]网络安全是综合性、系统性的工作任务，必须通过构建多方参与的"渔网"，将包括政府、企业、公民和社会组织等在内的各类主体都纳入治理体系中，形成共治共享的治理格局，才有可能真正实现网络安全。围绕维护网络空间国家战略利益的目标，我国对涉及网络空间的前瞻性、全局性、核心性问题进行预研和持续研究，统筹国家资源，集聚国家力量，按照"积极防御、综合防范"的思路，切实提升关键信息基础设施等重点领域、重点目标的安全保障能力，大力发展网络安全态势感知、网络攻击追踪溯源、监测预警等能力，加强技术验证和实战演练，并制定有效的应急响应程序和措施。

（一）宏观层面：以前瞻性布局占据战略制高点

近年来，我国充分发挥国家政策的引领和推动作用，以前瞻性布局逐步完善网络安全顶层设计。

（1）为贯彻落实习近平主席关于推进全球互联网治理体系变革的相关理念，国家互联网信息办公室于2016年12月发布《国家网络空间安全战略》，重点分析了目前我国网络安全面临的"七种机遇和六大挑战"，提出了总体国家安全观指导下的"五大目标"，建立了共同维护网络空间和平安全的"四项原则"，制定了推动网络空间和平利用与共同治理的"九大任务"，是我国网络空间安全的纲领性文件。

（2）2020年10月，工业和信息化部、应急管理部发布《"工业互联网+安全生产"行动计划（2021—2023年）》，要求不断完善工控安全监测网络

---

[1]"万山磅礴看主峰——习近平总书记掌舵领航网信事业发展纪实"，载《中国产经》2022年第7期。

等网络安全措施，构建"工业互联网+安全生产"支撑体系。2021年3月，我国发布《国民经济和社会发展第十四个五年规划和2035年远景目标纲要》，共提及"网络安全"14次，涉及数字经济、数字生态、国家安全、能源资源安全等多个领域，提出了网络安全新发展的重点思路和重点工作，为网络安全产业健康发展提供了政策保障和创新思路。

（3）2021年6月，工业和信息化部、中央网络安全和信息化委员会办公室印发《关于加快推动区块链技术应用和产业发展的指导意见》，提出加强区块链基础设施和服务安全防护能力建设，开展重点领域区块链技术的安全风险评估。2022年6月，国务院印发《关于加强数字政府建设的指导意见》，[1]就主动顺应经济社会数字化转型趋势，充分释放数字化发展红利，全面开创数字政府建设新局面作出部署。该意见明确了数字政府建设的七个方面重点任务，要求各级政府部门应以总体国家安全观为统领，坚持安全可控与开放创新相结合，建立与数字政府相适应的网络安全综合防御体系。一是深入贯彻落实网络安全法律法规和各项制度要求，构建从制度、管理和技术有机衔接的数字政府网络安全综合防护体系；二是加强法律法规制定、队伍建设、人才培养、经费和装备保障、技术攻关、产业发展，建立网络安全综合保障体系；三是加强网络安全监管和侦查打击等工作，建立健全"打防管控"一体化的网络安全保卫体系。

（二）中观层面：发挥立法的规范作用

近年来，我国充分发挥立法的引领和推动作用，逐步完善网络安全领域的相关规范。

在法律法规和规范性文件方面：（1）自《网络安全法》颁布施行后，我国相继颁布《密码法》《数据安全法》和《个人信息保护法》等重要法律，在人大立法层面上实现了有法可依；（2）颁布了《关键信息基础设施安全保护条例》《网络产品和服务安全审查办法》《公共互联网网络安全威胁监测与处置办法》《云计算服务安全评估办法》《汽车数据安全管理若干规定（试

---

[1]《关于加强数字政府建设的指导意见》提出两阶段工作目标，到2025年，与政府治理能力现代化相适应的数字政府顶层设计更加完善、统筹协调机制更加健全，政府履职数字化、智能化水平显著提升，政府决策科学化、社会治理精准化、公共服务高效化取得重要进展，数字政府建设在服务党和国家重大战略、促进经济社会高质量发展、建设人民满意的服务型政府等方面发挥重要作用。到2035年，与国家治理体系和治理能力现代化相适应的数字政府体系框架更加成熟完备，整体协同、敏捷高效、智能精准、开放透明、公平普惠的数字政府基本建成，为基本实现社会主义现代化提供有力支撑。

行）》《关于推动5G加快发展的通知》《关于推动工业互联网加快发展的通知》《关于深入推进移动物联网全面发展的通知》等部门规章和规范性文件；（3）颁布了《国家网络安全事件应急预案》《网络关键设备和网络安全专用产品目录》《公共互联网网络安全突发事件应急预案》等配套规范。此外，为实现与《国家网络安全事件应急预案》的有效衔接，我国在金融、能源、通信、交通等行业领域制/修订本行业领域网络安全应急预案，安全防护体系不断完善，应急响应处置能力持续提升。以上法律法规和规范性文件的颁布与实施，使得我国新时代网络安全法律法规体系基本建立，在保护网络空间主权、防范公共互联网风险、规范企业网络服务和保护个人数据与隐私方面形成了良好的指导作用。

在国家标准建设方面：（1）国务院于2017年印发《新一代人工智能发展规划》（国发〔2017〕35号），指出要加强人工智能标准体系研究；工信部于2017年印发《促进新一代人工智能产业发展三年行动计划（2018—2020年）》（工信部科〔2017〕315号），明确要建设人工智能产业标准规范体系。为加强人工智能领域标准化顶层设计，最大限度发挥标准价值，有效指导新一代人工智能建设，2020年7月，国家标准化管理委员会等五部门印发《国家新一代人工智能标准体系建设指南》，[1]加强人工智能领域标准化顶层设计，推动人工智能产业技术研发和标准制定，促进产业健康可持续发展。（2）2021年2月，工业和信息化部等三部门联合印发《国家车联网产业标准体系建设指南（智能交通相关）》的通知，指导智能交通领域标准制/修订，其中包括证书密钥管理、网络安全防护两类网络安全标准。（3）截至2021年10月，我国制定发布了322项国家标准，共有12项包含我国技术贡献和提案的国际标准发布，相关标准在指导和规范网络安全工作、提升国际竞争力等方面的作用显著提升，网络安全国家标准体系日益完善。[2]

---

[1] 该指南提出，到2021年，明确人工智能标准化顶层设计，研究标准体系建设和标准研制的总体规则；明确标准之间的关系，指导人工智能标准化工作的有序开展，完成关键通用技术、关键领域技术、伦理等20项以上重点标准的预研工作；指南明确，到2023年，初步建立人工智能标准体系，重点研制数据、算法、系统、服务等重点急需标准，并率先在制造、交通、金融、安防、家居、养老、环保、教育、医疗健康、司法等重点行业和领域进行推进。建设人工智能标准试验验证平台，提供公共服务能力。

[2] 张璁：“共同筑牢网络安全防线——党的十八大以来网络安全发展成就综述”，载《人民日报》2021年10月11日。

(三) 微观层面：强化网络安全执法力度

近年来，我国提升网络风险治理的制度能力，塑造规制网络的力量，协调并理顺网络主体相互之间的利益关系，统筹网络资源，保证网络有序运行。网络空间安全整治措施的系统性推进，大幅提升了企业网络安全合规意识，激增网络安全合规体系建设需求，对于产业发展具有积极的政策导向作用。

为引导企业落实网络安全主体责任，督促企业依法依规经营，国家不断加大网络安全执法力度，推进网络综合治理体系建设。2020年7月，工业和信息化部发布《关于开展纵深推进App侵害用户权益专项整治行动的通知》，督促相关企业强化App个人信息保护，净化App应用空间。2020年8月，教育部等六部门联合发布《关于联合开展未成年人网络环境专项治理行动的通知》，通过联合开展网络环境专项治理行动，整治影响未成年人健康成长的不良网络社交行为、低俗有害信息和沉迷网络游戏等问题，为未成年人成长营造健康的网络环境。

2021年5月，国家网信办部署开展2021年"清朗"系列专项行动，组织开展治理网上历史虚无主义等八项专项行动，"重拳"整治网络违法违规问题。2021年7月，国家网信办连续发布公告，对"滴滴出行""运满满""货车帮""BOSS直聘"等App实施网络安全审查，审查期间将停止新用户注册，同时要求"滴滴出行"下架整改。

2022年，各级网信部门结合开展"清朗·2022年算法综合治理""清朗·整治网络直播、短视频领域乱象""清朗·网络暴力专项治理行动"以及持续深入开展"清朗·互联网用户账号运营乱象专项整治行动"和"清朗·打击流量造假、黑公关、网络水军"等"清朗"系列专项行动，集中整治网络直播和短视频领域乱象、打击网络谣言、整治未成年人网络环境、治理算法滥用、整治应用程序信息服务乱象、规范传播秩序，重点查处一批传播各类违法违规有害信息、存在违法违规行为、社会影响恶劣的平台和账号。据统计，全国网信系统在2022年上半年累计依法约谈网站平台3491家，警告3052家，罚款处罚283家，暂停功能或更新419家，下架移动应用程序177款，会同电信主管部门取消违法网站许可或备案、关闭违法网站12 292家，移送相关案件线索4246件。[1]

---

[1] "2022年上半年全国网络执法工作取得明显成效"，载 https://www.sohu.com/a/573447936_121106842，最后访问日期：2022年9月17日。

三、网络安全的国际合作

随着人工智能、物联网、智能制造、大数据等技术不断创新和相互嵌入，网络空间与物理空间高度融合，地缘政治等传统安全威胁与非传统的网络安全威胁相互交织，颠覆了人们的安全观。全球治理体系在地缘政治、病毒肆虐等冲击下已不堪重负，网络空间治理亟须各国以《联合国宪章》为宗旨和原则，以国际法为基础，推动互联网全球治理体系的变革，共同构建和平、安全、开放、合作的网络空间，建立多边、民主、透明的全球互联网治理体系。

（一）确立能被国际社会广为接受的网络空间价值观

习近平主席于2014年12月在乌镇世界互联网大会上提出的网络空间命运共同体理念和网络主权主张即是网络空间治理中国方案的旗帜和基石；随后，中国相继提出了《携手构建网络空间命运共同体》立场文件和行动倡议，发布了《网络主权：理论与实践》概念文件及升级的2.0版；2016年12月，我国发布《国家网络空间安全战略》，明确九个方面战略任务。

我国倡导：（1）尊重维护网络空间主权。我国致力于推动与其他国家在网络信息领域的合作，同时积极参与国际网络治理体系，主张尊重和维护"网络主权"（Cyber Sovereignty）等理念，强调国家主权应及于网络空间，希望世界各国相互尊重彼此对本国网络空间运作及公民网络活动的管辖权限。我国的呼吁在国际间获得包括俄罗斯在内的部分倾向加强管制国内网络活动的国家响应，我国在"联合国大会"及"国际电信大会"等场合中提交议案，期待"网络主权"理念融入相关国际建制的规范之中，进而形成国际法层次的正当性。（2）和平利用网络空间。世界科学家联合会在2008年12月发表了《关于网络稳定和网络和平原则的埃里切宣言》（以下简称《埃里切宣言》），《埃里切宣言》呼吁通过从保障"信息和思想自由流动"到避免网络冲突等六项原则，加强网络空间的合作与稳定。互联网仍处于消极和平区，目前的行动不是很暴力，但升级的风险迫在眉睫。网络武器是国家权力的延伸。为夺取战略优势，包括美国在内的许多国家都在增强网络攻击能力，以打破竞争国家的政治、经济和社会体系。如果我们能够加强与不同参与者之间的合作和信任，我们就有很好的机会走向稳定的和平。各国应该在不同层面采取行动，稳定网络空间，减少敌对行动的可能性和影响。（3）网络空间治理亟须各国以《联合国宪章》为宗旨。2019年，第74届联合国大会第一委员会通过了两个决议草案,即《从国际安全角度促进网络空间国家负责任行为》和《从国际安全角度看信息和电信领域的发展》,这两个草案反映了地缘政治和网络空间治理路径分歧对实现国际层面"合作主权"的影响;草案强调"联合国可发挥主导作用,促进成员国之间的对话,就信通技术的安全和使用达成共识",希望能在联合国主导下,采用"有约束力的国际法律监管",用"规范、规则和原则"进行规制。

(二) 国际合作开放共享积极推进

中国主张开放合作,是以尊重网络主权为前提、以构建良好秩序为依归的。网络空间不是一个如同传统的公海、极地、太空一样的全球公域,一国有权独立自主地发展、管理、监督本国互联网事务,不受外部干涉,并且能够平等地参与国际互联网治理,有权防止本国互联网受到外部入侵和攻击。网络不是法外之地,网络企业必须遵守中国法律法规,不得损害国家利益和消费者利益。中国在国际层面的网络战略推行,格外强调与其他国家的合作交流,以获得技术与经济方面的效益并塑造温和友善的国家形象。一方面,我国将"网络强国"的战略构想融入当前积极推行的"一带一路"倡议之中,陆续推出"中国—东盟信息港"(China-ASEAN Information Harbor)和"数字丝绸之路"(Digital Silk Road)等建设方案,除协助周边地区的发展中国家进一步完善基础网络设施外,也借此增进相互在网络政策设计、电子商务活动及网络文创产业等方面的协调合作,借此深化彼此之间的互赖关系,并扩大中国的区域影响力。另一方面,我国通过筹办"世界互联网大会"等会议平台,广邀世界各国的网络事务主管官员、信息产业领袖与网络技术专家等与会交流,以扩大和各国政府及企业在技术研发与数字经济发展方面的合作空间,同时也向国际社会宣示中国的网络科技实力与政策理念。2017年3月,我国发布《网络空间国际合作战略》,提出以和平、主权、共治、普惠四项基本原则推动网络空间国际合作。

我国倡导:以全人类共同价值为指引,坚持真正多边主义,排除地缘政治干扰,克服意识形态偏见,加强大国协商与协调,积极推进网络空间全球治理的规则制定、体系和秩序建设;增加和强化网络空间议题,调动网络空间专门机构积极性,从战略、技术、安全、社会等诸多方面探讨建立网络空间治理规则与标准。(1) 在数字安全领域:2020年,中国提出《全球数据安全倡议》,强调各国增强沟通,建立互信,以共谋数字治理之道。该倡议在国际社会赢得广泛支持，并与阿拉伯国家、俄罗斯达成合作意向。2021年3月，中国同阿拉伯国家联盟共同发表《中阿数据安全合作倡议》，双方在数字治理领域达成高度共识，呼吁通过建立互信、深化合作等方式，化解各国数据安全风险。2021年，中国政府向联合国网络犯罪问题政府间专家组（UNIEG）第七次会议提交了书面评论，建议各国设置网络犯罪司法协助和执法合作快速联络响应机制和联系渠道，考虑通过采用电子签章等技术手段，实现跨境取证法律文书和电子证据网上交换，提高国际合作效率。（2）网络安全合作机制方面：2020年11月，第23次中国—东盟领导人会议发布了《落实中国—东盟面向和平与繁荣的战略伙伴关系联合宣言的行动计划（2021—2025）》，双方就在加强网络安全产业发展、网络安全应急响应能力建设等领域开展交流合作达成一致。2021年1月，中国与印尼签署《关于发展网络安全能力建设和技术合作的谅解备忘录》，为发展网络安全能力和技术提供合作框架。（3）网络安全国际活动方面：中国分别参加亚太地区计算机应急响应组织（APCERT）举办的2020年亚太地区网络安全应急演练和2020年度东盟网络安全应急演练，不断增强与各国在共同保障网络安全方面的合作。2020年8月，依据2011年签订的"国家级计算机安全事件响应小组联合合作备忘录"，中、日、韩在线上顺利召开第八届中、日、韩互联网应急年会，三方就新冠肺炎疫情下网络安全事件态势以及处理措施等方面开展交流合作。

（三）打击跨国网络犯罪，推动国际网络安全保障合作机制建设

网络犯罪的跨国性、匿名性、智能化，以及电子证据的不稳定、易灭失，给各国执法、调查及刑事司法带来了巨大挑战。现有国际法律框架下的双边司法协助等国际合作机制需要适应这些挑战。在国际合作层面，中国执法机关收到并处理来自国际刑警、司法协助和双边警务渠道的案件协查请求和情报通报1000余起，与70余个国家和地区构建了执法协作网络。[1]联合国网络犯罪问题政府间专家组（UNIEG）是在中国、俄罗斯、巴西等国倡议下，于2011年根据联大决议设立，同年1月第一次会上通过《工作方法》（Methodology）和《议题范围》（Draft Collection of Topics），并授权专家组秘书处联

---

〔1〕 2019年3月27日至29日，UNIEG第五次会议在维也纳举行，中国政府代表团由外交部、公安部、最高人民检察院、司法部、工信部和常驻维也纳联合国代表团组成，会上提出《联合国网络犯罪政府间专家组第五次会议书面评论意见》。

合国毒罪办根据上述方法和议题范围编撰《网络犯罪问题综合研究报告（草案）》。[1]截至2021年底，UNIEG先后举行七次会议，各国在打击跨国网络犯罪方面将聚焦于网络犯罪执法与调查能力建设、创新管辖权、电子证据的界定与调取[2]、网络犯罪的预防[3]、制定全球性打击网络犯罪公约。

是否需制定全球性打击网络犯罪公约一直是UNIEG争论的焦点，一方面，布达佩斯公约缔约国认为，公约已有63个国家加入，未加入公约的国家有不少也已在本国立法中吸收了公约规定，因此公约已成为应对网络犯罪的"全球标准"。另一方面，金砖国家认为，布达佩斯公约参与谈判的国家有限，缺乏广泛代表性；公约严苛的加入条件及复杂的修改程序使其缺乏开放性，不具备成为全球标准的条件；公约制定于2001年，很多内容不能适应网络信息技术近年来的飞速发展；只有在联合国框架下制定打击网络犯罪全球性公约，才能真正确保各国广泛参与，反映各国意志，协调各国法律和实践。[4]包括我国在内的多个国家对第74届联合国大会通过第247号决议、启动联合国打击网络犯罪公约谈判表示欢迎，呼吁各国积极参与为公约谈判成立的联大特设政府间专家委员会的工作，做好特委会组织会议的筹备工作。[5]

2020年10月，在维也纳举办了第十届联合国打击跨国有组织犯罪公约缔

---

[1]《网络犯罪问题综合研究报告（草案）》（Draft Comprehensive Study on Cybercrime）于2013年初完成，对全球网络犯罪发展趋势、特点、危害、当前国际应对的状况和局限等进行实证研究，并提出包括制定综合性全球文书、国际示范条款、加强对发展中国家的技术援助等应对方案。后因有关各方对报告的结论和建议存在较大争议，进程一度停滞。2017年4月，UNIEG决定以研究报告（草案）为基础讨论网络犯罪的实质问题，并根据该共识提出专家组2018—2021年工作计划草案。2018年4月3日至5日，UNIEG第四次会议在维也纳举行，有94个联合国成员国及欧盟、欧洲委员会、上海合作组织等国际组织相关代表与会。中国代表团由外交部、公安部、司法部、工信部及驻维也纳代表团组成；本次会议一致通过了专家组2018—2021年工作计划，并重点就网络犯罪"立法和政策框架"和"定罪"议题进行讨论，汇集了各国提出的系列初步建议供后续会议审议。

[2] 张鹏："论坛·数据跨境治理丨司法和执法数据跨境调取的国际规则发展与应对实践"，载http://www.hackdig.com/06/hack-694852.htm，最后访问日期：2022年9月14日。

[3] "国际社会共商打击网络犯罪国际合作和预防——联合国网络犯罪问题政府间专家组第六次会议简况"，载https://www.sohu.com/a/417101951_120053911，最后访问日期：2022年9月14日。

[4] "各国热议应对'云时代'网络犯罪——联合国网络犯罪问题政府间专家组第五次会议综述"，载https://www.sohu.com/a/307871104_786964?sec=wd，最后访问日期：2022年9月14日。

[5] 2019年12月，第74届联大全会以79票赞成、60票反对、33票弃权通过该决议（中国、俄罗斯、印度、南非、尼日利亚、埃及、肯尼亚、泰国、越南、委内瑞拉、牙买加等众多发展中国家对决议投了赞成票，欧盟成员国、美国、澳大利亚、新西兰、加拿大、日本等发达国家投了反对票，33国投了弃权票），正式开启谈判制定打击网络犯罪全球性公约的进程。

约方会议，会议指出：支持《联合国打击跨国有组织犯罪公约》及其各项议定书实施情况审议机制的全球方案于 2019 年 2 月启动，目前设计为持续到 2030 年底，旨在支持该机制的顺利运作，其中包括持续 12 年的同行审议进程以及缔约国和其他利益攸关方的参与。全球方案负责开发和维护审议过程中使用的主要工具，特别是在线数据库，该数据库将作为参与审议的行为者之间的主要交流工具，并将托管用于开展国别审议的自评问卷，这是打击犯罪信息与法律网络共享平台（夏洛克数据库）这一知识管理门户网站上的一个新安全模块。该方案还将支持各国专家在审议期间编制意见清单，并促进交流良好做法、挑战和解决方案。此外，它将支持确定技术援助需求，从而帮助毒品和犯罪问题办公室的相关方案开展量身定制的技术援助和能力建设活动。该机制的运作将大大促进该公约及其三项议定书的执行，并有助于有效预防和打击有组织犯罪。

现阶段，各国普遍意识到预防网络犯罪不只是政府的事，私营部门、非政府组织、业界、学界、社会公众等都有责任共同参与。不少国家指出，执法机要与网络服务提供商建立更有效的协作框架，压实网络服务提供商预防网络犯罪的责任，与大型科技公司在网络犯罪信息共享方面加强合作。各国一致认可提高民众预防意识对于打击网络犯罪的重要性。通过教育和宣传提升民众防范网络犯罪意识，如学校设置专门课程、政府发送短信提醒、专家做客电视节目介绍典型案例、网络犯罪受害人接受电视采访"现身说法"等。

第三节　网络安全法治保障的正当性基础

网络安全是政府日益关注的问题，随着互联网、社交网络的日益普及和对数字政府服务的日益依赖，以及来自外国势力、恐怖分子和犯罪分子的威胁范围日益扩大，网络安全日益受到关注。这些复杂的问题涉及所有政府部门、其机构和承包商，以及省和市政府，并要求国家建立法律框架和机构来保护数据并向企业和公民提供建议，同时确保充足的熟练技术人员和工程师供应。依法治网是依法治国的时代课题，《网络安全法》的施行，建立并完善了网络安全标准体系，明确了网络运营者的义务，建立起网络安全监测预警和信息通报等制度，有效保障了网络运行安全，严厉打击了网络诈骗、网络窃密等违法犯罪活动，净化了网络环境，进一步推进了依法治网和依法用网，保障网络安全。

一、网络安全法治保障的价值优化

（一）回应国家安全战略部署的需要

自党的十八大以来，以习近平同志为核心的党中央从总体国家安全观出发，就网络安全问题提出了一系列新思想新观点新论断，对加强国家网络安全工作作出重要部署。党的十八届四中全会决定要求完善网络安全保护方面的法律法规。广大人民群众十分关注网络安全，强烈要求依法加强网络空间治理，规范网络信息传播秩序，惩治网络违法犯罪，使网络空间清朗起来。为适应国家网络安全工作的新形势新任务，落实党中央的要求，回应人民群众的期待，制定网络安全方面的立法正当其时。[1]2016年12月27日发布《国家网络空间安全战略》，是我国首次发布关于网络空间安全的战略。[2] 2017年3月发布的《网络空间国际合作战略》，全面宣示了我国在国际互联网治理问题上的基本原则和行动要点，奠定了我国在国际社会竞争中的话语权和软实力。[3]这两个战略开启了我国网络空间治理的全新范式，巩固和强化了网络安全法构建的由内而外、自上到下的原则和政策，为我国网络安全相关政策和配套法律的出台指明了方向。作为我国第一部网络安全管理的基础性保障法，《网络安全法》全面落地实施是网络空间法治建设的重要里程碑，其以发现、消除网络安全威胁和风险，提升恢复能力为轴心，构建了

---

〔1〕 "关于《中华人民共和国网络安全法（草案）》的说明"，载http://www.cac.gov.cn/2015-07/08/c_1115858135.htm，最后访问日期：2022年9月14日。

〔2〕《国家网络空间安全战略》从国家战略层面诠释了网络安全法主张的网络空间主权原则，将"坚定捍卫网络空间主权"作为九大战略任务之首，强调"根据宪法和法律法规管理我国主权范围内的网络活动，保护我国信息设施和信息资源安全，采取包括经济、行政、科技、法律、外交、军事等一切措施，坚定不移地维护我国网络空间主权。坚决反对通过网络颠覆我国国家政权、破坏我国国家主权的一切行为"；战略将"保护关键信息基础设施"作为九大战略任务之三，进一步拓展了关键信息基础设施的外延，将重要互联网应用系统纳入其中，强调着眼识别、防护、检测、预警、响应、处置等环节，建立实施关键信息基础设施保护制度；同时，战略再次强调要建立实施网络安全审查制度，加强供应链安全管理。

〔3〕《网络空间国际合作战略》站在各国共同维护网络空间安全的角度，重申了网安法的和平、主权原则；战略主张的"促进企业提高数据安全保护意识，支持企业加强行业自律，就网络空间个人信息保护最佳实践展开讨论。推动政府和企业加强合作，共同保护网络空间个人隐私"的行动倡议与网安法第四章"网络信息安全"的个人信息保护规定紧密契合。

"防御、控制与惩治"三位一体的立法架构，其配套制度的制定与出台正不断夯实丰满这一立法架构。

(二) 大力发展数字经济的现实需求

网络安全和数字化是一体之两翼、驱动之双轮，网络安全是数字经济蓬勃发展的基础。数字经济是继农业经济、工业经济之后的更高级经济阶段。数字经济是以数字化的知识和信息为关键生产要素，以数字技术创新为核心驱动力，以现代信息网络为重要载体，通过数字技术与实体经济深度融合，不断提高传统产业数字化、智能化水平，加速重构经济发展与政府治理模式的新型经济形态。[1]数字经济的兴起与发展是百年变局的重要组成部分，数字化推动安全概念升级，网络安全向数字安全不断外延。近年来，数字化衍生出安全新形势、新需求，驱动安全界限不断向网络物理融合空间拓展，推动安全概念迭代升级。数字化必然会导致组织重新思考其网络安全原则，以应对网络犯罪中固有的所有风险。中国网络安全产业经过30年的发展，呈现出产业规模迅速扩张、产品供给丰富多样、政策支持持续加强的良好发展态势。[2]

2021年，全球47个主要国家数字经济增加值规模达到38.1万亿美元。其中，中国数字经济规模达到7.1万亿美元，占47个国家总量的18%以上，仅次于美国，位居世界第二；[3]据统计，2022年上半年我国共有3256家公司开展网络安全业务。[4]数字经济已经成为全球新一轮科技革命和产业变革的重要引擎，随着全社会数字化进程的加速，数字经济在突破传统生产要素的流动限制、促进市场效率提升的同时，对网络安全问题的重视也日益突出。"网络安全是数字经济生命线，没有安全，数字经济难以有效发展。"随着我国《国家创新驱动发展战略纲要》《"十三五"国家信息化规划》《数字经济发展战略纲要》《"十四五"数字经济发展规划》和《数字经济及其核心产业统计分类（2021）》等一系列规划落地见效，建立并不断完善国家关键数据

---

[1] 2017年7月，中国信息通信研究院发布《中国数字经济发展白皮书（2017年）》。

[2] 张卓群："中国网络安全产业发展态势及对策研究"，载《北京工业大学学报（社会科学版）》2022年第3期，第75页。

[3] 2022年7月，中国信息通信研究院发布《全球数字经济白皮书（2022年）》。

[4] 2022年6月，中国网络安全产业联盟（CCIA）发布《2022年中国网络安全市场与企业竞争力分析》报告。

资源管理制度，建设国家网络安全信息共享平台和应急指挥平台，保障国家网络安全法治稳步向前发展，是大力发展数字经济的现实需求。

（三）保障公民网络权利的题中应有之义

互联网作为20世纪最伟大的发明之一，把世界变成了"地球村"，让国际社会成为你中有我、我中有你的"共同体"。网络是把"双刃剑"，正如一枚硬币总有两面一样，互联网安全有保障了，人人都能从中受益；反之，则会为其所害。当个人用户失去安全保护时，会导致电脑瘫痪、隐私泄露；当企业遭遇安全问题时，会导致无法正常运转，甚至停摆；而当全球性的网络安全隐患爆发时，将会是一场灾难，每个国家都将成为受害者。网络权是人权在网络空间的延伸，其包含了上网权、网络言论自由权、网络隐私权和网络社交权。平衡网络权利和国家利益的前提是给予网络权利更大的保护。[1]网络攻击层出不穷，网络信息良莠不齐、个人信息面临泄露风险、新型网络诈骗手段层出不穷，都是对清朗健康网络空间的破坏和挑战。网络安全为人民，网络安全靠人民。以人民为中心，让亿万人民在共享互联网发展成果上有更多获得感。互联网不是法外之地，不能让乱象滋生蔓延，针对网络空间的痼疾和新问题，亟须完善法律法规，加大治理力度，加强行业自律，鼓励社会监督。各方协同，形成合力，善用组合拳，打好主动仗，切实保护亿万网民的权益，增强百姓在国家信息化发展中的获得感、幸福感、安全感。[2]保障网络空间天朗气清、生态良好，是满足人民对美好生活追求的题中应有之义；实现网络安全的法治保障，保障公民网络权利的题中应用之义。

（四）提升网络治理能力的必然选择

国际环境日趋复杂，网络霸权主义对世界和平与发展构成威胁，全球产业链供应链遭受冲击，网络空间安全面临的形势持续复杂多变。全球网络空间的两个基本趋势，即权力的重新分配和日益增加的相互依存的相互作用，正在塑造全球的网络安全战略，各国强化网络安全在国家安全中的重要战略地位，不断完善网络安全战略布局，持续完善网络安全政策战略。全球网络治理可以说是由以西方为中心的方法主导，承诺通过多利益相关方模式提供

---

〔1〕 何勤华、王静："保护网络权优位于网络安全——以网络权利的构建为核心"，载《政治与法律》2018年第7期。

〔2〕 余建斌："保护网民权益就是保障民生"，载《人民日报》2019年6月3日。

一个开放、自由和可访问的网络空间,这种做法被美国政府、欧盟和与其利益一致的各方广泛接受。近年来,美国出台了一系列针对中国的新立法措施,包括《外国投资风险审查现代化法案》(FIRRMA)、《信息和通信技术与服务行政令》(ICTS)和《出口管制》等,这些措施标志着美国政府正在加速与中国的技术战。此外,在安全投入方面,拜登政府推出"美国救援计划"和"美国就业计划"等,加强国内基础设施建设,增加对科研和教育的投入,增强网络安全和技术竞争优势。美国2021财年IT总预算为922亿美元,其中网络安全领域总预算为188亿美元,比2020财年高出14亿美元,网络安全预算占IT预算的比例为20.4%。国际网络安全相关战略和立法迅速进行改革,美欧纷纷建立全方位、更立体、更具弹性与前瞻性的网络安全立法体系。

二、网络安全法治保障的时代演化

(一) 网络安全法治保障的主体日益多元

当前错综复杂、严峻危险的网络空间现实与治理需要各国、国际组织、企业、个人等网络空间参与主体齐心协力,共同应对。具体到国家立法对网民、网络商主体、网络社会的羁束,不同层级的法律渊源构成了国家治理网络的系统化法律依据。[1]其中:

党的领导是根本指引。党的领导是网络安全的"船舵",凝结全党和全国人民的愿望和智慧,擘画社会主义发展的蓝图,谋划各类社会主体为实现人民幸福和民族复兴而奋斗的路径,确保社会朝着健康、平稳、有序的方向前进。网络安全关乎人民福祉、社会安康、民族复兴和国家安定,这些重要命题都需要依托中国共产党的领导来把准方向,不偏离既定航道,不因思潮涌动而摇摆,亦不因利益纠缠而错乱。以党的领导作为网络安全的根本指引,要充分发挥党建六个引领的作用,即思想引领、作风引领、素质引领、目标引领、方法引领、典型引领。

公民个体的有效参与是维护网络安全的基础。作为网络用户的公民个体是社会最基础的主体,在法律规定的范围内行使权利、履行义务,对于建设和实现网络安全至关重要。一方面,公民个体不能将网络空间当成法外之地,

---

[1] 李佳伦:"网络服务提供者对网络内容的判断义务",载《学习与探索》2022年第3期,第141页。

要自律并自觉维护网络安全；另一方面，公民个体可以通过正式或者非正式机制遏制和阻止危害网络安全的行为，向互联网服务提供者和主管部门提供危害网络安全的线索，为维护网络安全秩序作出贡献。网络空间安全已成为关乎百姓生命财产安全，关系国家安全和社会稳定的重大战略问题。[1]

企业主体积极履责是维护网络安全的关键。企业主体作为互联网服务提供者，既有一般经营者，也有平台型经营者。企业主体为维护网络安全作出贡献，一是提升网络安全技术水平，与专家学者、科技人员一道力争取得相关核心技术的突破，并在技术转化和应用方面勇担重任，将核心技术转化为市场产品和产业实力；二是符合关键信息基础设施条件和重要数据保存资质的企业既是网络安全的护卫者，也是整体行业安全标准制定的参与者，应为完善网络安全"渔网"贡献力量；三是增强企业的使命感和责任感，坚持经济效益与社会效益并重，承担起经济责任、法律责任、社会责任和道德责任，正确处理发展与安全的关系。

落实各级领导干部主体防护责任是强化网络安全的重点。一是要主动适应信息化要求、强化互联网思维，不断提高对互联网规律的把握能力、对网络舆论的引导能力、对信息化发展的驾驭能力、对网络安全的保障能力，强化主体责任落实到位。二是要提高通过互联网组织群众、宣传群众、引导群众、服务群众的本领。要推动依法管网、依法办网、依法上网，确保互联网在法治轨道上健康运行。三是要研究制定网信领域人才发展整体规划，推动人才发展体制机制改革，让人才的创造活力竞相迸发、聪明才智充分涌流。四是要不断增强"四个意识"，坚持把党的政治建设摆在首位，加大力度建好队伍、全面从严管好队伍，选好配好各级网信领导干部，为网信事业发展提供坚强的组织和队伍保障。

行业协会、非政府组织和智库等第三方组织有更大的作用空间。以行业协会为代表的第三方组织，与政府相比，在规则制定方面更具技术性和指导性，活动方式也更为灵活多样。在网络安全多方参与的大格局中，行业协会等第三方组织在沟通各方诉求和意见，制定网络安全和数据安全行业标准，提升全行业网络安全水平等方面大有可为。非政府组织和智库可以在构建和

---

[1] 冯登国："准确把握网络空间安全技术发展的新特征　全力助推国家安全体系和能力现代化"，载《中国科学院院刊》2022年第11期，第1539页。

平、安全、开放、合作的网络空间和建立多边、民主、透明的全球互联网治理体系方面发挥重要作用。网络空间非政府组织和智库参与网络全球治理和规则制定，有助于网络空间治理相关理论的形成和系统化，进而为网络空间全球治理和国际秩序的建设提供理论支撑。党的二十大报告指出，要推进国家安全体系和能力现代化，坚决维护国家安全和社会稳定。[1]

(二) 网络安全法治保障的客体逐渐扩展

网络安全法治保障的客体，即《网络安全法》的适用对象。《网络安全法》的主要目的在于防止数据流出境外，目前，已经明确的适用对象包括关键信息基础设施运营者。关键信息基础设施是指公共通信和信息服务、能源、交通、水利、金融、公共服务、电子政务、国防科技工业等重要行业和领域的，以及其他一旦遭到破坏、丧失功能或者数据泄露，可能严重危害国家安全、国计民生、公共利益的重要网络设施、信息系统等。《网络安全法》多处条文对安全管理制度规范、防范计算机病毒与网络攻击入侵、数据备份与加密、安全机构、关键岗位人员、系统容灾、应急管理等方面都提出了要求，对于网络日志的存储更是制定了需要至少保存6个月的详细规范。

一方面，我国对关键信息基础设施运营者相关规制并无内外商之别，只要是在我国境内通过网络提供服务，不论是内资还是外资企业，都同等受制于《网络安全法》的各项规定和要求。在等级保护2.0[2]中，除信息系统外，大型互联网企业、基础网络、重要信息系统、网站、大数据中心、云计算平台、物联网系统、移动互联网、工业控制系统、公众服务平台等均作为等级保护对象。

另一方面，我国对关键信息基础设施运营者的相关规制不局限于网络运行安全规则，还包括网络数据。就网络运行安全规则而言，等级保护2.0在定级、备案、建设整改、等级测评和监督检查五个规定动作的基础上，对等级保护的内涵进行丰富和完善，风险评估、安全监测、通报预警、案（事）件调查、数据防护、灾难备份、应急处置、自主可控、供应链安全、效果评价、综治考核等这些与网络安全密切相关的措施将全部纳入等级保护制度并

---

[1] 荆继武："我国网络信息安全发展的探讨"，载《中国科学院院刊》2022年第11期，第1543页。

[2] 《信息安全技术信息系统安全等级保护基本要求》。

加以实施。就网络数据而言,我国网络安全重点关注在中国境内所生成信息的流动性质,不仅强调"个人信息",同样涉及与国家安全、经济发展或社会公共利益相关的"重要数据"。对不同行业而言,"重要数据"的内涵可能存在差异,其定义和构成可由相关监管机构依具体情况决定。以金融机构为例,"重要数据"涉及可能对宏观经济产生实质性影响的业务交易数据,《网络安全法》要求金融机构必须从根本上转变在中国境内收集、储存、传输和使用数据的方式方法。

(三) 网络安全法治保障的内涵不断丰富

建立和完善网络法治,旨在平衡人们的权利与责任,让人们在承担责任的前提下享受自由、在享受自由的同时承担相应的责任。网络综合治理理念基本形成,但对其与国家治理理念相契合的认识不够。[1]法律通过设定各个主体的权利义务,规范政府、组织和个人的行为,维护公共安全利益。为此,网络安全法治保障的内容包括以下几个方面:

(1) 制度保障。一是法律法规体系持续完善。网络安全法实施5年来,我国网络安全政策法规体系基本形成,国家网络安全工作体系不断健全,对维护国家安全、网络主权,保护公民权利,促进数据流动应用及经济发展都起到了重要作用。二是行业管理持续深化。坚持依法依规、精准执法,行业管理能力不断提升。工业和信息化部数据显示,目前已累计完成630万次App检测,实现了对我国主流应用商店在架App的全覆盖,App侵害用户权益专项整治等工作取得了显著成效,用户权益得到了切实保障。[2]

(2) 能力保障。一是网络安全保障能力持续提升。2021年,我国网络安全产业总体规模突破2000亿元。国家网络安全人才与创新基地已经投入运行,全国200余所高校设立了网络安全本科专业,每年网络安全专业毕业生超过2万人。二是坚持促进发展和监管规范两手并重,在发展中规范,在规范中发展,持之以恒地重点治理、严厉打击各类涉及互联网的不法行为;并充分利用大数据、人工智能、区块链、物联网等信息技术,运用智慧监管手段,提高监管效能,实现对执法活动的全过程留痕、可回溯管理,使执法办

---

[1] 傅昕源、黄福寿:"中国网络综合治理的历史生成、现实问题与发展进路",载《湖北社会科学》2022年第9期,第19页。

[2]《中国网络安全产业白皮书》,中国信息通信研究院,2022年1月。

案更透明规范,执法监督更加精准高效。

(3)环境保障。营造健康良好网络生态,优化"软环境"。一是倡导多元共治,建立由政府主导,社会组织、企业、网民等多元主体参与协商共治的互联网治理体系,防范和化解互联网行业风险,维护平台公平有序的竞争秩序,强化个人信息保护,提升网络安全保障能力。同时,要做好网络法治研究,加强网络法治宣传,拓展网络对外交流,营造全社会尊法、学法、守法、用法的良好氛围。二是启动"清朗"系列专项行动,重拳整治网络违法违规问题。国家互联网信息办公室数据显示,2021年,涉及互联网平台企业重大执法案例近百起,累计处罚金额超过200亿元。[1]

三、网络安全法治保障的发展

(一)树立正确的网络安全观

习近平总书记在2016年4月19日主持召开的网络安全和信息化工作座谈会上强调,维护网络安全"要树立正确的网络安全观"。网络安全不是一般的生产安全、经济损失、人身伤害,而是事关国家、政权、民族生死存亡的大事。网络安全不能停留在"发了文、开了会、办了班"的程序正确,不能满足于"定了级、评了奖、没出事"的达标及格,而必须增强危机意识,坚持底线思维,按照对抗高强度极限打击的标准,以生死存亡的博弈状态抓安全、保安全。要树立正确的网络安全观,加强信息基础设施网络安全防护,加强网络安全信息统筹机制、手段、平台建设,加强网络安全事件应急指挥能力建设,积极发展网络安全产业,做到关口前移,防患于未然。网络安全观,是人们对网络安全这一重大问题的基本观点和看法。要树立正确的网络安全观,应当把握好以下六个方面的关系:一是网络安全与国家主权:承认和尊重各国网络主权是维护网络安全的前提;二是网络安全与国家安全:没有网络安全就没有国家安全;三是网络安全与信息化发展:网络安全和信息化是一体之两翼、驱动之双轮;四是网络安全与法治:让互联网在法治轨道上健康运行;五是网络安全与人民:网络安全为人民,网络安全靠人民;六是网络安全与国际社会:维护网络安全是国际社会的共同责任。

构建正确的网络安全观:(1)要求中国超越传统大国战略博弈的窠臼,

---

[1] "2022中国互联网法治大会举办",载《经济日报》2022年9月6日。

探索形成新型大国的网络安全观,中国要成为网络空间新秩序和新规则的倡导者,推进建设完善多边、民主、透明的网络空间治理新秩序,让网络空间发展成果惠及中国以及全世界人民。(2)培育正确认识理解自由与秩序关系的网络空间行为模式,推进网络空间的有效治理。网络空间不是司法管辖之外的自由丛林,平衡自由与秩序的关系,形成开放稳定可靠规范的治理体系,应对各种非传统挑战,是中国面临的重要历史使命。在此过程中,中国不能独善其身,而是要将其治网理念通过有效的实践传播到全球,为全球网络空间治理模式的更新与完善贡献中国方案、中国模式和中国智慧。(3)要承认并尊重网络空间的国家主权。国际网络空间安全治理在网络安全技术、网络空间行为规范和国家网络战略博弈等层面陷入治理困局。[1]主权国家仍然是当今国际体系最为重要的行为体,个体在网络空间的自由和发展,依赖于网络空间形成尊重国家主权的新规则,使得处于不同技术能力和发展水平下的个体,得以在国家主权屏障的有效保障之下,使用开放的网络空间,获取相应的收益。

树立正确的网络安全观,要在国家经济发展和安全战略总体布局的指导下,统筹发展和安全,不断增强网络安全防御能力和威慑能力,努力提升抵御风险和化解风险的能力,牢牢把握发展的主动权,实现高质量发展和高水平安全的良性互动。要把思想和行动统一到以习近平同志为核心的党中央决策部署上来,胸怀大局、把握大势、着眼大事。

(二)努力维护网络空间的主权

在网络安全规则建构中深化这一理念的应用能够完善全球网络安全规则建设,促进全球网络安全治理体系的成熟。[2]在互联网的众多管理机构中,互联网名称与号码分配机构(ICANN)和互联网工程任务组(IETF)在制定政策和协议方面发挥着重要作用,IETF负责制定技术标准,而ICANN负责创建新域名。尽管这已成为标准做法,但国家层面的趋势正在发生变化,一些国家试图将自己与互联网疏远,甚至试图检测进入其边境的流量。虽然一些国家对互联网的使用有很大的限制,但一些国家的限制更大,例如使用国内互

---

[1] 杨晓强、李若瀚:"国际网络空间安全治理:困境、反思与对策",载《河南社会科学》2022年第6期,第101页。

[2] 耿召:"网络安全国际规则制定中建立信任措施应用研究",载《情报杂志》2022年第11期,第89页。

联网域名来进行所有创业在线服务的使用。一些国家甚至提出对互联网内容进行限制，并加强对互联网运营的控制。在这样的背景下，我国更关心的是拥有自己的网络空间控制权并在国内层面对互联网进行审查。网络空间是在一个主权下的空间，因而我们主张网络主权的原则。网络主权（Internet sovereignty 或 cyber sovereignty）[1]是一个具有争议性的概念。[2]1996年，网络语言家约翰·佩里·巴罗（John Perry Barlow）在《赛博空间独立宣言》一文中，提出网络主权（Cyber-Sovereignty）的主张："你们没有任何道义上的权力来统治网络空间，你们也没有任何使我们惧怕的方法来执行……网络空间不存在于你们的领域之内。"[3]网络主权的原则包括四个方面，即管辖权、独立权、防卫权、平等权，实际上就是传统的国家主权在网络空间中的延伸。互联网的发展是无国界、无边界的，利用好、发展好、治理好互联网必须深化网络空间国际合作，携手构建网络空间命运共同体。构建网络空间命运共同体，前提是尊重各国网络空间主权。

实施网络强国战略所取得的瞩目成就使得西方网络强国为了维护其霸权地位，对我国发起了更加猛烈的意识形态攻击与渗透。[4]我们国家政府对于网络主权的主张，早在2010年发布的《中国互联网状况白皮书》就提出了中国的网络互联网主权应当受到尊重和维护。2014年，习近平主席在巴西演讲时提到信息主权，同年在首届世界互联网大会致辞时又提到要尊重网络主权。在2015年底的第二届世界互联网大会上，习近平主席比较系统地阐述了网络主权的原则，提到应该尊重各国自主选择网络发展道路、网络管辖模式、互联网公共政策和平等参与国际网络空间治理的权利，不搞网络霸权，不干涉他国内政，不从事、纵容和支持危害他国国家安全的网络活动，这是对网络主权作了一个比较全面的阐释。"维护网络空间主权"是2015年《国家安全法》首次确立的网络空间主权原则，《网络安全法》继该法之后再次明确这一原

---

[1] ZENG J H, STEVENS T, CHEN Y. China's Solution to Global Cyber Governance: Unpacking the Domestic Discourse of "Internet Sovereignty". Politics & Policy, 2017, 45 (3): 434.

[2] 胡泳、车乐格尔："'网络主权'辨析"，载《新闻与传播研究》2016年第1期。

[3] 任明艳："互联网背景下对国家主权的思考"，载《时代法学》2006年第6期。转引自 BARLOW J P., *Declaration of Independence of Cyberspace*.//GAYARD L. Darknet: Geopolitics and Uses: Volume 2. UK: wiley, 2018: 149.

[4] 杨馥萌、刘亚娜："网络强国战略下意识形态安全新态势与治理策略"，载《学术探索》2021年第10期，第22页。

则,并从法律制度层面进一步细化了"网络空间主权"在法律上的适用。[1]网络空间涵盖领域广泛,信息技术、大数据、产业政策、网络安全、人工智能与各国政治、经济、军事、传播能力密切相关,如果网络空间无政府、无序状态持续下去,不仅国际社会难以开展合作,而且极易"滚雪球"般地触发政治、经济、军事冲突。在信息社会,网络信息技术已渗透到各国经济社会发展的方方面面,网络空间与现实空间、网络安全与国家安全紧密联系、不可分割。从这个角度说,网络空间主权无疑是国家主权的重要组成部分;尊重和维护各国网络空间主权,就是尊重和维护各国的国家安全、国家主权以及国家核心利益。

(三) 突出网络安全的人民性

习近平网络为民价值理念贯穿于建设网络强国、创新互联网技术和培养网络人才、建立互联网治理体系和保障网络安全、发展网络经济和繁荣网络文化的全方位和全过程中。习近平总书记强调:"网络安全为人民,网络安全靠人民。"

一方面,网络安全为人民。习近平总书记对2019年国家网络安全宣传周作出重要指示:"国家网络安全工作要坚持网络安全为人民、网络安全靠人民,保障个人信息安全,维护公民在网络空间的合法权益。"这一"坚持",成为习近平总书记倡导的"四个坚持"之首。网络安全工作只有坚持人民性,切实维护个体在网络空间的基本权益,让普通用户在使用互联网过程中不断增强获得感、幸福感、安全感,才能从根本上做好网络安全工作,为网络安全工作奠定更坚实的群众基础。要正确引导人民群众充分开发和利用互联网这一重要信息平台,不断解放和发展社会生产力,发展中国特色社会主义市场经济,繁荣中国特色社会主义文化。习近平强调:"要适应人民期待和需求,加快信息化服务普及,降低应用成本,为老百姓提供用得上、用得起、用得好的信息服务,让亿万人民在共享互联网发展成果上有更多获得感。"[2]

另一方面,网络安全靠人民。保障网络安全是全社会的共同责任,维护网络空间"天朗气清"是每个公民的义务。人民利益能否切实得到维护和增

---

[1] 王春晖:"《网络安全法》六大法律制度解析",载《南京邮电大学学报(自然科学版)》2017年第1期。

[2] 习近平:"在网络安全和信息化工作座谈会上的讲话",载《人民日报》2016年4月26日。

长，这是检验网络意识形态工作成效的根本标志。[1]建设网络强国首先要通过互联网走群众路线。习近平强调："网民来自老百姓，老百姓上了网，民意也就上了网。群众在哪儿，我们的领导干部就要到哪儿去，不然怎么联系群众呢？各级党政机关和领导干部要学会通过网络走群众路线，经常上网看看，潜潜水、聊聊天、发发声，了解群众所思所愿，收集好想法好建议，积极回应网民关切、解疑释惑。善于运用网络了解民意、开展工作，是新形势下领导干部做好工作的基本功。"[2]

此外，提升全民数字素养与技能是建设网络强国、数字中国的必由之路；是保障网络安全、数据安全的基础性、先导性工作；更是让数字文明造福人类，提升全民数字化适应力、胜任力、创造力，增强人民的获得感、幸福感、安全感的战略举措。网络技术和通信技术的快速发展，为信息交流提供了技术支持，扩大了信息交流的时空范围、内容载体、参与成员。[3]要加快弥合城乡、地区、行业和不同人群的数字鸿沟，让更多的人参与到网络空间共建共治共享的数字社会治理体系之中，促进共同建设、共同发展、共同富裕。要充分利用"全民数字素养与技能提升月""国家网络安全宣传周"等重大活动大力宣传、普及网络安全防护知识，深化全民的网络安全法规意识，培养数字生活素养和数字生产应用技能，筑牢网络安全防线壁垒，助力经济高质量发展和社会高效能治理，提高人民高品质生活。

---

[1] 李艳艳："习近平关于网络意识形态工作重要论述的逻辑探析"，载《思想理论教育导刊》2022年第5期，第46页。

[2] 习近平："在网络安全和信息化工作座谈会上的讲话"，载《人民日报》2016年4月26日。

[3] 刘晓华："面向网络空间治理的社交网络信息交流协同创新机制分析"，载《现代情报》2021年第9期，第136页。

第二章
我国网络安全立法的实践探索

第一节 网络安全立法的发展演变

在《网络安全法》立法前,在国家层面已有一些专题性的信息安全法律法规、规章条例,如《计算机病毒防治管理办法》《信息安全等级保护管理办法》等。随着我国对网络安全的重视程度不断提高,《网络安全法》也应运而生。在历时一年多的立法过程后,《网络安全法》于2016年11月由全国人大表决通过,并于2017年6月正式生效。国家间博弈方式的转变,即越来越多的国家利用互联网企业及非政府组织的力量为政治博弈服务。[1]

一、网络安全立法的萌芽阶段

1990年至2000年是我国网络安全立法的萌芽阶段,也是我国信息化的起步时期,网络安全政策于20世纪末进入我国政治生态。该阶段的法律法规构成了我国网络安全法律监管的雏形,但总体呈现出碎片化、分散化的特点。

我国对网络安全问题的关注始于国家的信息化决策。1993年,全国信息化工作会议之后,"金桥工程"的启动标志着我国正式开始信息基础设施建设。1994年,我国正式连入国际互联网,拉开了互联网普及的序幕。为了促进信息化建设,1996年4月,国家成立了国务院信息化工作领导小组,国务院时任副总理邹家华任小组组长。1997年6月,中国科学院在中国科学院计

---

[1] 王蕾:"自下而上的规范制定与网络安全国际规范的生成",载《国际安全研究》2022年第5期,第130页。

算机网络中心组建了中国互联网信息中心（CNNIC），行使国家互联网络信息中心的职责，负责国家网络基础资源的运行管理和服务。1998 年 3 月，国务院组建了信息产业部，负责推进国民经济和社会服务信息化的工作。1999 年 12 月，国务院专门成立了国家信息化工作领导小组，进一步加强对推进我国信息化建设和维护国家信息安全工作的领导。这个阶段，国家主要侧重网络技术的学习、网络标准的制定、网络设施的建设等基础类政策的出台。

1990 年，原国家医药管理局颁布《关于全国医药系统防范计算机病毒的几点规定》；1991 年，原劳动和社会保障部颁布《全国劳动管理信息计算机系统病毒防治规定》；1994 年我国正式连入国际互联网，国务院颁布《计算机信息系统安全保护条例》，这是我国首次建立信息安全管理的框架；1996 年，原信息产业部颁布《中国公用计算机互联网国际联网管理办法》、国务院颁布《计算机信息网络国际联网管理暂行规定》；1996 年，原邮电部颁布《计算机信息网络国际联网出入口信道管理办法》（已失效）；1997 年，全国人民代表大会常务委员会颁布《计算机信息网络国际联网安全保护管理办法》《计算机信息系统安全专用产品分类原则（GA163-1997）》；原农业部颁布《计算机信息网络系统安全保密管理暂行规定》、公安部颁布《计算机信息系统安全专用产品检测和销售许可证管理办法》和《计算机信息网络国际联网安全保护管理办法》、国务院信息化领导小组通过了《国家信息化"九五"规划和 2010 年远景目标（纲要）》；1998 年，公安部、中国人民银行联合颁布《金融机构计算机信息系统安全保护工作暂行规定》、原铁道部颁布《铁路计算机信息系统安全保护办法》；1999 年，国家保密局颁布《计算机信息系统国际联网保密管理规定》；2000 年，全国人民代表大会常务委员会颁布《关于维护互联网安全的决定》《计算机病毒防治管理办法》《互联网信息服务管理办法》。加快推进数字经济发展，由跟跑、并跑向领跑数字文明社会的战略目标抉择。[1]

该阶段主要有三个特点：一是政策工具以环境型政策工具为主。这也与互联网刚连入我国，我国迫切需要学习互联网技术，建立互联网政策体系有着一定关系，这直接反映了网络安全政策在本阶段的突出重点就是构建良好的政策运行环境，为后续出台系统的网络安全法律法规提供环境基础。二是政策主题内容集中于国际联网管理和网络新技术学习以及网络数据安全，我

---

〔1〕 徐汉明："习近平'网络强国'重要论述及其时代价值"，载《法学》2022 年第 4 期，第 4 页。

国在这个阶段的网络安全政策主要目的是引入国际互联网和加强国内网络新技术的发展，并在学习网络安全技术的基础上，加强对网络数据的保护。三是政策发文主体集中于全国人大常委会、国务院以及工业和信息化部（原邮电部），这主要归因于我国网络安全政策体系早期发文部门少，权责相对集中。

二、网络安全立法的发展阶段

2001年至2016年是我国网络安全立法的探索与发展阶段。该阶段我国对网络安全的重视程度提高，一些全局性的政策法规逐步出台，但大多停留在原则指导层面；有若干信息安全等级保护指导文件陆续出台，国家标准也相继落地实施，电信、金融、电力等行业出台了相关的部门规章及工作文件，推动了等级保护制度的建设，"等保1.0"体系形成。《网络安全法》出台前，我国专门用于规范互联网安全的法律仅有三部：《电子签名法》《关于加强网络信息保护的决定》及《关于维护互联网安全的决定》，而与网络安全相关的法律更多地散见于其他法律、行政法规、部门规章、司法解释、规范性文件或政策性文件之中。2003年、2006年、2012年、2016年是中国网络安全政策施行的关键节点。

2003年，国家信息化领导小组颁布《关于加强信息安全保障工作的意见》，作为国家网络空间安全保障工作的总体指导，奠定了我国网络空间安全保障体系的构建方向。该文件也是我国网络空间安全历史上最重要的、具有转折意义的文件之一，确立了网络空间安全的重要位置，标志着我国开始从国家立法层面上关注、重视网络空间安全问题。随后，2004年，公安部等部门共同颁布《关于信息安全等级保护工作的实施意见》；2005年，国家信息化领导小组发布《国家信息安全战略报告》，国家实施了《电子签名法》。

2006年，中共中央办公厅、国务院办公厅发布《2006—2020年国家信息化发展战略》，将建设国家网络空间安全保障体系作为第八个战略重点，并详细地提出了网络空间安全保障的六项工作，为后续网络安全政策的井喷式发展奠定了基础。2007年6月22日，公安部与国家保密局、密码管理局、原国务院信息工作办公室联合会签并印发了《信息安全等级保护管理办法》；2010年全国人大常委会修订《保守国家秘密法》。

2012年，国务院发布《关于大力推进信息化发展和切实保障信息安全的若干意见》，同年12月28日，全国人民代表大会常务委员会通过《关于加强网络信息保护的决定》；2013年9月1日，工业和信息化部发布的《电话用户真实身份信息登记规定》和《电信和互联网用户个人信息保护规定》正式施行。2013年末，党的十八届三中全会提出要加大依法管理网络的力度，进一步做好国家网络和信息安全工作。随后，相关政策文件颁布数量逐年增加，并在2014年达到高峰，为《网络安全法》的出台奠定了法理基础。[1]例如，2014年8月7日，国家互联网信息办公室发布《即时通信工具公众信息服务发展管理暂行规定》；2015年1月24日，中共中央政治局审议通过了以"总体国家安全观"为指导的《国家安全战略纲要》，就国家安全各领域做出宏观协调部署，2015年2月4日，国家互联网信息办公室发布《互联网用户账号名称管理规定》；2015年7月1日，全国人大常委会高票通过了《国家安全法》，通过基本法律形式确立了"总体国家安全观"的指导地位。

2016年11月7日，《网络安全法》在全国人大常委会通过，成为网络空间安全治理的重要法律依据。作为我国网络安全领域的基础性法律，《网络安全法》是我国网络空间法治建设的重要里程碑。没有网络安全就没有国家安全，没有信息化就没有现代化。在信息时代，网络安全事关国家长治久安，事关经济社会发展和人民群众福祉。《网络安全法》通过后，《国家网络空间安全战略》于2016年12月27日发布，从"坚定捍卫网络空间主权"坚决维护国家安全""保护关键信息基础设施""加强网络文化建设""打击网络恐怖和违法犯罪""完善网络治理体系""夯实网络安全基础""提升网络空间防护能力""强化网络空间国际合作"九个方面阐明了我国关于网络空间发展的重大立场和主张，明确了网络空间工作方针和战略任务。自《网络安全法》落地以来，我国不仅构建了切实有效的网络安全保障体系，还在推动网络安全人才培养方面，采取系列举措。在前期设立网络空间安全一级学科基础上，国家组织实施一流网络安全学院建设示范项目。截至目前，国内有60余所高校设立网络安全学院，200余所高校设立网络安全本科专业，每年网络安全专业毕业生超过2万人。[2]

---

[1] 时颖惠、薛翔："政策工具视角下我国信息安全政策研究——基于81份政策文本的量化分析"，载《现代情报》2022年第1期。

[2] "《网络安全法》五周年：网络安全为人民 网络安全靠人民"，载https://news.cctv.com/2022/06/01/ARTI2rXAd0llzjgEC11OlEkC220601.shtml，最后访问日期：2022年8月30日。

三、网络安全立法的转型阶段

网络安全成为信息时代国家安全的重点内容已自不待言。《网络安全法》开启了我国网络安全监管和数据治理的新纪元,自此,我国逐步进入多层次、广覆盖的网络安全法律监管体系构建阶段。而在网络安全中,信息是最核心的部分,对于信息的操纵、破坏和应用已是当代政治经济和文化统治的重要领域,也是引起国际安全格局发生重大变化的重要因素之一。[1] 同时,尽管信息的存在形式多种多样,但其能够在网络空间中高效传播,离不开数据这一重要载体。由于近几年数据安全形势十分严峻,类似 facebook 的 8700 万条个人数据泄露,谷歌 50 万用户数据泄露,国内一些快递、支付金融公司的数据泄露层出不穷。鉴于此,我们需要将网络安全保障转变为以数据保护为主的安全保障。由此,数据一跃成为国家的基础性战略资源,对于数据安全的重视也使得"数据主权"成为相关立法的基本立场。[2]

2017 年 6 月 1 日正式实施的《网络安全法》,是我国网络空间法制建设的重要里程碑,就数据和个人信息保护提出了许多框架性的要求。此后,各类配套的法律、法规、规章和标准化文件不断出台,且呈加速趋势。数据已成为数字时代的基础性战略资源和关键要素,其遭受的新型挑战具有多样化特点,数据资源确权、开放、流通、交易等相关问题亟须解决。现阶段,我国关于数据安全和个人信息保护方面的立法和标准框架已经基本形成,既包括起到统领作用的较高位阶的法律,也包括相当一部分非常具体的配套法规、规章和标准。

数据保护相关法律、法规和标准

	数据安全	个人信息保护	数据安全+ 个人信息保护
法律	《数据安全法》	《民法典》(第 111 条、第 1032~1039 条)《个人信息保护法(草案)》	《网络安全法》 《密码法》 《电子商务法》 《数字签名法》

---

〔1〕参见张新华:《信息安全:威胁与战略》,上海人民出版社 2003 年版,第 110 页。
〔2〕参见黄志雄主编:《网络主权论——法理、政策与实践》,社会科学文献出版社 2017 年版,第 27 页。许可:"数据安全法:定位、立场与制度构造",载《经贸法律评论》2019 年第 3 期。

第二章　我国网络安全立法的实践探索

续表

	数据安全	个人信息保护	数据安全+ 个人信息保护
行政法规			《网络安全等级 保护条例》
部门规章		《儿童个人信息网络保护规定》 《电信和互联网用户个人信息保护规定》	《网络安全审查办法》 《网络信息内容生态治理规定》
政策文件	《数据安全管理办法（征求意见稿）》	《常见类型移动互联网应用程序必要个人信息范围规定》 《App违法违规收集使用个人信息行为认定方法》 个人信息出境办法（征求意见稿）	
国家标准	《大数据服务安全能力要求》 《数据交易服务安全要求》 《大数据安全管理指南》 《数据安全能力成熟度模型》	《个人信息去标识化指南》 《个人信息安全规范》 《个人信息安全影响评估指南》	网络安全等级 保护系类标准

在习近平总书记关于"大力培育人工智能、物联网、下一代通信网络等新技术新应用""坚持安全可控和开放创新并重"的重要讲话精神指引下，工信部等部门积极采取措施，促进网络安全与新兴技术融合创新，为产业发展带来新机遇。2020年4月，工业和信息化部印发《关于深入推进移动物联网全面发展的通知》，提出加强移动物联网安全防护和数据保护，夯实移动物联网基础安全。2020年10月，工业和信息化部、应急管理部发布《"工业互联网+安全生产"行动计划（2021—2023年）》，要求不断完善工控安全监测网络等网络安全措施，构建"工业互联网+安全生产"支撑体系。2021年2月，工业和信息化部等三部门联合印发《国家车联网产业标准体系建设指南（智能交通相关）》的通知，指导智能交通领域标准制/修订，其中包括证书密钥管理、网络安全防护两类网络安全标准。2021年6月，工业和信息化部、中央网络安全和信息化委员会办公室印发《关于加快推动区块链技术应用和产业发展的指导意见》，提出加强区块链基础设施和服务安全防护能力建设，开展重点领域区块链技术的安全风险评估。国家政策、标准的大力推进，将充

分发挥引领和规范作用，指导产业发展方向。[1]

第二节 网络安全的立法现状评估

《网络安全法》自实施以来，已经取得不俗成就，以该法为基础构建的网络安全法规体系逐渐健全，网络安全治理的社会参与更加广泛，互联网信息内容管理部门开展的网络空间治理专项活动规范化提升，治理能力不断加强。

一、网络安全立法概述

自1994年全功能接入国际互联网以来，我国就在不断探索和推进互联网立法。2003年，国家信息化领导小组发布《关于加强信息安全保障工作的意见》便已提出"抓紧研究起草《信息安全法》"的要求。2014年，"维护网络安全"首次被写入政府工作报告。2015年，《网络安全法（草案）》公布；2017年，《网络安全法》颁布，该法的出台反映了全球范围内加强网络空间安全监管和打击对公共安全存在威胁的网络行为的广泛趋势。《网络安全法》在定稿前经过多次讨论与修改，[2]最终稿值得关注的修改内容有：明确了哪些行业和领域需要"重点保护"其关键信息基础设施；[3]增加了公民对个人信息的保护权利，且新增了网络运营者及时更正个人信息的义务；[4]强调了

---

[1]《中国网络安全产业白皮书》，中国信息通信研究院，2022年1月。

[2] 2014年2月，原中央网络安全和信息化领导小组成立，中共中央总书记、国家主席习近平任组长；3月的"两会"上，"维护网络安全"首次被写入政府工作报告。2015年6月，第十二届全国人大常委会审议了《网络安全法（草案）》；7月，向社会公开征求意见，并根据全国人大常委组成人员和各方面的反馈意见，对草案作了修改，形成了《网络安全法（草案二次审议稿）》。2016年6月，第十二届全国人大常委会对《网络安全法（草案）》进行了二次审议；7月，《网络安全法（草案）》二次审议稿正式在中国人大网公布，并向社会公开征求意见；11月，第十二届全国人大常委会第二十四次会议于11月7日上午，以154票赞成、1票弃权表决通过《网络安全法》。2017年，《网络安全法》颁布，并于2017年6月1日正式生效。

[3]《网络安全法》第31条规定："国家对公共通信和信息服务、能源、交通、水利、金融、公共服务、电子政务等重要行业和领域，以及其他一旦遭到破坏、丧失功能或者数据泄露，可能严重危害国家安全、国计民生、公共利益的关键信息基础设施，在网络安全等级保护制度的基础上，实行重点保护……"

[4]《网络安全法》第43条规定："……发现网络运营者收集、存储的其个人信息有错误的，有权要求网络运营者予以更正。网络运营者应当采取措施予以删除或者更正。"

个人及组织是"使用网络的行为"的责任主体;[1]将个人信息保护的适用范围从"公民"扩大至"自然人";[2]将违反《网络安全法》的最高处罚金额提升至人民币100万元。[3]

作为我国网络安全领域首部基础性、框架性、综合性法律,《网络安全法》持续发挥着网络安全领域相关立法及配套制度建设的依据确立、功能统率和内容挈领作用。在网络信息内容治理领域,《网络安全法》与《网络信息内容生态治理规定》《互联网信息服务算法推荐管理规定》等法规有效打击了网络传播违法不良信息行为,规范了网络信息服务提供者的运营行为。在个人信息保护领域,《网络安全法》与《民法典》《个人信息保护法》《数据安全法》《移动互联网应用程序个人信息服务管理规定》《儿童个人信息网络保护规定》《常见类型移动互联网应用程序必要个人信息范围规定》《关于审理使用人脸识别技术处理个人信息相关民事案件适用法律若干问题的规定》等法律法规为隐私权与个人信息权益提供了法律保障。在网络内容管理维度,形成了《互联网新闻信息服务管理规定》《网络信息内容生态治理规定》《互联网跟帖评论服务管理规定》以及《互联网群组信息服务管理规定》等聚焦具体领域的专门文件。在数据安全领域,《网络安全法》与《数据安全法》《区块链信息服务管理规定》《汽车数据安全管理若干规定(试行)》等法律法规共同构建了兼顾维护数据安全与促进数据流动的平衡机制。[4]《网络安全法》的施行,无疑为多维度、多层次的网络安全"法网"提供了依托。

二、《网络安全法》解读

《网络安全法》共7章79条,明确了多方面的网络安全要求,包括维护国家网络空间主权、保护关键信息基础设施与重要数据、保护个人隐私信息、

---

[1]《网络安全法》第46条规定:"任何个人和组织应当对其使用网络的行为负责,不得设立用于实施诈骗,传授犯罪方法……的网站、通讯群组……"

[2]《网络安全法》第76条规定:"……个人信息,是指以电子或者其他方式记录的能够单独或者与其他信息结合识别自然人个人身份的各种信息,包括但不限于自然人的姓名、出生日期、身份证件号码、个人生物识别信息、住址、电话号码等。"

[3]《网络安全法》第63条第1款规定:"违反本法第二十七条规定,从事危害网络安全的活动……情节较重的,处五日以上十五日以下拘留,可以并处十万元以上一百万元以下罚款。"

[4] "《网络安全法》实施五年来 浅谈《网络安全法》实施五周年的制度建设与实施成就",载http://www.xhby.net/tuijian/202205/t20220531_7564979.shtml,2022年8月30日最后访问。

明确各方网络安全义务等。

(一)《网络安全法》的重要内容

为了保护个资、防范网络诈骗及网络攻击,以维护网络空间主权和网络安全,《网络安全法》中最关键的四点是,严惩网络诈骗及网络攻击、保护关键信息基础设施、网络实名制、危及国家安全的重大突发事件可限制通信。

(1) 严惩网络诈骗和网络攻击。关于网络诈骗防治,《网络安全法》明确任何个人和组织不得利用网络发布与实施诈骗,制作或者销售违禁物品、管制物品以及其他违法犯罪活动的信息。《网络安全法》也严惩网络攻击的个人及组织,规定境外的个人或组织攻击、侵入、干扰、破坏等危害中国的关键信息基础设施的活动,造成严重后果者,公安和相关部门可采取冻结财产或者其他必要的制裁措施。

(2) 保护关键信息基础设施。依据《网络安全法》规定,针对公共通信和信息服务、能源、交通、水利、金融、公共服务、电子政务等被列为"关键信息基础设施"的产业,会特别实行重点保护;《网络安全法》要求网络营运商为了"国家安全",必须为国家安全及公安机关提供技术支持,甚至必须接受设备安全检查;外资企业及组织机构通常需要传输至海外,《网络安全法》要求敏感数据应存储在本地。

(3) 网络实名制。为了管制不当言论,《网络安全法》明确网络运营商为用户提供电话及网络等服务之前,必须要求用户提供真实身份,才能够提供相关服务,也就是要求网络服务落实实名制;明确网络运营者的定义及安全要求、大部分大型金融机构都可能成为"网络运营者"。

(4) 危及国家安全的重大突发事件可限制通信。《网络安全法》明确处罚措施,包括暂停业务活动、严重的违法行为将导致停业整顿或吊销执照、处罚金额最高可至 100 万元。《网络安全法》第 58 条规定:"因维护国家安全和社会公共秩序,处置重大突发社会安全事件的需要,经国务院决定或者批准后,可以在特定区域对网络通信采取限制等临时措施。"

(二)《网络安全法》有关企业的重要内容

企业及相关组织机构应重点关注以下内容:

(1) 个人信息保护。2017 年《网络安全法》开始实施,其将网络运营者划分为一般的网络运营者和关键信息基础设施运营者两大类。[1]根据《网络安全法》第22、41、42、43、44、45条的规定，必须在"用户知晓并同意收集目的和使用范围"后，方能收集个人信息。实际情况中，公民在多种场合均需提供个人信息，包括教育、医疗、公共交通、线上线下交易等。这些法律条款从源头上规范了企业及相关机构对个人信息的获取途径、获取方式。此外，还明确了对个人信息保护的要求，尤其是针对个人信息的泄露、损毁与丢失等情况；同时也明确了个人对个人信息进行更正或删除的权利。结合目前层出不穷的电信诈骗、个人信息泄露等事件，《网络安全法》无疑对持有个人信息的组织机构提出了更高的安全防护要求。如何准确识别企业自身所持有的个人信息、如何从技术手段与管理流程上对个人信息进行有效防护、如何识别潜在的信息泄露风险点，都已成为企业对个人隐私信息保护的重中之重。

（2）关键信息基础设施。根据《网络安全法》第31、38条的规定，关键信息基础设施的具体范围和安全保护办法由国务院制定。但目前尚未正式明确关键信息基础设施的范围。企业可从多角度进行初步评估，如用户规模、信息泄露风险、潜在影响、数据中心规模、其他维度等。若企业符合关键信息基础设施运营的条件，则应根据《网络安全法》第38条的规定定期对自身的网络安全风险进行全面评估。

（3）网络运营者。根据《网络安全法》第10、21、22、76条的规定，"网络运营者"所适用的范围将大为扩展。通过网络提供服务、开展业务活动的企业及机构，都可能被视为"网络运营者"。网络安全产品厂商、安全服务提供商及其他通过网络提供相关服务的组织机构，应及时对产品/服务中所出现的安全缺陷进行响应，并提供必要的安全维护，保障安全产品/服务的正常运行。目前部分网络安全产品/服务提供方对于自身产品的漏洞缺乏有效、及时的响应，后续维保服务也难以保证，此类情况必然会给产品/服务的使用者带来额外的网络安全风险。这无疑对网络安全产品及服务提出了更高的要求。

（4）敏感信息保存。根据《网络安全法》第37条的规定，对于敏感信息

---

[1] 洪延青："国家安全视野中的数据分类分级保护"，载《中国法律评论》2021年第5期，第71页。

的保护提出新的要求,即潜在影响:部分企业需要将数据传输至位于境外的总部/合作方/供应商。对于此类企业,一旦符合"关键信息基础设施"运营者的条件,其向境外传输数据的内容、方式方法均需进行重新评估。如何应对:对于存储于境外的个人信息/重要数据,最直接有效的应对方式是将相关数据转移至境内存储;对于原存储于境内,但需要向境外发送的,则需视实际情况对对外发送数据的内容与方式方法进行相应的调整,以满足法律的要求。落地实施:虽然目前尚未有明确的规章制度支撑本条目的落地执行,网信部门及其他监管主体将陆续出台相应的政策,明确详细的境内存储数据要求。

(5)安全产品认证。根据《网络安全法》第23、35条的规定,要求关键网络安全设备/产品/服务的提供方需通过认证或检测后方能开展销售活动;而上述安全产品的使用方也需根据实际情况通过安全审查。上述安全审查/评估的目的是从安全的角度出发,为《网络安全法》中所提到的个人信息安全与关键信息基础设施的安全运营提供支持,实现"用户的信息用户自己说了算,用户的系统用户自己说了算"。对于网络安全设备/产品/服务的提供者,需要积极响应国家安全审查,避免因无法通过国家安全认证、检测而影响安全业务的开展。

(6)法律责任。《网络安全法》第64、66条明确规定了对网络运营者、网络产品或者服务的提供者,以及关键信息基础设施运营者的处罚措施,包括暂停业务、停业整顿、吊销相关许可证等,最高处罚金额可达人民币100万元。网络运营者、网络产品或者服务的提供者,以及关键信息基础设施运营者必须严格遵守网络安全法的相关规定,避免对企业造成损失。

(三)以关键信息基础设施为例

依据《国家网络安全检查操作指南》对《网络安全法》第31条的进一步细化规定,可以根据基础设施的不同性质将其划分为网站类、平台类以及生产业务类三大类,再对不同大类下所涉及的不同生产生活的方面进行细分规定。具体类别如下图所示:

第二章 我国网络安全立法的实践探索

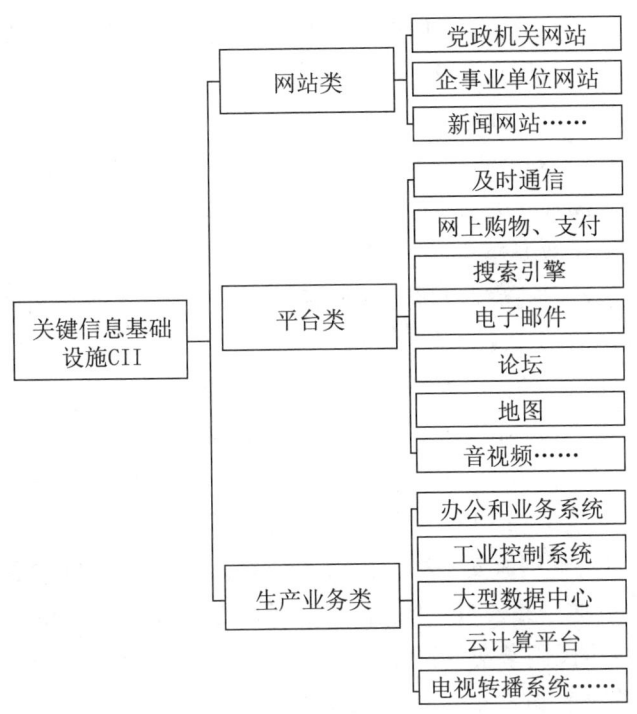

近年来，全球范围内针对关键信息基础设施的网络攻击事件逐年攀升，加强关键信息基础设施保护，强化关键信息基础设施保护能力，防范关键信息基础设施安全风险对于国家网络安全具有重要意义。以金融基础设施为例，近年来银行业金融机构是网络攻击的重灾区，尤其信息泄漏、黑客攻击呈高发态势，如影响全球金融业的"SWIFT惊天银行大劫案"、2013年2月2日中国人寿80万名客户个人保单信息泄露事件等，银行业及金融机构的网络安全态势非常严峻。因此，《网络安全法》明确指出金融机构是关键信息基础设施的运营者，一方面，突出了金融行业的战略地位和价值；另一方面，明确了金融机构做好自身网络安全工作的义务和责任。[1]

三、其他网络安全领域重要立法的分析

在《国家安全法》以及"总体国家安全观"指引之下，依赖《网络安全

---

[1] "《网络安全法》实施五年来 浅谈《网络安全法》实施五周年的制度建设与实施成就"，载http://www.xhby.net/tuijian/202205/t20220531_7564979.shtml，最后访问日期：2022年8月30日。

法》《数据安全法》和《个人信息保护法》，在网络、数据和算法等事物发展的客观维度，在个人/企业、组织/社会和国家安全三个基本权益保障层次上，实现全面的维护稳定与促进发展的规则协调体系、综合提升网络与数据安全现代化治理能力。《数据安全法》《个人信息保护法》和《网络安全法》是中国数据和网络安全的三部基础法律。《网络安全法》规范了网络空间的安全治理；《数据安全法》明确了数据处理活动中的监管规范；而《个人信息保护法》则为了保护个人资料权益、规范个人资料处理活动，进而促进个人资料的合理利用。

（一）《国家安全法》

2014年4月15日，习近平总书记在中央国家安全委员会第一次全体会议上首次正式提出"总体国家安全观"；2014年11月1日，第十二届全国人民代表大会常务委员会第十一次会议通过了《反间谍法》，并废止了1993年通过的旧《国家安全法》；[1]2015年5月，推出了新《国家安全法》的草案；2015年7月1日，《国家安全法》由第十二届全国人民代表大会常务委员会第十五次会议审议通过并公布，自公布之日起施行。从2015年起，国家规定每年4月15日为全民国家安全教育日。

《国家安全法》共七章，对维护国家安全的任务与职责，国家安全制度，国家安全保障，公民、组织的义务和权利等方面进行了规定。《国家安全法》明确，国家维护国家基本经济制度和社会主义市场经济秩序，保障关系国民经济命脉的重要行业和关键领域、重点产业、重大基础设施和重大建设项目以及其他重大经济利益安全。国家建立国家安全审查和监管的制度和机制，对影响或者可能影响国家安全的外商投资、特定物项和关键技术、网络信息技术产品和服务、涉及国家安全事项的建设项目，以及其他重大事项和活动，进行国家安全审查。《国家安全法》以法律的形式确立了中央国家安全领导体制和总体国家安全观的指导地位，明确了维护国家安全的各项任务，建立了维护国家安全的各项制度，对当前和今后一个时期维护国家安全的主要任务和措施保障作出了综合性、全局性、基础性安排。[2]

---

[1] "新国家安全法通过 揭秘为何再制定国家安全法"，载 https://web.archive.org/web/20150704171946/http://news.21cn.com/social/shixiang/a/2015/0701/18/29744027.shtml?_t=t，最后访问日期：2022年8月30日。

[2] 贾春旺："关于《中华人民共和国国家安全法（草案）》的说明"，载 http://www.npc.gov.cn/wxzl/gongbao/2015-08/27/content_1945964.htm，最后访问日期：2022年8月30日。

《国家安全法》第 25 条规定："……加强网络管理、防范、制止和依法惩治网络攻击、网络入侵、网络窃密、散布违法有害信息等网络违法犯罪行为，维护国家网络空间主权、安全和发展利益。"提出网络空间主权这一概念，是国家安全法的一大创新。在国家安全法中确立网络空间主权这一概念，有助于我国加强网络空间治理，建设网络安全保障体系，参与网络国际治理和合作，捍卫我国网络空间主权安全。在维护国家安全的任务方面，《国家安全法》要求，国家建设网络与信息安全保障体系，提升网络与信息安全保护能力，加强网络和信息技术的创新研究和开发应用，实现网络和信息核心技术、关键基础设施和重要领域信息系统及数据的安全可控。相关规定为政府提供法律途径，进一步将网上言论入罪，升级网络监控。例如，第 25 条提出预防及惩处"散布违法有害信息"，并将维护"国家网络空间主权"入法。

（二）《个人信息保护法》

随着信息化社会的不断发展，个人信息保护成为社会各界重点关注的问题。2018 年 9 月，关于个人信息保护的法律正式被纳入全国人民代表大会的立法计划，历时近 3 年，2021 年 8 月 20 日，第十三届全国人大常委会第三十次会议表决通过《个人信息保护法》，该法共 8 章 74 条，自 2021 年 11 月 1 日起施行。该法是我国首部明确规定个人信息处理规则的法律，区别于之前分散颁布的部门规章，其较高的位阶反映了该法所调整的法律关系之重要性。《个人信息保护法》的颁布体现出国家对个人信息保护的重视，公民的人格尊严不受侵犯，公民的通信自由和通信秘密受法律保护，该法的实施对于保障公民的人格尊严和其他权益具有重要意义。

《个人信息保护法》的部分要点梳理：

（1）个人信息及个人信息处理活动的定义。根据《个人信息保护法》第 4 条的规定，个人信息是以电子或者其他方式记录的与已识别或者可识别的自然人有关的各种信息，不包括匿名化处理后的信息。个人信息处理活动则包括个人信息的收集、存储、使用、加工、传输、提供、公开、删除等。根据上述规定，个人信息需具有可识别性并需与特定自然人相联系，匿名化处理后的信息不属于个人信息范畴；与《民法典》的规定相比，在个人信息处理活动的类型上，该法新增了"删除"这一类型。

（2）《个人信息保护法》的适用主体及域外效力。根据《个人信息保护法》第 3、58、68 条等规定，凡是在我国境内处理自然人个人信息，均适用该法。这就意味着,除法律另有规定外,无论是国家机关、企事业单位、法人企业,还是非法人组织以及自然人,其实施的个人信息处理活动都适用《个人信息保护法》。此外,《个人信息保护法》第 3 条第 2 款规定:"在中华人民共和国境外处理中华人民共和国境内自然人个人信息的活动,有下列情形之一的,也适用本法:(一)以向境内自然人提供产品或者服务为目的;(二)分析、评估境内自然人的行为;(三)法律、行政法规规定的其他情形。"鉴于互联网的开放性以及数据的流通性,《个人信息保护法》第 3 条第 1 款在明确我国对个人信息处理活动的调整坚持以"属地管辖"为原则的同时,兼采"保护原则",凡是属于向境内自然人提供产品或者服务为目的,或分析、评估境内自然人的行为以及法律、行政法规规定的其他情形的,无论个人信息处理活动在境内抑或在境外进行,均适用该法。

(3)个人信息处理的原则及规则。《个人信息保护法》第 5、6、7、8 条对个人信息处理进行了原则性的规定,具体需遵循的原则包括合法、正当、必要和诚信原则、合法正当目的、对个人权益影响最小以及公开、透明、确保准确性原则。对于个人信息处理的具体规则,《个人信息保护法》第二章进行了明确的规定,该规定既明确了个人信息处理的合法性来源,也为个人信息处理者合规处理个人信息提供了清晰的指引。

(4)个人信息出境限制。《个人信息保护法》第三章对个人信息跨境提供的规则进行了规定,其中,第 38 条规定,对于确需因业务等需要,确需向境外提供个人信息的,应当具备下列四项条件之一:"(一)依照本法第四十条的规定通过国家网信部门组织的安全评估;(二)按照国家网信部门的规定经专业机构进行个人信息保护认证;(三)按照国家网信部门制定的标准合同与境外接收方订立合同,约定双方的权利和义务;(四)法律、行政法规或者国家网信部门规定的其他条件。"

(5)过错推定责任。《个人信息保护法》第 69 条第 1 款规定:"处理个人信息侵害个人信息权益造成损害,个人信息处理者不能证明自己没有过错的,应当承担损害赔偿等侵权责任。"该条规定有利于减轻个人维护个人信息主张权利的举证负担,促进个人信息保护相关规则的具体落实。

(6)违法进行个人信息处理活动的处罚。为了更好地保护个人信息、预防和惩罚违法处理个人信息的活动,《个人信息保护法》第七章对违法进行个人信息处理活动作出了较为严厉的处罚,该处罚既包含对个人/单位/企业的罚款，也要求对直接负责的主管人员和其他直接责任人进行法律、从业禁止。构成犯罪的，还将被依法追究刑事责任。

（7）个人信息权益的可诉性。《个人信息保护法》第四章对在个人信息处理活动中个人所享有的权利作出了细致的规定，为个人行使权利获得诉讼救济提供了有力的支撑。该权利主要包括：个人对个人信息处理享有知情权与决定权；查阅复制权；符合条件时的个人信息可携带权；要求更正或补充不完整、不正确的个人信息的权利；要求个人信息处理者删除个人信息的权利；要求个人信息处理者对个人信息处理规则进行解释说明的权利等。

（三）《数据安全法》

2021年9月1日起，《数据安全法》正式生效施行。作为国家安全领域的重要立法，也作为数据安全领域的基础性法律，《数据安全法》为国家有关部门行使数据治理权力、开展数据安全监管，为企业合法处理数据、保障数据处理安全等，均提供了充分的上位法依据。《数据安全法》不但对数据及数据处理的边界做了明确的定义及规范，对于数据出境的问题也有明确的定调，还加重了企业及相关人员的法律责任，高度保护了数据的安全，但对企业营运及产业发展也影响巨大。此外，在数据为王的时代，《数据安全法》的实施也是一场不折不扣的国家与国家间的竞争与角力，整部法律可以说是站在国家安全的高度来制订的，其目的在于保护国家安全及竞争力。

在《数据安全法》立法起草和征求意见过程中，其与《网络安全法》《个人信息保护法》这两部法律之间的衔接关系最为密切，考虑也最为周到全面。就《数据安全法》与《网络安全法》之间的制度衔接方面：首先，从适用范围上，《网络安全法》规范网络运营者（网络的所有者、管理者和网络服务提供者）在境内建设、运营、维护和使用网络的行为。相对而言，《数据安全法》所规制的数据处理行为更为广泛，主体也更为多样，对于非通过网络方式处理数据的行为亦提出了相应的确保安全的法律要求。其次，在具体规则上，《数据安全法》第27条规定，利用互联网等信息网络开展数据处理活动，需在《网络安全法》所规定的网络安全等级保护制度基础之上，履行数据安全保护义务。该条款是《数据安全法》依据二读阶段立法意见所采纳而新增的，梳理与明确了与《网络安全法》的规则适用关系。相类似地，《数据安全法》第29条所规定的数据安全漏洞风险监测、第31条规定的关键信息基础设施运营者的重要数据出境安全管理要求等，均体现了两部法律在具体规则层面上的接榫。

《数据安全法》的数据安全规范重点：

（1）数据分类分级管理。《数据安全法》将数据分为"一般数据""重要数据"及"核心数据"分级管理。由国家资料安全工作协调机制统筹协调有关部门制定"重要数据目录"，其中将"关系国家安全、国民经济命脉、重要民生、重大公共利益等的数据"定义为核心数据，会有专责的法律或管理办法以进行更严格的监管。各地区、各部门负责自身执行业务过程中所搜集资料的保护责任，按照数据分类分级保护制度建立地区、部门及相关行业、领域的"重要数据具体目录"，并对列入目录的重要数据进行重点保护。而工业、电信、交通、金融、自然资源、卫生健康、教育、科技等产业的主管机关另外需要负担所管辖产业、领域的数据安全监管职责。[1]

（2）数据出境管理。《数据安全法》的另一个规范重点是对企业在中国境内搜集的数据出境的管理。《数据安全法》对在中国境内所搜集的资料出境的相关规定非常严格，这对于国际化的外资企业或中国本土企业造成了一定的冲击。首先，《数据安全法》第31条规定，"关键信息基础设施"在中国境内所搜集的资料出境，需要遵照《网络安全法》对于数据出境的规定（《网络安全法》第37条）管理。以滴滴出行在美国上市的个案为例，滴滴出行在美国上市后，中国以"滴滴出行属于关键信息基础设施的运营者，有数据外流疑虑"为由加紧落实《数据安全法》等法律法规，在政府强大的监管压力之下，最终滴滴出行选择在美国下市、重新在香港上市，显见中国官方在贯彻资料出境管制方面的力度与决心。《网络安全法》第31条规定，"关键信息基础设施"包括公共通信和信息服务、能源、交通、水利、金融、公共服务、电子政务等领域，从事这几个领域相关服务商，尤其是平台业者，如果被认定为关键信息基础设施，就需要遵照《网络安全法》对于数据出境的规定（《网络安全法》第37条）将数据储存于中国境内，如果因业务需求需要向境外提供数据，需按国家网信部门和国务院共同制定的办法进行安全评估；如果法律、行政法规另有规定的，则依照其规定处理。至于非关键信息基础设施的其他数据处理业者，在中国境内运营中所收集和产生的重要数据，需要

---

[1]《数据安全法》第21条。

遵守国家网信部门会同国务院共同制定的规定。[1]

（3）限制境外司法机构取用在中国境内储存的数据。企业不能在未经批准的情况下配合境外司法或执法机构取用储存在中国境内的数据。根据《数据安全法》第36条规定，非经中国政府批准，境内组织和个人不能为境外司法或执法机关提供储存于境内的数据。法律还规定，违法提供境外数据者，除了警告之外可处人民币10万元至100万元的罚款，造成严重后果的可处人民币100万元至500万元的罚款，并有可能被吊销营业执照，企业遇到此类需求务必依法先申请核准再为之。[2]

（4）要求配合公安机关、国家安全机关调取资料。《数据安全法》还规定，在公安机关或国安机关依法维护国家安全或犯罪侦查需要时，个人或企业皆有配合调取资料的义务，违者除了警告之外可处人民币5万元至50万元的罚款。[3]

第三节　网络安全立法的有益经验

我国网络安全法体系是由网络安全及数据安全相关的法律、行政法规和部门规章等多层次规范所构筑的治理架构，涵盖网络主权维护、关键信息基础设施保护、网络运行安全、网络监测预警与应急处置、网络安全审查、网络数据安全以及网络空间各行为主体权益保护等制度。截至目前，我国网络安全立法已经取得若干有益经验。

一、搭建完善的网络安全立法体系

"棱镜门"事件、"震网病毒"扩散等事件表明，国家级网络安全对抗正在常态化。2016年4月19日，习近平主席在网络安全和信息化工作座谈会上指点中国"第五疆域"建设，将"网络安全"定义为中国国家主权的"第五疆域"。2016年12月27日，国家互联网信息办公室发布《国家网络空间安全战略》，重点分析了当前中国网络安全面临的"七种机遇"和"六大挑战"，提出了总体国家安全观指导下的"五大目标"，建立了共同维护网络空间和平

---

[1]《数据安全法》第31条，《网络安全法》第31、37条。
[2]《数据安全法》第36、48条。
[3]《数据安全法》第35条。

安全的"四项原则",制定了推动网络空间和平利用与共同治理的"九大任务",并正式将网络安全提升至国家战略层面。

网络空间政治安全建设,只有建立在国家自主性与国家能力良性互动发展的基础上,才会有坚实的根基和牢固的保障。[1]近年来,我国政府对政务信息化的重视程度不断加深,电子政务的发展不断加快,《"十三五"国家信息化规划》等政策的相继印发,不断促进电子政务信息化革新,网络安全治理迎来更大的发展空间。相关政策文件根据颁布时间简列如下:

政策名称	颁布日期	颁布主体
《"十三五"国家政务信息化工程建设规划》	2017年8月	发改委
《软件和信息技术服务业发展规划(2016-2020年)》	2016年12月	工信部
《"十三五"国家信息化规划》	2016年12月	国务院办公厅
《关于深化制造业与互联网融合发展的指导意见》	2016年5月	国务院
《中国制造2025》	2015年5月	国务院
《关于促进电子政务协调发展的指导意见》	2014年11月	国务院办公厅

我国除加快推进网络安全领域顶层设计步伐外,又在深入贯彻落实《网络安全法》的基础上,针对各界关注、百姓关切的突出问题,制定完善了网络安全相关战略规划,相继颁布了《数据安全法》《个人信息保护法》《网络安全审查办法》《关键信息基础设施安全保护条例》等一系列法律法规,多维度、全方位治理网络空间。此外,还制定发布了300余项网络安全领域国家标准,推动发布多项我国主导和参与的国际标准,基本构建起了网络安全政策法规体系的"四梁八柱"。具体到我国网络空间治理的法律法规,可将其划分为:网络层、软件层、数据层。[2]相关法律法规和规范性文件,根据颁布

---

[1] 杨嵘均:"国家自主性与国家能力视域中网络空间政治安全建设",载《行政论坛》2022年第2期,第10页。

[2] 相关分类初步形成学界共识,See YochaiBenkler, "From Consumers to Users: Shifting the Deeper Structures of Regulation towards Sustainable Commons and User Access", *Federal Communications Law Journal*, Vol. 52, No. 3, 2000. 具体来看,"网络层"多指基础物理设备,即众多提供关键服务的服务器、路由器、交换机、终端接入设备以及将这些设备连接起来的有形或者无形的线缆;"软件层"可理解为运行于网络层之上的软件,这些软件构成并限定了用户使用网络的方式和限度;"数据层"即通过网络层与软件层传播的具体内容。

时间简列如下：

规范名称	颁布日期	颁布主体
《网络安全审查办法》	2022年1月	国家网信办等
《个人信息保护法》	2021年8月	全国人大
《数据安全法》	2021年8月	全国人大
《关键信息基础设施安全保护条例》	2021年7月	国务院
《数据安全法（草案）》	2020年7月	全国人大
《网络安全审查办法》（已废止）	2020年4月	工信部等
《网络安全标准实践指南——远程办公安全防护》	2020年3月	信安标委
《密码法》	2019年10月	全国人大
《关于促进网络安全产业发展的指导意见（征求意见稿）》	2019年9月	工信部
《加强工业互联网安全工作的指导意见》	2019年8月	工信部等
《网络安全等级保护基本要求》《网络安全等级保护测评要求》	2019年5月	信安标委
《网络安全等级保护条例（征求意见稿）》	2018年6月	公安部等
《关于推动资本市场服务网络强国建设的指导意见》	2018年3月	工信部
《关键信息基础设施安全保护条例（征求意见稿）》	2017年7月	中央网信办
《国家网络安全事件应急预案》	2017年1月	中央网信办
《网络产品和服务安全审查办法（试行）》	2017年5月	国家网信办
《软件和信息技术服务业发展规划（2016-2020年）》《信息通信网络与信息安全规划（2016-2020）》	2016年12月	工信部
《国家网络空间安全战略》	2016年12月	国家网信办
《网络安全法》	2016年12月	全国人大

二、综合立法与专项立法相互融合

在法律体系构成方面，我国网络安全法律体系分为法律、行政法规、部门规章三个层次，包含战略和多层次立法体系。为网络强国重要思想的提出打下了坚实的实践基础、做好了全面的理论准备。[1]在我国网络安全法律体系架构中,立法构成了相对于战略更为主要的部分,此前我国网络安全法律体系的规范文件大都集中在规章和行政文件上,法律层面的立法较少且以专项立法和行业立法为基础,相关规范指引为补充,但随着《网络安全法》《数据安全法》和《个人信息保护法》等法律的颁布及执行,我国的法律体系基础将更为扎实。此外,我国网络安全法律体系以保护人格权益为基本价值,注重政府治理。我国网络安全治理中主要采取政府主导和行业自律相结合的方式。首先,政府主导强调政府的作用贯穿网络监管的全过程,具体包括事前资质审查及监管,事中依法依规监管,事后整改或取缔。我国侧重事后纠正,随着我国网络安全法律体系逐步搭建完成,我国将有望建立事前、事中和事后的治理框架。对于互联网服务平台在运营过程中的违法行为,相关执法部门将视情节轻重程度予以限期整改或取缔。其次,行业自律则基于网络空间治理相关立法有时滞后于网络技术及实践发展。由于网络社会的快速发展,网络空间的技术革新速度使得政府难以及时预测和规范网络社会的未来发展。

三、中央立法与地方立法相互结合

在中央治理机构方面,之前我国网络安全治理的职能较为分散,未设立统一的协调机构进行网络空间治理,但随着中央网络安全和信息化委员会的成立,我国将建立网络空间治理的中央统一协调机制,在中央网络安全和信息化委员会领导下,国家网信部门发挥统筹协调职能,不断强化网络空间治理工作的顶层设计、总体布局、统筹协调、整体推进、督促落实。国务院公安部门加强对网络安全保护工作的指导监督,国务院电信主管部门和其他有关部门根据法律法规各司其职。值得注意的是,近年来,国内许多省市相继成立或组建政府大数据局或政府大数据发展管理局等类似机构,显示出中国网络空间治理方式与相应组织运行体系的变化,其中蕴含的是中国政府数据管理从单一化行业管理迈向整体化功能管理,并通过配套工作机制加以落实,具有鲜明的制度价值。

---

[1] 张垒:"习近平总书记关于网络强国的重要思想发展脉络及其对新闻舆论工作的指导意义",载《中国出版》2021年第11期,第6页。

各地积极推动网络安全产业高质量发展，提升网络安全产业技术水平和竞争力。一是积极出台政策措施推动产业高质量发展。2021年1月，山东省印发《关于促进山东省网络安全产业发展的指导意见》，提出到2025年，全省网络安全产业规模突破300亿元。[1] 2021年6月，北京市通州区发布《关于加快推进国家网络安全产业园区（通州园）产业发展若干措施（试行）》，助力将园区打造成引领国家网络安全产业发展的战略高地。二是将网络安全纳入"十四五"规划建议文件。2021年11月起，各地陆续发布"关于制定国民经济和社会发展第十四个五年规划和二〇三五年远景目标的建议"，重点包括加强网络安全保障体系和能力建设、强化关键信息基础设施安全保障能力、保障数据安全和个人信息安全、完善网络综合治理体系。此外，近年各地相继发布《广州市推行首席数据官制度试点实施方案》《深圳市推行首席数据官制度试点实施方案》《佛山市首席数据官制度试点工作实施方案》等首席数据官制度方案，其中，广州首席数据官职责主要侧重于数据要素配置流通和数据资源共享开放、开发利用等数据治理工作；深圳首席数据官职责为推进智慧城市和数字政府建设、完善数据标准化管理、推进数据融合创新应用等。通过首席数据官制度，将助力政府"数据孤岛"问题的解决，最大程度地发挥数据价值。

四、统筹协调国内立法与国际条约

网络空间作为国际法治的新兴领域，正处于国际规则制定的重要历史时期。[2] 以数据层面为例，中国新出台的《个人信息保护法》的严厉程度实际已基本与欧盟GDPR相当，美国最具代表性的隐私法案CCPA相较则更为宽松。在适用地域范围上，《个人信息保护法》相对于欧盟和美国的类似立法显现出了克制的立场。具体来看，欧盟GDPR采取机构成立地标准（境内）与目标指向标准（境外）；中国《个人信息保护法》采取信息处理活动发生地标准（境内）和目标指向标准（境外）；美国加州CCPA&《加州隐私权与执法法案》（CPRA）最有限，仅针对在加州进行的商业活动。在排除适用的范

---

[1] 参见中国信息通信研究院2022年1月发布的《中国网络安全产业白皮书》。
[2] 白佳玉、隋佳欣："论人类命运共同体理念在网络空间治理中的影响与意义"，载《学习与探索》2021年第3期，第62页。

围上，CCPA&CPRA 排除范围最广，GDPR 次之，《个人信息保护法》最有限。具体来看，CCPA&CPRA 的排除适用范围为：所有要素都完全发生在加州以外的商业活动；履行法定义务的数据处理；医疗、征信、驾驶、金融、政府公开信息、雇员信息、车辆信息以及财产所有权信息；GDPR 的排除适用范围为：欧盟管辖之外的数据处理活动；欧盟成员国因为履行《欧盟基本条约》第 2 章第 5 款所规定的活动而进行的个人数据处理；自然人在纯粹个人或家庭活动中所进行的个人数据处理；刑事犯罪和公共安全相关的个人数据处理；而《个人信息保护法》的排除范围仅包括：自然人因个人或者家庭事务处理个人信息；法律对各级人民政府及其有关部门组织实施的统计、档案活动中的个人信息处理另有规定的。此外，在规制的数据活动方面，《个人信息保护法》和 GDPR 调整范围更宽泛，CCPA&CPRA 更为限缩。而在受规制的对象类型、信息主体的反对权、删除权、发生数据安全事件时的通知义务等方面，GDPR 最严格，《个人信息保护法》次之，CCPA&CPRA 最宽松。[1]

---

［1］详见王融、易泓清：“中美欧个人信息保护法比较”，载 https://mp.weixin.qq.com/s/UhFcT1W9O9LKU2JJofToZw，最后访问日期：2022 年 8 月 22 日。

第三章
我国网络安全面临的现实困境检视

网络的发展给人们的社会生活带来了极大的便利，同时，互联网也面临着日益严峻的安全问题。[1]当下潜藏的网络安全风险正逐步显现出来，网络安全问题不同于传统安全问题，往往与多个因素交织在一起，如政治、经济、社会、民族、宗教等，网络安全逐步成为系统性难题。单独从某一个方面开展治理，或许难以取得理想效果，有必要从宏观层面整体规划，厘清网络安全面临的现实困境，为后续优化完善提供借鉴。从总体国家安全观的视角出发，网络安全是整体的而不是割裂的，牵一发而动全身。[2]总的来看，当前网络安全面临的困境主要集中于立法、执法、技术和国际合作四个方面。在立法层面，世界各国对网络空间的属性尚未取得共识，再加上网络属于新兴事物，20世纪90年代关于计算机安全的立法已经不能匹配当下网络安全的需求等。在执法层面，由于以往执法机构过于分散，未能形成合力，呈现出"九龙治水，各管一方"的局面，削弱了执法效果，且网络安全执法人员的数量和质量均未达标，公民参与网络安全执法活动的渠道相对狭窄，限制了网络安全执法的有效运行。在技术层面，虽然近年来我国在网络科技方面有了较大发展，逐步成长为网络大国，但是某些核心技术仍然依赖其他国家，网络技术研发投入不足，未建立分级分类的技术体系，网络科技人才培养仍有欠缺。在国际合作方面，各国基于对自身利益的考量，对网络空间的属性和网络主权有不同的认知，尚未建立统一的网络安全国际规则，某些网络超级大国推行的霸权主义政策也在时刻威胁着其他国家的网络安全。

---

〔1〕 江溯：“论网络犯罪治理的公私合作模式”，载《政治与法律》2020年第8期，第38页。

〔2〕 杨蓉：“从信息安全、数据安全到算法安全——总体国家安全观视角下的网络法律治理”，载《法学评论》2021年第1期，第131页。

第一节　网络安全立法领域的困境

我国自20世纪90年代开始日益重视网络安全问题，围绕这一主题，在中央和地方层面均开展了一系列立法活动，着重从网络技术、网络平台、监管机关等方面对网络安全加以规范。近年来，伴随《网络安全法》《数据安全法》《个人信息保护法》等法律的相继出台，我国构建了相对完整的网络安全立法体系，初步实现了有法可依的目标。随着社会主义法治的深入推进，立法、执法、司法和守法构成了法治运行的有机整体，有法可依只是基本目标，未来还应该进一步实现良法善治，当前有必要继续提升立法技术，完善备案审查制度，逐渐实现立法科学化的目标。从宏观层面来看，我国网络安全立法大致经历了自由萌芽、初步发展和逐步完善三个阶段。当下网络安全立法领域依然面临着各种困境亟待突破，如立法理论有待完善、立法相对滞后于实践、立法封闭性较强、权利义务失衡、立法协调性有待增强、立法呈现碎片化行政化倾向等。以上诸多立法困境，既有历史因素使然，也与现实的重视程度密切相关，只有追根溯源，探明深层原因，才能有的放矢，为后续优化网络安全立法提供依据，以便加强网络安全立法的顶层设计，实现立法的科学性和前瞻性。

一、立法理论基础较为薄弱

互联网进入公民日常生活不过20年的光景，即使从20世纪90年代开始追溯互联网在我国的发展，也不过30年，在如此短的时间内，形成完善的网络安全立法理论显然十分困难。一来缺乏足够的立法实践；二来网络安全立法的理论研究起步较晚。我国从20世纪90年代强调技术层面的安全，到当下越来越注重规范网络平台、明晰监管机构的职责，凸显了网络安全立法意识纵向层面的不断延伸。主要国家和地区纷纷出台法律法规进行规制，以更好地应对网络安全风险。[1] 包含域外网络技术较为发达的国家在内，关于网络安全的理论建构仍然在不断尝试、逐步完善，某些核心问题至今未能完全

---

〔1〕 闫晓丽："网络安全国际立法最新动向及趋势"，载《网络空间安全》2020年第12期，第49页。

达成共识。特别是网络安全的属性,即空间效力问题,某些网络技术较为发达的国家推行"全球公域说",事实上否定了网络空间主权,妄图利用自身的技术优势,排斥其他国家参与全球网络安全治理。随着数字时代的来临,大国竞争与博弈逐渐从现实空间向数字空间扩展。[1]因此,从理论层面明晰网络安全的性质,是后续研究该问题的前提,为网络安全政策的制定奠定坚实的基础。当前关于网络安全立法的理论基础,大体存在三种主张,即网络安全自由主义、网络安全霸权主义和网络安全共同体。网络安全自由主义主张网络信息的自由流通,减少监管,强调网络空间"去主权化";网络安全霸权主义,直接否认网络安全的国家主权性质;网络安全共同体则认可网络安全的国家属性,注重网络空间的国际合作。

(一)网络安全自由主义主张网络信息绝对自由流通

某些国家倡导网络安全自由主义,即在网络安全领域注重自由价值的实现,强调网络空间不同于国家边界的物理空间,应该注重自由流通的价值,鼓励网络空间内部自治,减少国家规制。网络安全自由主义强调全球互联互通,在网络空间内传统主权国家的边界将逐步模糊,推动全球成为统一的整体。

1. 网络安全自由主义的优势

网络安全自由主义具有一定的优势:第一,网络安全自由主义有助于在最大范围内实现网络信息的自由流动。网络信息的互联互通是构建互联网的重要目标,网络安全自由主义倡导国家最低程度的干预,强化网络世界的自由自治,此类主张某种程度上呼应了全球化的发展趋势,有助于世界范围内的信息共享,具有一定的积极意义。当然,该设想的实现并非一蹴而就,还需要考虑不同国家在网络技术方面的差异,后文将具体分析。第二,网络安全自由主义有助于最大程度实现经济价值。为争夺和保护数据资源,数据跨境流动成为各国竞争的焦点。[2]网络安全自由主义视域下,网络空间实行完全的内部自治,监管机构极少干涉内部事务。如此一来,网络空间内部信息流动必然加速,信息流动效率的提升,自然而然会带来更多的商业机会,以

---

[1] 许蔓舒等:"数字空间的大国博弈笔谈",载《信息安全与通信秘密》2021年第12期,第2页。
[2] 卜学民、马其家:"论数据主权谦抑性:法理、现实与规则构造",载《情报杂志》2021年第8期,第62页。

网络为媒介，推动经济发展。当前世界各国以网约车、网络购物等为代表的数字经济蓬勃发展，数字经济占比稳步提高。在网络安全自由主义加持下，与经济利益相关的信息均可实现无障碍自由流通，契合当下数字经济发展的潮流。

2. 网络安全自由主义与网络主权的张力

在分析网络安全自由主义利弊时，需要明确网络空间是否属于国家主权的范畴，按照网络安全自由主义的理解，网络空间显然超出传统主权范围之外。网络空间不同于传统国家主权范围内的各项权利，网络空间有内部的规则特征，只有遵循此种逻辑，前文所述的各种优势才能充分发挥出来。笔者则认为网络空间属于国家主权的范畴，网络主权分别包含对内和对外两个部分，网络主权的对内维度，主要强调每一个国家都可以独立自主地发展、监督、管理本国的网络事务，网络主权的对外维度则强调每一个国家都应该防止本国互联网受到外部入侵和攻击。之所以强调网络主权，主要是由于网络基础设施、网民、网络平台等实质上是有国籍区分的，网络资源是国家非常重要的战略资源。虽然有些国家提出"网络自由""网络无国界"的主张，但大多在网络技术层面，针对网络运行管理领域都制定了严格规范，防范外部势力的干扰侵袭。网络空间主权是国家主权在网络空间的自然延伸，是主权国家在网络空间的最高权力，包括管辖权、独立权、自卫权和平等权。[1]

具体而言，网络主权可以概述为以下四项基本权力：第一，管辖权。主权国家有权独立自主地管理本国网络，比如制定符合本国实际情况的网络安全法规政策等。第二，独立权。本国的网络可以独立自主地有效运行，无须受制于其他国家。当下全球绝大多数顶级服务器都在美国境内，美国具有全球独一无二的制网权，某种程度上美国可以影响其他国家的网络独立权。第三，防卫权。主权国家具有对外来网络攻击和威胁进行正当防卫的权力。一旦国家的网络安全受到域外势力的攻击，则必须做好应对之策，加强自我保护，必要时坚决反击。第四，平等权。无论大国还是小国，都可以平等地参与网络管理，各个国家的网络可以互联互通，实现信息共享，一国对本国网络的管理，不得侵犯其他国家的权益。例如，网络安全自由主义倡导个人信

---

[1] 陈星："论网络空间主权的理论基础与中国方案"，载《甘肃社会科学》2022年第3期，第113页。

息的自由流通，希望借机实现附着在个人信息之上的经济利益，反对限制个人信息的跨境流通。然而，如果只强调实现个人信息的经济利益，而忽视流动可能引发的个人信息泄露，甚至造成经济安全等系列风险，那么国家显然未能尽到保护公民个人信息安全的义务。由此可见，网络安全自由主义过于理想化，短期内必然难以实现。另外，网络安全自由主义的"去主权化"与当下大多数国家坚持的网络安全属于国家主权范围内的事项相违背，不符合保障国家主权以及维护国家安全的初衷。如我国在2015年7月制定的《国家安全法》，明确将网络安全列为国家安全的一部分，其中第25条规定了"国家建设网络与信息安全保障体系，提升网络与信息安全保护能力……维护国家网络空间主权、安全和发展利益"。该法首次在立法中提出了"网络空间主权"的概念，可以视为国家主权在网络空间的延伸和反映。

3. 网络安全自由主义实质是"去主权化"

在网络空间这个新颖而又无处不在的领域中，主权原则如何运作一直是国家实践和学界理论研究中的硬核问题。[1]网络安全自由主义的某些理念与传统国家主权存在某种冲突，实质是"去主权化"的全球网络理想主义。倘若世界各国凝聚成一个整体，自然应该倡导网络安全自由主义。然而，当下各个国家网络技术水平差异较大，某些国家凭借技术优势实施网络霸权主义，稍有不慎，网络安全自由主义就极有可能成为个别国家实施网络扩张政策的工具，使其能够披着网络自由主义的外衣，将侵犯他国网络安全信息的行为合法化。传统领域和网络领域的自由，都应该设定必要的边界，否则，极有可能侵犯弱小国家或者公民的利益。中小国家往往受自身网络技术的限制，难以同等地获取网络大国的网络信息，所谓的网络安全自由实则以必要的网络技术为前提。大型网络社交平台，如脸书、推特等，在全球范围内拥有几十亿注册用户，能够轻而易举地获取用户的个人信息，这些大型网络社交平台大多出现在美国，其他中小国家则缺乏必要的资金和技术，来构建此类大型社交平台，自然无法收集美国用户的信息。如果不设定必要的网络监管措施，则上述网络平台极有可能过度收集个人信息，造成个人隐私泄露，甚至危害国家安全。由此可见，缺乏必要的网络安全技术，不设置任何网络安全

---

[1] 余建川："美国在网络主权问题上的立场变化及启示"，载《情报杂志》2021年第2期，第102页。

前提，盲目提倡网络安全自由主义，则极有可能忽视中小国家的利益，滑入网络安全霸权主义的陷阱。

主权是国家对内依法施政的权力来源，对外保持独立自主的力量和意志，集中体现了国家尊严，主权的丧失则意味着国家的消亡。确保数据安全、明确数据主权成为当今世界各国政府刻不容缓的战略部署。[1]从当下历史发展趋势来看，主权国家在未来很长一段时间内都会继续存在，国家之间相互合作相互竞争的基本态势不会发生根本改变，网络安全自由主义过于理想化，其所实施的背景条件短期内都无法达成。网络安全对国家安全牵一发而动全身，在互联网时代保障网络安全至关重要。[2]网络安全自由主义实质是网络无国界在安全领域的演变，倡导超越国家的自由，淹没了国家主权在网络空间的作用。早在2003年信息社会世界峰会第一阶段会议通过的《日内瓦原则宣言》以及2005年第二阶段会议通过的《信息社会突尼斯日程》，都包含"网络主权已经成为国际社会真实而客观的实践"等表述，越来越多的国家认可网络主权的理念。可见，网络安全自由主义"去主权化"的思维与当下国际主流趋势不相容，亦不符合我国目前关于网络安全的基本主张。网络空间的主权博弈和冲突进一步加剧，我国网络主权战略体系建设态势愈发急迫。[3]我国不仅在《国家安全法》中专门强调了网络主权的概念，还在《网络安全法》《数据安全法》等重要法律中重申了网络安全的理念，并通过若干具体条文来保障网络安全。

综上所述，网络安全自由主义与网络霸权主义不同，具有一定的迷惑性，有必要深入分析网络安全自由主义对不同国家的影响。表面倡导信息的自由流动、追求网络信息的经济价值，实则需要以掌握同等的网络技术为前提，否则，网络安全自由主义并不对等，可能导致中小国家的网络安全主要依赖网络技术大国，甚至国家安全受制于人。

（二）网络安全霸权主义否认网络空间的主权属性

个别网络技术较为发达的国家，为了实现自身的网络安全利益，鼓吹网

---

[1] 张晶："我国数据主权研究的系统性文献综述"，载《情报杂志》2022年第4期，第128页。

[2] 商植桐、于凤："总体国家安全观下网络安全的理论梳理、现实审视及实践路径"，载《商丘师范学院学报》2021年第8期，第33页。

[3] 冉从敬、何梦婷、宋凯："美国网络主权战略体系及实施范式研究"，载《情报杂志》2021年第2期，第95页。

络安全的国际属性，积极倡导"全球公域说"，试图削弱网络安全的国家属性，否认网络安全的国家主权性质，逐渐走上了网络安全霸权主义的道路。网络安全霸权主义在某些发达国家极具市场，其通过自身掌握的技术优势，间接实现控制他国网络安全的目的。某种意义上网络安全霸权主义与网络安全自由主义具有相似性，实质都是凭借技术优势，否认他国的网络主权，只不过网络安全霸权主义采取的措施更激进，造成的危害更严重。当前美国采取的网络安全政策是较为典型的网络霸权主义，比如美国通常罔顾其他国家的利益，倡导信息跨界流动的完全自由，借口信息的自由流动，阻止其他国家实施必要的网络安全保障措施，且不受他国网络安全部门的监管，追逐信息流动背后的经济价值，将信息泄露等安全问题置于不顾。不仅广大发展中国家普遍反对美国所采取的网络霸权主义，就连欧盟也不赞同美国的诸多网络安全政策，如欧盟试图在信息自由流动与信息保护之间达成平衡。

以大数据、区块链、云计算、人工智能等为代表的互联网产业技术，引领世界科技突破。[1]当下唯一有能力实施网络霸权主义的国家只有美国，自信息技术革命以来，美国凭借强大的科技实力，在网络技术领域独占鳌头，大多数网络技术独步全球，几乎领先所有国家。互联网头部企业，如微软、谷歌、推特、脸书等都集聚美国，上述企业的用户遍布全球各个角落，不仅能够收集用户的个人信息，还可以通过大数据、云计算等算法优势，从这些琐碎的信息中，提炼出有价值的政治、经济、军事、文化等方面的综合信息。倘若倡导完全的网络自由，不采取必要的规制措施，一旦上述企业过度收集用户信息，滥用垄断支配地位获得信息数据，甚至与美国政府合作加工此类信息，毫无疑问将会危害其他国家的网络安全。也有个别国家凭借发达国家地位和网络技术的优势，向世界上网络不发达国家和地区倾销意识形态和政治主张。[2]

除此之外，美国为了维持在网络技术方面的领先地位，不仅制定了有利于自身的技术标准，还不遗余力打压其他国家的网络科技企业。比如，美国自2017年以来通过各种措施积极打压中兴和华为等网络通信领域的头部企

---

[1] 刘林、崔帅："构建网络空间命运共同体的'中国方案'"，载《齐齐哈尔大学学报（哲学社会科学版）》2021年第9期，第10页。

[2] 马朝霞："网络安全治理体系建设对策研究"，载《网络空间安全》2021年第Z5期，第7页。

业,不仅如此,美国还伙同其盟友,以危害国家安全等理由,终止与华为的商业合作,撕毁已经签订的合同。如果任由网络霸权主义继续横行,那么不仅我国的网络安全无法得到保障,可以预见,所有其他国家的网络安全都无法得到维护,霸权主义只关心自身利益,哪怕损害盟友的安全利益也在所不惜。如2021年6月披露的美国以国家安全和网络安全为借口,持续窃听德国、法国、瑞典和荷兰等多国政界人士的通信内容,引发欧洲盟国的反对。[1]因此,不仅广大发展中国家坚决反对网络霸权主义,发达国家也应该认清网络霸权主义的危害,积极参与构建和谐平等的网络世界。

（三）网络安全命运共同体理念认可网络空间的主权属性

经过不断地摸索尝试,在前述两种理论之外,慢慢产生了新的理论,即网络安全命运共同体,这也是我国当下不断实践的新路径。2015年12月16日习近平总书记在第二届世界互联网大会开幕式上发表讲话,指出:"国际网络空间治理,应该坚持多边参与、多方参与,由大家商量着办……维护网络安全是国际社会的共同责任。""我们应该尊重各国自主选择网络发展道路、网络管理模式……不搞网络霸权,不干涉他国内政……"习近平总书记为网络空间治理指明了方向,提出了多方参与、平等协商的原则,并且强调了国际社会共同协作的方针。自党的十八大以来,习近平总书记始终关心网络空间治理,首次明确提出了"构建网络空间命运共同体"的主张,得到了越来越多国家的响应和支持。2020年11月23日,习近平总书记在致世界互联网大会的贺信中强调:"中国愿同世界各国一道……打造网络安全新格局,构建网络空间命运共同体,携手创造人类更加美好的未来。"习近平总书记的一系列讲话,充分表明了中国政府关于网络空间的根本立场,在强调网络空间主权属性的同时,亦注重国际合作,倡导各个国家都能有序参与网络空间治理,反对网络安全霸权主义。构建网络空间命运共同体,需要在平台共建、规则共书和安全共维三个维度上付诸行动。[2]

网络安全是网络空间的重要议题,从网络空间命运共同体的内涵,可以逐步分解延伸出网络安全命运共同体。网络信息治理的国际经验表明,网络

---

[1] "内幕揭开！美国肆无忌惮监听世界,背后竟是TA在撑腰",载 https://new.qq.com/rain/a/20210609A02TX500,最后访问日期:2022年8月12日。

[2] 王仕民、严哲:"平台、治理与安全:网络空间命运共同体的三维建构理路",载《广西社会科学》2022年第7期,第8页。

信息治理有赖于协同政府、行业和社会等多方力量的综合性机制。[1]构建网络安全命运共同体的前提是认可网络空间的主权属性,只有承认网络空间属于一国主权范围之内,才能为后续各国网络空间治理提供依据,这与网络空间"全球公域说"存在本质差异。正因为认可网络空间的主权属性,所以各个国家结合自身国情选择不同的网络空间治理模式皆具有合理性,不能以自身的网络安全模式来否定其他国家的网络安全模式,更不能排斥各个国家对网络空间规则的合理设定。网络安全命运共同体契合网络空间治理的发展趋势,符合所有国家的共同利益,特别关照了广大发展中国家的利益。网络空间命运共同体是习近平总书记在世界和平与发展的时代语境下对全球网络空间治理的擘画,具有重要的理论意义和实践价值。[2]随着中国网络空间治理取得卓越成效,这一理念正逐步走向世界,影响了越来越多国家的网络安全路径选择。受历史局限,广大发展中国家在网络技术领域与发达国家存在一定的差距,如果否认网络空间的主权性质,那么广大发展中国家的网络安全则毫无保障,极有可能被排斥在网络空间治理之外,或沦为网络霸权的牺牲品。网络安全命运共同体的理念,首先认可了各国选择网络治理道路的自由,再通过平等参与网络治理,共同制定网络安全领域的国际规则,从而事实上排除了某些国家试图通过技术优势来控制其他国家网络安全的企图,最终目标是形成基于《联合国宪章》确立的主权平等的网络空间治理模式。

二、立法价值定位较为模糊

我国对网络安全的认识处于不断调整变化中,随着网络安全实践的不断丰富,当前对网络安全的认知日趋理性。以往我国对网络安全的价值定位较为模糊,注重从技术层面规制网络安全建设,片面强调网络安全的管控价值,之后,渐渐发掘出网络带来的经济价值等其他功能。在明晰主权国家和网络空间命运共同体的辩证关系基础上,确立网络空间安全立法的双重基础。[3]当下,我国已经逐步从20世纪90年代单纯重视网络安全的管制功能和利用

---

[1] 郭美蓉:"网络空间安全治理的法治化研究",载《人民法治》2019年第3期,第10页。
[2] 吴慧、许屹山:"习近平网络空间命运共同体理念的内在逻辑、科学内涵与时代价值",载《安庆师范大学学报(社会科学版)》2021年第6期,第1页。
[3] 张龑:"网络空间安全立法的双重基础",载《中国社会科学》2021年第10期,第83页。

功能，发展为综合的治理功能。

（一）过于强调网络的管制价值

以往我国认为网络安全最重要的功能即管制功能，强调从各方面严加管制，维护国家网络安全。自20世纪90年代开始，以计算机技术安全为主题，开展了一系列立法，各个地方制定了众多地方性法规和政府规章，严格管控计算机领域的技术风险，此阶段的地方立法走在了中央立法之前。国家之所以格外注重网络安全的管制功能，与20世纪90年代的国情有关，当时我国网络技术还不发达，众多网络设备需要从西方国家进口，苏联解体之后，中国逐步成为西方国家和平演变的重要目标，普遍担心西方国家通过网络技术的投送危害国家安全，实施和平演变的企图。特别是1991年苏联解体前夕的"八一九事件"，俄罗斯时任总统叶利钦利用网络手段号召支持者开展罢工举行政治集会，反对苏联"紧急状态委员会"的命令，从而加速了苏联解体。从对抗的角度分析，攻击者掌握的技术和信息越多，制造的网络安全威胁也越多。[1]

在中国与西方国家关系日趋紧张，而自身网络安全技术还不够发达的年代，强化网络安全的管制功能，哪怕牺牲一部分流通价值，也是当时基于理性的正确选择，为我国网络技术的快速发展赢得了宝贵的时间。当然如果过度强调网络安全的管制功能，则有可能会任意扩大网络安全的管制范围，甚至将某些正常的网络空间活动视为潜在的网络安全威胁，从而加以管制规范。不得不承认，此举可能削弱网络空间的活力，减少网络空间的自由度，甚至妨碍网络技术的创新。因此，在强调管制功能时，立法有必要明确管制的范围和所采取的措施，通过类似"黑名单"制度具体划定哪些行为将影响网络安全，并采取必要的管制措施，同时兼顾行政执法的合法性与合理性。当下我国依然十分重视管制功能的实现，随着网络技术的更新换代，特别是大型网络平台掌握了越来越先进的技术，当下管制的对象不仅包括公民个人，还偏重大型网络平台。

（二）忽视淡化网络的利用价值

进入21世纪以后，在注重管制的同时，我国越来越意识到网络空间的利用价值。2021年网络领域重要立法密集出台，网络法治体系进一步充实

---

[1] 罗方禄、王秉、贺林豪："面向网络安全治理的网络信息内容生产者情报赋能模型研究"，载《情报杂志》2021年第3期，第119页。

完善。[1]习近平同志多次强调"网络的本质在于互联,信息的价值在于互通"。正是基于上述判断,网络蕴含的巨大经济价值被大量激发,推动了经济、文化、社会等方方面面的显著进步。2021年11月12日,习近平总书记在亚太经合组织第二十八次领导人非正式会议上的讲话指出:"要加强数字基础设施建设,加快数字转型……推动数字经济全面发展。"[2]网络经济彻底融入社会公众的日常生活,网约车、网络购物等网络时代的新兴事物逐步改变了传统经济模式,众多网络平台脱颖而出,成为引领时代潮流的新兴企业。如前所述,大型网络平台具有较为先进的网络技术,还能够收集大量公民信息,并通过大数据云计算等方式,再次加工利用信息。如果此类网络平台滥用技术优势,甚至通过垄断所获取的地位扰乱经济秩序,则有可能影响国家经济安全,倘若此类平台与国外政府机构合作,则会从深层次危害国家安全。

2021年7月21日,国家互联网信息办公室依据《网络安全法》《数据安全法》《个人信息保护法》《行政处罚法》等法律法规,认定滴滴公司违规收集用户手机相册的信息,过度收集乘客人脸识别信息、职业信息、年龄信息等,最终对滴滴公司处以人民币80.26亿元的"天价"罚款。[3]那种只看到数字经济带来的各项便利,而忽视网络安全数据安全的观点显然是短视的,容易落入网络自由主义的陷阱。此次事件引发了各界关于网络平台数据安全的高度重视,特别是在数字经济蓬勃发展的时代,如何在网络安全与经济价值之间寻求平衡,是未来亟待解决的难题。

(三)未能充分挖掘网络的治理价值

现代社会网络除了传统的管制功能、利用功能之外,还开始与社会治理模式相匹配,逐步具备了治理功能。各国纷纷立足本国实际和发展诉求,探索形成了各有侧重的治理模式,竭力保障关键数据安全。[4]自党的十八大以

---

[1] 方禹:"2021年国内网络安全相关立法回顾及思考",载《中国信息安全》2021年第12期,第48页。

[2] 习近平:"共同开创亚太经济合作新篇章——在亚太经合组织第二十八次领导人非正式会议上的讲话",载https://baijiahao.baidu.com/s?id=1716227834495547486&wfr=spider&for=pc,最后访问日期:2022年8月12日。

[3] 张新宝:"滴滴80.26亿'天价'罚单的事实与法律",载https://www.163.com/dy/article/HE1AJDIE0530W1MT.html,最后访问日期:2022年8月12日。

[4] 陶然、马原野、杜万里:"借鉴国际数据治理典型经验 加快完善我国数据治理体系",载《中国经贸导刊》2021年第17期,第20页。

来，社会生活的方方面面越来越注重从管理转变为治理，这一转变凸显了时代的进步，彰显了深厚的人文关怀。传统管理模式下，将行政相对人视为管理对象，容易引发行政主体与行政相对人的紧张状态，形成二元对立关系。传统法律体系无法回应网络空间治理体系现代化需求，需要融入良法所蕴含的各种核心价值要素。[1]治理理念则将行政相对人视为治理主体的一部分，积极吸纳行政相对人的意见，有助于形成和谐的治理模式。当下在网络安全领域，如《个人信息保护法》不仅强调了国家的责任，亦规定了网络平台和个人的义务，通过将个人信息划分为普通信息和敏感信息的方式，实现了分门别类的科学化治理形态。

三、立法技术水平仍需提升

由于以往整体立法水平所限，且网络安全是一片较为陌生的领域，立法经验不足，网络安全领域呈现立法碎片化，部门本位主义突出，立法统筹协调有待强化等问题。新的安全威胁需要新的治理模式，新的治理模式则需要新的思维支撑。[2]总体而言，当前网络安全立法现状还不能完全满足新时代网络安全的发展，特别是在立法精细化要求下，网络安全领域立法水平还需要大幅度提升。我们需要未雨绸缪，强化防范意识、提升技术手段，构筑系统化、强效能、高科技的网络安全保障体系。[3]

（一）立法碎片化较为突出

近年来，随着《网络安全法》等相关法律的出台，网络安全立法逐渐完善，日益形成统一的规范体系。然而，以往网络安全立法缺乏统一规划，相关部门和各个地方缺乏通盘考虑，大多在出现某个网络安全问题时，即开始探讨研究应该在该领域加强网络安全立法，普遍呈现出"头疼医头脚疼医脚"的立法现象，导致网络安全领域立法碎片化。今后将引发一系列治理难题，产生种种弊端，导致执法缺乏统一的标准，立法缺乏重心，无法形成统一规

---

[1] 周佑勇：“社会主义核心价值观融入网络空间治理现代化的法治逻辑”，载《江苏行政学院学报》2022年第1期，第120页。

[2] 阙天舒、莫非：“总体国家安全观下的网络生态治理——整体演化、联动谱系与推进路径”，载《当代世界与社会主义》2021年第1期，第66页。

[3] 肖晨卉：“信息时代'突发性网络攻击'的安全挑战与应对”，载《情报杂志》2021年第7期，第75页。

范体系，一定程度上影响了立法效果。如不同地区关于网络安全的标准可能并不一致，不同部门对网络安全采取的纠正措施存在差异等，某部立法强化网络技术，其他立法则可能注重网络规则等。上述问题由来已久，乃至根深蒂固，且网络安全领域的内涵外延较为广泛，包括信息安全、数据安全、技术安全等，客观而言，形成统一的规范体系较为困难。

另外，网络安全领域具备较强的专业性，以往囿于立法人员综合素质不够高，缺乏通晓网络安全专业的立法人员，导致立法模糊笼统，难以凸显专业性。当然，不能因为面临上述困难，而放任立法碎片化的趋势，必须统筹考虑，采取行之有效的完善措施。化解此项难题，首先应该整体规划长远考虑，从宏观层面开始布局，由中央立法引领地方立法，循序渐进逐步规范。当下可以参考民法典和行政法的法典化路径，分门别类以部门法法典化的方式，成熟一部分制定一部分，纠正网络安全领域碎片化的现象。如当下已经出台了较为完善的《网络安全法》等三部法律，应该紧紧围绕上述三部法律，分别清理相关领域的立法，如20世纪90年代制定的法律文件，此类法律文件年代较为久远，很多条文已经不能适应当下网络安全立法的现状。在日益严峻的网络安全格局下，我国必须全面打造网络安全战略布局，构建更加牢固的网络安全防护体系。[1]

（二）部门本位主义较为严重

立法部门本位主义现象在很多领域均有不同程度的发生，特别是新兴领域，部门本位主义更加突出。按照《宪法》和《立法法》的规定，人大是我国的权力机关，同时行使立法权。人大享有的权力较为广泛，立法只是其中之一，因此，在人大立法之外，设区的市以上的政府和国务院部门享有行政立法权。行政立法相对于人大立法而言，在效率上具有明显的优势，人大采用会议制度，全国人大每年只召开一次会议，而全国人大常委会每两个月召开一次会议，行政机关召开会议开展立法的程序则相对简便。尽管数据主权已经成为各个国家处理数据问题时的根本指南，但其法律意涵尚未得到充分阐明。[2]二元立法模式下，在网络安全立法领域，行政立法的优势将更加

---

[1] 廖蓓蓓、邢松："美国网络安全体制研究及拜登时代对华战略分析研判"，载《情报杂志》2021年第4期，第22页。

[2] 王玫黎、陈雨："中国数据主权的法律意涵与体系构建"，载《情报杂志》2022年第6期，第92页。

放大。

如前所述，网络安全领域具有较强的专业性，通晓网络安全技术的立法人员较为稀缺，而人大系统相比于行政机关，懂得网络技术的专业人员显然更少，各级人大法工委以及人大常委会组成人员，大多毕业于文科类专业，在网络安全技术领域天然具有劣势。行政机关则拥有专业的网络安全管理部门，包含一大批精通网络安全的技术管理人员，可以发挥专业优势，由网络安全管理部门牵头开展立法。此时行政立法相对于人大立法在技术层面更加专业，长此以往，网络安全部门或多或少会在立法过程中带入本部门的利益。如授予网络安全管理部门较大的权力，承担较小的义务，弱化管理人员法律责任等，以往由行政机关主导的网络安全立法，大多存在上述部门本位主义的影子，还可能加重该现象，甚至违背立法初衷。有效化解部门本位主义，需要始终强调人大立法的主导性，人大立法相对于行政立法而言，具有更强的代表性，并且能够尽量减少部门利益掺杂其中。

（三）立法统筹协调有待强化

坚持统筹推进国内法治和涉外法治，积极推进网络空间命运共同体建设。[1]网络安全立法与传统领域立法存在差异，自20世纪90年代以来，网络安全立法大多采取先行先试的思路，逐步摸索前行。伴随时代发展，网络安全领域各个主体的权利义务可能会发生变化，国家、政府、社会、企业、公民等在不同网络安全关系中承担的责任不同。在依法治国框架内，网络安全立法的立法目标具有一致性，而实现立法目标的方式则有差异，导致立法条文的侧重点不同。以网络平台为例，在某些网络安全关系中属于被调整的对象，需要加强规制，在另一些网络安全关系中，又有可能成为制定网络安全规则的主体，需要承担制定行业标准的责任。因此，如何在不同时空范围内，实现网络安全的统一，是立法者需要重点考虑的方向。这几年我国坚持依法治网，加快网络立法进程，出台了一批法律法规。[2]

正因如此，网络安全领域不仅需要国家立法，还需要行业规范等作为补充，有必要强化立法的统筹协调功能。除此之外，网络安全立法较为复杂，

---

〔1〕 孙宝云：“2021年中国网络安全治理观察”，载《中国应急管理科学》2022年第1期，第28页。

〔2〕 程乐："网络空间治理：中国智慧·中国方案·中国路径——习近平总书记关于网络强国的重要思想研究"，载《思想理论战线》2022年第2期，第18页。

包含中央立法和地方立法等各个不同层次，同时还有人大和政府等不同的立法主体，国务院不同部门之间亦存在不同的利益考量。在二元多层级立法体系下，面对如此错综复杂的网络安全局面，要想发挥预期的立法效果，统筹协调立法的能力仍需强化，否则，不同位阶的立法可能引发立法适用的混乱，更遑论同一位阶不同立法的适用。随着立法价值的逐步明晰和转变，网络安全立法需要适时调整，以不断适应网络安全治理的新思路。今后，除了由全国人大统一制定网络安全领域的立法，注重发挥备案审查的作用以外，为了确保立法的统一性，还应该适时开展立法清理，及时修改或者废止那些与现行网络安全立法不一致的立法条文。

第二节　网络安全执法领域的困境

执法问题始终是网络空间领域的重点和难点问题，制定网络安全立法之后，如何有效维护网络安全，关键在于网络安全执法制度是否完善。网络安全执法不同于传统领域的执法模式，网络空间的国家主权效力与跨国网络安全之间存在明显张力，导致网络安全执法的难度天然较大。在网络安全保障体系的构建中，网络安全战略规划扮演了重要角色。[1]以往网络安全执法机制尚未完全厘清，各个执法部门缺乏有效配合，执法责任还不够清晰，缺乏强有力的监督追责机制，执法人员素质参差不齐，以及公民参与度不够高等诸多原因，使得网络安全执法未能完全实现预期效果，客观上要求今后进一步完善网络安全执法机制，强化执法效能，形成监督合力等。

一、网络安全执法制度尚需健全

网络治理工作中的管理性、法治性、人才性、技术性等现实困境制约着网络安全建设。[2]网络安全比传统领域的安全问题更复杂，有必要通盘考虑整体谋划。二者最大的差异在于空间效力，传统领域的安全问题大多发生在一国主权范围之内。传统影响国家安全的犯罪行为，如非法获取国家秘密、

---

[1] 陈禹衡：“网络安全战略规划的理论阐述、实践展开与路径整合”，载《大连海事大学学报（社会科学版）》2021 年第 5 期，第 36 页。

[2] 张尹、张志丹：“新时代加强网络安全建设的现实困境与系统突围”，载《江淮论坛》2021 年第 2 期，第 99 页。

颠覆国家政权等，主要发生在国内或者是国内犯罪分子和域外敌对势力相互勾结。

(一) 域外网络安全执法合作程度不高

我国面临的网络安全问题从结果导向来看大多面向国内，而导致这些危害后果产生的初始地基本在域外。无论是产生危害国家安全的网络行为，还是引发普通刑事犯罪的网络行为，大多在境外策动谋划。比如，电信诈骗有可能导致人民财产蒙受重大损失，甚至威胁人民的生命健康安全，随着网络的普及，电信诈骗呈现高发态势。近年来公安部门大力打击涉嫌电信诈骗的犯罪行为，电信诈骗分子的窝点往往隐藏在国外，如东南亚地区，利用网络平台，通过冒充公检法工作人员以及其他方式，骗取国内受害人的财物。此种行为无疑属于新型的网络安全领域的诈骗行为，但犯罪分子所在地却不在我国主权管辖范围内，这给执法工作带来了全新挑战。如前所述，不同国家关于网络空间主权采取了不同的态度，有些国家承认网络空间的国家属性，将其视为国家主权的延伸，还有些国家则认为网络空间具有超国家属性，主张"全球公域说"。由此导致网络安全政策的差异，即使认可网络空间具有国家属性的国家，根据本国的实际情况，也会制定宽严不同的实施政策。比如，在某些废除死刑的国家，如果犯罪分子在他国可能会被判处死刑，则一般不会将犯罪分子引渡给保留死刑的国家，导致某些罪大恶极、产生严重网络安全危害后果的犯罪分子，因为死刑制度的差异而不能被引渡受审，加大了执法和司法衔接的难度。

除此之外，针对传统安全问题，大多制定了较为详细易于操作执行的法律规范，执法机关具备丰富的执法经验，一般不会引发大的争议。网络安全执法领域则属于新兴领域，立法在某种程度上具有滞后性，特别是《网络安全法》等法律出台之前，网络安全领域的立法相对薄弱，有些立法过于陈旧，很难有效指导执法行为，再者，网络安全领域的技术要求较高，需要执法机关有众多懂得网络技术的专业人员配合协助。另外，以往我国网络安全执法制度的建构还处于不断摸索阶段，各个地方设置了不同的机构，采取了不同的措施，使得执法领域显现出"九龙治水"、缺乏合力的乱象，以上诸多因素客观上都加大了网络安全执法的难度。网络空间不应成为法外之地，不能成为数据泄露、互联网金融安全隐患、勒索软件攻击、有政治背景的黑客行动等新兴问题爆发的温床。[1]

（二）域内网络安全执法机制尚未厘清

完善网络安全执法制度，从宏观方面来看，需要强化网络安全的全球协作，加强和域外国家在执法和司法领域的辅助配合，后文将详细阐述。从微观方面来看，需要优化网络安全执法的机构设置，统一网络安全执法机构。如前所述，网络安全执法较为复杂，涉及网络主权、网络技术等各种因素，超越了传统执法模式的固有框架，需要在旧有模式上适度创新发展。首先是统一网络安全执法机构设置，以往不同地区设置了不同种类的网络安全执法机构，增加了执法的沟通成本，客观上阻碍了执法效率的提升。今后有必要规范和完善机构设置，各级地方应该遵循和参照中央网络安全执法部门的建制，对应设置网络安全执法部门。执法部门内部亦应该厘清各个机构的功能，明晰各自的职责，严格落实责任追究制度。对企业、公民、非政府组织等政府开放数据利益相关者进行隐私政策咨询，增加隐私政策的可选择性。[2]

另外，网络安全的发生一般还伴随着复杂的其他领域安全问题，网络有时只是引发安全问题的工具，如电信诈骗案件，本质上仍然属于诈骗犯罪，只是借用了网络电信这一媒介，客观上加大了执法难度。在信息社会，此类披着网络外衣的犯罪行为将越来越普遍，面对这些新兴网络技术与传统安全交织的问题，除了网络安全部门需要积极介入之外，还会涉及与其他部门的合作。倘若仅仅依靠网络安全执法机关开展调查，可能事倍功半，迁延日久，甚至失去最佳的执法机遇。如果单独由传统执法部门开展调查，则可能因为对网络技术的认知不足，缺乏足够的网络技术专业人员的协助而陷入被动，妨碍执法的有效开展。执法不同于司法，较为注重效率，因此，构建良好的网络安全合作机制，加强执法过程的配合协作，适时开展联合执法，对于解决执法遇到的难题，则显得尤为必要。

二、网络安全执法权责不够清晰

着眼我国政府数据协同治理问题，力求挖掘出政府数据协同治理的实现路

---

[1] 居梦："网络空间国际软法的发展前景与方向"，载《情报杂志》2022年第7期，第25页。
[2] 陈美："开放政府数据的隐私风险控制：美国的经验与启示"，载《情报杂志》2021年第8期，第86页。

径。[1]网络安全执法制度不够健全,将严重影响网络安全执法的顺利推进,网络安全执法效果之所以不如预期,站在执法者的立场,还在于网络安全执法权责不够清晰,执法机关和执法工作人员未能明晰执法权限包含哪些、执法边界止于何处、需承担怎样的执法责任等。

（一）网络安全执法部门缺乏统筹规划

以往网络安全执法存在叠床架屋、各行其是、"九龙治水"、分散执法等弊端,这些弊端的形成根源在于网络安全执法部门缺乏统筹,未能统一规划网络安全执法力量等。网络安全问题从兴起到引发关注直至全面规范,经历了几十年的时间,执法部门的设立并非一蹴而就,伴随时代发展有一定的地域特色和部门特色。如20世纪90年代大多认为网络安全问题在沿海地区较为严重,广大内陆地区受到的冲击较小,所以许多沿海省份十分重视该问题,逐步设置网络安全执法部门,内陆地区则缺乏相应的机构设置。从纵向维度看,执法部门缺乏统筹并非有意为之,而是网络发展过程的某个阶段。因此,有必要站在历史的角度看待网络安全执法部门设置问题,不能简单质疑甚至否认以往执法机构的设置,而应该承认其在不同历史阶段做出的执法贡献。正如当下,随着《网络安全法》等法律出台,逐渐统一规范了网络安全执法部门的设置,亦是立足于以往实践经验的总结。网络安全执法部门的调整规范,能够在很大程度上统一执法力量,避免毫无意义的内耗,提高执法的效率和科学性。

（二）网络安全执法边界尚有争议

网络安全理论研究的缺位,使得若干基础问题缺乏共识,有些国家将网络安全视为国际问题,其他国家则认为属于一国主权范围内的事务,至于何为网络安全,则缺乏统一的国际标准。我国对网络安全采用广义的解释,包含基础设施安全、网络运行安全、网络信息安全等多方面内容。[2]我国积极倡导"网络命运共同体"理念,尊重各国网络安全道路的选择,强调网络空间的主权属性,倡导各国开展合作,不得利用网络空间危害别国安全,该理念与我国的外交政策有异曲同工之妙,强调"和而不同"的理念。美国数据

---

[1] 梁宇、郑易平:"我国政府数据协同治理的困境及应对研究",载《情报杂志》2021年第9期,第108页。

[2] 唐彬彬:"数据本地化法律规制的反思与完善",载《情报杂志》2022年第5期,第163页。

治理模式以行业自律与数据自由为基础，但同时以国家安全为由对外资进行限制。[1] 囿于各国采取的网络安全政策的不同，以及不同国家网络安全技术的天壤之别，对诸多网络安全问题的看法存在明显差异。例如，某些网络巨头收集用户个人信息，如生物识别、电话号码、家庭住址、身高体重、个人收入等，有些国家认为这是网络平台发挥作用所必需的，不应禁止这些收集行为，有些国家则认为某些信息属于个人隐私的范畴，如个人收入、家庭住址等，应该限制网络平台收集此类信息，还有些国家则认为生物识别等信息有可能危害国家安全，应该完全禁止收集该信息。网络安全的某些基础概念尚未取得一致的认知，导致各国采取了差异极大的网络安全政策，这些行为势必会对我国的网络安全产生影响。在很长一段时间内，我国关于网络安全的范围亦存在分歧，理论认知的差异，无形之中会影响执法活动的开展。在网络安全范围尚未完全统一的背景下，显然难以确定行政机关究竟应该享有哪些执法权限。

网络安全与传统领域的安全存在交叉包容，特别是利用网络危害传统领域的安全，此类交叉领域的案件，哪些情况应该由网络安全执法部门开展执法，哪些应该由传统部门查处，截至目前，尚缺乏统一的标准。例如，有的学者认为普通的电信诈骗只是刑事案件，并不属于网络安全的范畴，主张由传统执法部门负责查处，对网络安全采取了狭义的理解。有些学者则认可广义的网络安全，将一切利用网络涉及财产利益和人身安全的事项都纳入网络安全的范畴，认为电信诈骗应该由网络安全部门开展执法活动。现实中发生的网络安全问题层出不穷、千变万化，有些问题难以界定属于网络安全问题，还是传统安全问题。站在立法者的角度，想要明确规定交叉问题的执法边界，确实存在较大难度，无论采取概括式的立法体例，抑或列举式的立法体例，似乎都有疏漏，因此，在立法中回避该问题，或许是不得已而为之的举措。然而，立法缺位势必造成后续执法混乱，在缺乏统一明确标准的情形下，网络安全执法边界将成为执法部门心中的块垒，不自觉地陷入两难境地。扩大执法边界，则可能侵入传统安全领域，限缩执法边界，进而加大传统部门的执法难度。

---

[1] 赵海乐："Tik Tok 争议中的美欧数据治理路径差异研究"，载《情报杂志》2021 年第 5 期，第 104 页。

三、网络安全执法追责监督乏力

从宏观层面来看，网络安全执法制度尚需健全，各个部门相互独立，缺乏必要的协调性，出现执法问题，可能相互推诿，同一部门的不同机构，甚至同一机构的不同工作人员，也会存在推卸责任的现象。多方面因素综合导致上述问题，除执法部门设置不健全之外，重要原因在于执法追责监督乏力。

（一）缺乏必要的责任追究条款

从数据主权配套机制上的不足来看，我国数据管理专职机构的集中统一建设不足。[1]以往网络安全立法在一定程度上忽视了相关责任追究问题，如前所述，网络安全立法存在一定的部门本位主义，许多本应该由人大制定的立法，交由行政机关通过行政立法的方式来实现，行政机关在立法时或多或少会掺杂一定的部门利益，站在执法机关的视角，注重自身作为管理者执法者的角色，有意无意忽视了自身在执法过程中应该承担的法律责任。从行政法的发展演变来看，我国主流行政法理论经历了从管理论到控权论，再到平衡论的过程。以往行政立法和行政执法过程中，行政机关普遍以管理者自居，强调自身享有的管理权限，认为行政相对人应该服从行政机关的管理，从而弱化了行政机关应该承担的服务职能，导致大多数立法并未单独规定追责条款。

（二）立法条文抽象模糊妨碍执法追责

随着网络科技的广泛应用，立法者对网络安全问题的认识有一个逐步深化的过程。20世纪90年代，我国的立法能力还不够高，当时立法理念普遍倾向为"立法宜粗不宜细"，这是立法技术有限的情况下所作的权宜之计，认为应该先立法，今后再逐步完善相关法律法规，确保有法可依。所以无论是网络安全领域的立法，还是其他领域的立法，大多较为抽象模糊，存在大量原则性、概括性、宣示性的用语，难以有效指导执法行为。网信企业等要积极发挥主体防护意识，承担主体防护义务。[2]当时网络技术刚刚兴起不久，缺乏熟悉网络技术的专业技术人员，站在立法者的角度，制定抽象模糊的立法

---

[1] 邓崧、黄岚、马步涛："基于数据主权的数据跨境管理比较研究"，载《情报杂志》2021年第6期，第124页。

[2] 习近平："敏锐抓住信息化发展历史机遇 自主创新推进网络强国建设"，载《人民日报》2018年4月22日。

条文，虽然不利于执法活动的开展，但能够尽量减少立法中出现错误，还可以通过立法解释等方式，进一步阐明细化立法条文，以此开展补救措施。所以网络安全立法较为抽象模糊，即使制定了责任追究条款，规定了执法人员应该承担的法律责任，也可能因为条文过于抽象模糊而难以执行。

（三）行政执法追责意识还不够深入

正是因为长期以来执法领域盛行管理论，将行政主体与行政相对人置于不平等的地位，因而忽视了对执法人员的责任追究，导致有些执法人员采取不规范的执法方式，甚至出现了暴力执法的苗头，从而影响了执法目的的实现。党的十八大以来，随着从严治党理念的不断深入，以及国家监察体制改革等一系列改革措施的影响，行政机关的追责意识在不断强化，"重大决策终身追责"等举措正全面铺开，法律责任条款成为立法的重要组成部分。要从维护国家政治安全、文化安全、意识形态安全的高度，加强网络内容建设。[1] 法治政府、阳光政府、服务政府理念的提出，倡导依法行政合理行政，彻底改变了以往行政主体和行政相对人不对等的地位，为追究行政机关的执法责任提供了依据。法律之所以具有强制力和威慑力，主要是通过法律责任条款来反映，当前在网络安全立法领域，有些以专门的章节说明执法人员应该承担的责任，如《个人信息保护法》第七章，有些则通过若干条文具体描述执法人员出现哪些情形时，应该承担法律责任。

（四）长期以来行政执法监督乏力

网络安全属于国家安全的组成部分，相对于其他行政执法领域，具有一定的敏感性，因此，网络安全执法包含必要的封闭性，导致外界获取网络安全执法的信息相对有限，此时，必然影响外界对网络安全执法的监督力度。传统中执法机关的管理意识较为强烈，在缺乏外界监督的背景下，执法机关内部的监督机构也有可能失去监督力，削弱甚至丧失内部监督纠错的空间。另外，网络安全领域较强的专业性技术性，意味着监督网络安全执法具有较高的门槛，客观上排除了大多数公民参与监督。比如，在城市管理执法领域，大多数公民都可以参与监督，城管是否依法执法，执法行为是否合理，执法措施是否必要，公民凭借着生活常识可以做出基本的判断。网络安全执法领

---

[1] 习近平："推动媒体融合向纵深发展 巩固全党全国人民共同思想基础"，载《人民日报》2019年1月26日。

域则不同,有些执法问题或许可以凭借常识做出判断,但技术性较强的领域,则必须由相关部门做出鉴定之后,才能做出准确判断。有鉴于此,强化网络安全执法监督,既有赖执法机关内部形成强有力的监督约束机制,又依靠社会大众整体监督力量的加强,特别是那些具有一定网络安全知识的公民积极参与,后文将详细阐述。

四、网络安全执法人员力量不足

随着网络信息在生产、获取、传播、利用方面呈现的低成本化、低准入化等特点,网络生态安全风险问题层出不穷。[1]无论制度设计得如何科学完善,最终是由具体工作人员操作实施,网络执法陷入困境在很大程度上需要厘清执法人员本身的不足。从宏观层面来看,自1997年倡导依法治国以来,法治理念已经深入人心,特别是近二十多年来我国高等教育事业蓬勃发展,培养了一大批优秀的高校毕业生,充实进入各个执法岗位,执法人员的法治素养有了较大提升。然而,在网络安全执法领域,依然存在执法力量不足、综合素质还需提升的客观现状。

(一)网络安全执法领域专业技术人员较为稀缺

网络安全领域的若干基础概念尚未获得国际社会的共识,间接导致网络安全执法的自由裁量空间较大。毋庸置疑,网络安全执法领域的专业性十分突出,相关技术标准技术参数,需要大量精通网络技术的专业人员才能准确做出判断,稍有不慎,可能影响整个案件性质的认定。我国公务员大体上可以划分为综合管理类、行政执法类和专业技术类,大多数行政执法类公务员是法律、政治、财经等文科类毕业生,计算机专业的公务员主要属于专业技术类,所占比例不高,此种人员结构客观上导致我国网络安全执法领域的专业技术类人员较少,难以匹配当下高速增加的网络安全执法案件。另外,网络安全领域更新换代较为迅速,即使掌握了网络安全技术,倘若不能持续学习最新的网络安全知识,仅凭以往的工作经验亦难以做出准确的判断,所以该领域的专业精英总体十分稀缺。

(二)网络安全执法领域一线执法力量薄弱

当前我国网络安全执法部门的设置较为齐备,各个机构各司其职,在各

---

[1] 白文琳、周毅:"网络信息内容生态的安全风险治理行动及其转型",载《图书情报工作》2022年第5期,第24页。

自权限范围内相互配合。囿于行政机关编制总量,某种意义上非执法部门配备越多,一线执法力量的占比越小,其他的领导、决策、内勤等部门占据了很大一部分编制,导致投入一线的执法力量有所削弱。网络安全问题的爆发具有突然性,能够在极短时间内造成巨大的传播量,网络安全执法工作的性质决定了需要24小时不间断地开展执法,不能有一分一秒的松懈。一线执法工作人员是化解网络安全问题的排头兵,是整个执法领域最核心的力量,某些一线工作人员由于劳动强度过大,影响了身体健康乃至引发猝死,此类报道亦不绝于耳。大多数基层网络安全执法部门,长期面临人手不足的困境,一线执法人员不仅要开展日常的网络安全巡查工作,还要应对上级机关的检查,填写各种报表,额外承担了很多本职工作之外的事务,影响了专业技术能力的提升。然而,在科层管理体制下,基层网络安全执法人员面临的形势最为严峻,工作强度最大,网络安全的任何苗头都需要基层一线执法人员立即扑灭。因此,在网络安全执法部门总体编制不变的情况下,应该适度向一线执法部门倾斜,将一批综合素质高业务能力强身体健康的专业技术人员充实进一线执法部门。

(三) 网络安全执法工作人员素质参差不齐

虽然越来越多的高素质人才涌入网络安全执法部门,然而,这些人才并非平均分配,导致不同地方执法人员的素质参差不齐。另外,由于历史原因某些网络安全执法人员并非科班出身,综合素质还不够高。总体而言,在市场经济条件下,人才自由流动,中央以及经济发达地区网络安全执法部门,由于行政级别较高、经济效益较好,往往能够吸引大批优秀人才报考,而基层以及经济欠发达地区则正好相反,即使顺利录取参加工作,也很难留在当地长期服务。网络安全和信息化是事关国家安全和国家发展、事关广大人民群众工作生活的重大战略问题。[1]网络安全是全国性问题,不仅经济发达地区会出现,经济欠发达地区同样会出现,而且受经济实力造血功能的限制,一旦欠发达地区出现网络安全问题,所造成的危害反而更大。网络空间传播异常迅速,必须用整体思维看待网络安全问题,任何一个点出现差错,都有可能导致整个网络安全领域的重大危机,木桶原理十分匹配网络安全领

---

[1] 习近平:"总体布局统筹各方创新发展 努力把我国建设成为网络强国",载《人民日报》2014年2月28日。

域。因此，为了增加欠发达地区对优秀人才的吸引力，应该从政策层面给予帮扶，在经济待遇方面适当提高补助，确保基层欠发达地区也能配备高素质的网络安全执法人员。同时，还应该积极强化培训学习，加强执法经验交流，扩大基层人员的上升渠道，缩小不同地域不同级别之间执法人员的素质差异。

五、网络安全执法公众参与力度不够

网络意识形态安全是国家意识形态安全的核心组成部分，是建设网络强国的重要支撑。[1]随着我国行政执法理念的不断优化，呈现出从行政机关单方面执法，到行政相对人参与执法，以及目前的合作治理模式，总体而言，行政相对人参与行政执法的广度和深度不断扩展，公众的意见越来越受重视。在网络安全执法领域，公众参与执法的程度普遍比不上其他领域，间接导致网络安全领域行政执法效果不彰。

（一）网络安全案件的封闭性妨碍公众获取信息

毋庸置疑，网络安全属于国家安全的重要组成部分，网络安全案件信息的泄露极有可能影响到政治、经济、文化方面的安全问题。网络安全问题是一个全球性的问题，我国也毫不例外。[2]一旦牵涉国家安全，势必采取更加严格的执法手段，强调执法的保密性。大多数网络安全案件的执法过程并未对社会公众公开，一般是获取案件线索之后，展开分析研判，确定采取何种执法手段，经过充分调查之后，再向社会公布处罚结果。如国家互联网信息办公室根据网络安全审查发现的问题和线索，依法对滴滴公司涉嫌违法行为进行立案调查，并于2021年7月21日直接向社会公布对滴滴公司处以人民币80.26亿元罚款。网络安全执法部门在发现线索后，立即开展调查，在此期间并未向社会公开滴滴公司被调查的情况，直到处罚决定作出之后，绝大多数公民才知晓滴滴公司涉嫌网络安全案件，引发滴滴公司股价暴跌。结合《个人信息保护法》的相关条文，头部网络平台是信息安全的重点规制对象，这些大型平台拥有较强的技术实力，甚至已经形成垄断，而一旦公开调查过程，

---

[1] 周培培、赵永明："新时代我国网络意识形态安全治理的实践理路"，载《南昌师范学院学报》2022年第3期，第23页。

[2] 习近平："在网络安全和信息化工作座谈会上的讲话"，载《人民日报》2016年4月26日。

则会引发社会震荡，反而妨碍了调查工作的顺利开展，因此，采取封闭的调查模式成为网络安全执法的常态模式。此时，公众难以知晓被调查对象，亦无法获知调查进展，更遑论积极参与执法，主动提供证据材料等。唯有协调与整合多元主体力量，才有可能使得现今日益集中化、封闭化的网络空间更加接近安全和自由的理想。[1]

（二）网络安全案件的隐蔽性增加了取证难度

网络空间属于虚拟空间，相对于传统社会结构，具有较强的隐蔽性。虚拟空间的安全问题，一般情况下不易被发现，发现之后亦存在取证困难等问题，导致不法分子经常借助网络的虚拟性，开展实质意义上的犯罪行为，网络并非法外之地，具有极强的警示意义。客观而言，在普通公民难以提供证据的情况下，网络安全问题被暴露，大多出现在执法机关查处之时。如前文提到的滴滴公司案件，滴滴公司在未明确告知乘客情况下，分析乘客出行意图信息539.76亿条、常驻城市信息15.38亿条、异地商务/异地旅游信息3.04亿条。滴滴公司实施的这些行为具有极强的隐蔽性，普通乘客难以知晓自身信息被泄露，即使有乘客发觉此类现象，滴滴公司也能够以出行安全出行便利为由收集此类信息。此类现象表明，仅凭社会公众的力量，一般难以发现隐蔽的网络安全问题，自然无法直接参与执法过程。在网络空间政治安全治理实践中，广泛的社会力量参与共治有其必要性。[2]除此之外，囿于各国网络安全政策的差异，以及网络黑客等不法分子妄图逃避制裁，逐渐形成了更加隐秘的暗网空间，暗网的存在加剧了网络安全现象的隐蔽性，暗网等虚拟空间游离于世界各国的执法力量之外，成为危害国家安全刑事犯罪的温床，而暗网内的网络安全问题，从技术层面限制了普通公民的介入。

（三）网络安全案件的技术性排除了公众介入

网络安全案件的门槛较高，普通公民如果缺乏网络安全技术知识，则难以判断是否存在网络安全现象。虽然网络安全执法部门主观上并未限制普通公民积极参与网络安全执法，但案件的技术性、隐秘性天然排除了普通公民的介入。从行政执法公开的角度，以及加强对网络安全执法部门监督的视角

---

[1] 郭春镇、张慧："我国网络安全法治中的国家能力研究"，载《江海学刊》2021年第1期，第65页。

[2] 唐庆鹏："网络空间政治安全的社会共治：逻辑、困境及进路"，载《理论与改革》2022年第1期，第143页。

来看，适度扩大网络安全案件的公民参与，为公民参与提供更广泛便捷的渠道应该成为未来的发展趋势。习近平总书记倡导总体国家安全观，并注重发挥人民群众在维护国家安全中的重要作用。核心技术是网络安全治理的物质前提与基础保障，人民群众是网络安全治理的主体。[1]国家安全人人有责，每一个公民都负有维护国家安全的义务，网络安全属于国家安全的一部分，广大公民应该积极参与网络安全建设。我国公民自小接受爱国主义教育，绝大多数社会公众具有朴素的国家安全意识，他们主动上报可能存在的危害国家安全的线索，并且不求回报，网络安全执法部门则应该充分利用公众的热情，创造条件降低门槛，让尽可能多的公民能够参与网络安全执法活动。倘若仅仅依靠网络安全执法部门在日常排查中发现案件线索，显然效率较低，只有与社会公众积极合作，发挥集体优势，才能够便捷快速地发现网络安全线索，将其扑灭在萌芽状态。当前越来越多的公民具有网络安全基础知识，许多计算机专业的毕业生进入社会各行各业，他们利用专业知识能够在日常生活中发现许多行政机关难以发掘的线索。充分发挥社会公众的潜在力量，共同编制网络安全之网，应该成为未来网络安全执法的发展方向。

第三节　网络安全技术领域的困境

网络诞生于信息技术快速发展的时代，网络空间同样也是信息技术空间，缺乏信息技术的支撑，网络安全必然难以实现。网络技术的差异，为网络技术强国侵犯损害他国的网络空间主权提供了便捷的渠道，这种侵犯极有可能是悄无声息的，而且难以采取反制措施，倘若一国的网络安全技术与其他国家相距甚远，则无法维护自身网络空间的独立性。广为人知的网络巨头，如微软、脸书、推特等，无一不是行业顶端的信息技术公司。经过几十年培育发展，我国的网络技术已经取得了长足进步，在很多方面甚至具备世界领先水平，然而，从整体来看，我国的网络技术距离美国等网络技术强国还有一定距离，在一些核心技术层面仍然需要继续完善突破。网络空间面临的国际竞争激烈、协同治理经验不足、数据安全问题凸显等一系列挑战，使得我国

---

[1] 吴姗、王让新：" 习近平总书记关于网络安全重要论述的科学内涵探析"，载《毛泽东思想研究》2021年第2期，第48页。

网络安全治理形势严峻。[1]以往我国网络安全核心技术供给不足,开发机制不畅,缺乏分级管理,研发人员紧缺等不利因素,都限制了网络安全技术的发展进步,有必要厘清根源,有的放矢,逐一化解上述网络安全技术领域的困境。

一、网络安全核心技术供给不足

中国网络安全产业经过 30 年的发展,呈现出产业规模迅速扩张、产品供给丰富多样、政策支持持续加强的良好发展态势。[2]网络空间的形成是网络技术快速发展带来的产物,网络技术支撑着网络空间的存续,网络技术的进步将扩展网络空间的范围,同时,为网络空间的管理带来挑战和机遇。总体而言,我国有必要持续强化网络安全技术的创新发展,占领网络安全技术的制高点,构建适合国情的网络安全防御机制,如此,方能在网络空间内有效维护主权,否则,网络空间主权就可能被网络霸权主义国家侵蚀。

(一)网络安全核心技术研发起步较晚

由于历史原因我国网络安全技术研发起步较晚,而且网络技术的发展始终面临某些国家的封锁制裁,伴随国家重视程度的逐渐提升、相关科研人员的不断努力,在某些技术层面实现了弯道超车,如以华为为代表的科技企业,在 5G 技术方面独领风骚,积极参与 5G 标准的制定,华为的异军突起亦受到了美国的打压,引发了对华为的技术制裁。美国早在第二次世界大战后期就开始研发网络技术,建立了较为先进的网络技术产品生产流程,美国硅谷成为绝大多数网络巨头的集聚地,当前众多核心网络技术基本掌握在美国及其盟友手中。当下我国在网络安全核心技术供给方面仍然不足,关键在于缺乏某些核心产品。网络技术核心产品包含的范围较为广泛,其中最重要以及当下我国最紧缺的产品莫过于芯片。芯片是网络科技的重要产物,大到火箭、飞机、卫星,小到电脑、手机、遥控器等,内部结构无一例外都需要各种型号的芯片,芯片也是网络技术领域的"卡脖子"产品。网络平台组织了新的生

---

[1] 宋瑞娟:"大数据时代我国网络安全治理:特征、挑战及应对",载《中州学刊》2021 年第 11 期,第 162 页。

[2] 张卓群:"中国网络安全产业发展态势及对策研究",载《北京工业大学学报(社会科学版)》2022 年第 3 期,第 75 页。

产力,掌控海量关键生产要素,是数字经济的主导力量。[1]

美国总统拜登于 2022 年 8 月 9 日签署《芯片与科学法案》,对美国半导体行业的发展给予补贴和激励,法案签署之后将为美国半导体的研究和生产提供约 520 亿美元的政府补贴,并计划在十年内拨款 2000 亿美元,促使美国加大芯片行业的科学研究。[2]自中美贸易战之后,美国开始不遗余力地打压我国的芯片企业。光刻机是制造芯片的核心装备,美国始终阻挠荷兰向我国出口先进的光刻机。以上种种事实表明,美国在大力开发研究芯片时,还通过一系列外交手段妨碍我国芯片行业的发展,拖慢我国在网络安全技术方面的进步。网络领域的竞争是一场没有硝烟的战场,美国所采取的诸多措施客观上已经对我国的网络安全造成了重大威胁,一旦网络安全的规则和技术标准被美国所掌握,不言而喻,将对我国的网络行业造成重大不利影响。

(二) 网络安全核心技术研发保障不够

网络安全核心技术的供给不足必将影响整体网络安全的态势,为了有效化解潜在的风险,我国应该未雨绸缪,从政策层面加大扶持力度,持续强化网络信息技术研发。现有立法明确了网络技术的重要性,如《网络安全法》第 3 条明确规定:"国家坚持网络安全与信息化发展并重……鼓励网络技术创新和应用……提高网络安全保护能力。"我国早已意识到网络安全与网络技术的密切关联,将网络安全与信息化发展放在同等重要的位置,通过信息技术的发展来推动网络安全建设。这为我国网络安全指明了方向,也为信息化技术的应用提供了舞台,有必要将信息产品的研发与维护网络安全紧密联系起来。如疫情期间备受瞩目的人脸识别系统,有公民认为人脸识别系统有可能侵犯个人隐私,甚至造成个人生物信息的泄露,从而危害公民的安全。上述担忧不无道理,但还应该看到生物识别系统进步的一面,通过技术层面的调整、制度层面的规范,这些风险是可以掌控的,且生物识别技术是先进的网络信息技术,从技术层面而言,发展生物识别技术是值得提倡鼓励的。网络强国战略下的意识形态安全治理应当以技术治理直击要害、以法律治理筑牢防

---

[1] 蔡艺生、杨帆:"总体国家安全观视域下的网络平台治理探讨",载《广西警察学院学报》2021 年第 5 期,第 86 页。

[2] "拜登正式签署'芯片法案'!",载 https://www.sohu.com/a/576112103_121124362,最后访问日期:2022 年 8 月 12 日。

线。[1]

网络安全技术关联重大，牵一发而动全身，网络安全的核心技术应该牢牢掌握在自己手中。中华民族有艰苦奋斗、自力更生的传统，自新中国成立以来，在面临西方国家全面封锁的情况下，依靠自身努力，依然取得了许多重大科技突破，完成了原子弹、氢弹等武器的研制。2020年8月国务院印发《新时期促进集成电路产业和软件产业高质量发展的若干政策》，提供了多种优惠扶持政策，为芯片等信息技术行业的发展助力。国内众多知名企业相继投入巨资，加强芯片研发工作，比如阿里巴巴、华为、中兴等组建了大规模的芯片研发中心，防止核心产品受制于人的困境再次出现。

网络空间具有开放性和跨国性的特点，坚持自主创新并非一味地排斥交流闭门造车，还应该积极开展国际合作，全球化是时代潮流，虽然当下出现了一些"逆全球化"的杂音，但国际社会的交流合作仍然是大趋势，逐步形成了全球统一的大市场。正确认识自主创新和国际合作的关系，有助于加速网络科技的发展，二者不可偏废，网络领域集中了众多高科技企业，这些企业各有所长，应该积极鼓励合作取长补短，来推动我国网络核心技术的进步，尽快弥补技术层面的短板。从观念深化、技术超越和制度完善三个角度实现网络空间的转型升级，打造出既安全又严密的网络堡垒。[2]《数据安全法》第11条集中表明了我国对待国际合作的态度，强调"积极开展数据安全治理、数据开发利用等领域的国际交流与合作"。网络空间的跨国性表明，凭借一国的科技实力，很难在所有网络技术领域独占鳌头，适时加入国际分工体系，能够发挥比较优势，通过合作共赢的方式实现技术突破。

二、网络安全技术研发机制不畅

国家"十四五"规划纲要中"网络安全"出现14次，发展网络安全产业已成为建设数字中国战略的重中之重。[3]网络安全核心技术供应不足既是

---

[1] 杨馥萌、刘亚娜：“网络强国战略下意识形态安全新态势与治理策略”，载《学术探索》2021年第10期，第22页。

[2] 余丽、周旭磊：“技术嵌入：网络空间个体隐私安全体系的建构理路——基于观念、技术与制度的分析框架”，载《河南师范大学学报（哲学社会科学版）》2022年第3期，第58页。

[3] 薛秀茹：“数字经济时代网络安全产业高质量发展研究”，载《哈尔滨师范大学社会科学学报》2022年第2期，第65页。

当下网络安全困境的客观表现,又是一系列因素共同作用的结果,从源头来看,网络安全技术研发机制不畅是初始要素。网络安全与网络信息技术紧密相关,而网络技术研发机制直接决定了网络技术的后续发展进程,信息企业的快速发展,大多得益于研发领域取得的重大突破,比如苹果手机自诞生以来受到世界各地用户的广泛青睐,引发了手机领域的科技革命,使我们真正进入了网络智能时代,智能手机领域的占有量稳居全球第一。苹果公司自创立伊始,十分重视产品的科技研发,每年提供大量研发经费用于产品的更新换代,每年都会推出一款新版本的苹果手机,与前一代产品相比,科技含量更加充足。与之相反的例子则是诺基亚公司,21世纪初诺基亚公司的手机占有量,稳居全球前三,后续则因为产品研发方向的失误,大量开发传统模式的手机,忽视了智能手机带来的网络信息革命,最终被淘汰出局,在当今手机市场的占有量无足轻重。由此可见,高科技产品研发事关企业的兴衰荣辱,甚至国家科技实力的优劣转化。以往我国网络安全技术产品研发不畅的原因分析:

(一)网络安全技术产品研发意识不强

很长时间以来,我国很多企业忽视了产品研发,缺乏研发意识。有些产品开始属于高科技产品,具有一定的科技优势,倘若后续技术研发不足,不长时间之后,可能被同类其他产品迎头赶上甚至超越。改革开放初期,通过国内的大市场来吸引外商投资,希望获取外商的资金和技术,这些政策在当时取得了较好的效果,助推了我国经济发展,特别是加入世贸组织之后,迎来了经济的再次腾飞。数据安全治理是一项复杂的系统工程,包含数据跨境流动监管、个人信息保护、平台内容治理等组成部分。[1]随着我国各类企业的发展壮大,仅仅通过开放市场来获取技术显然已经行不通了,而且外商大多不会将真正的核心技术转让给中方,以免培养出强大的竞争对手。网络技术领域集中了大量科技要素,许多敏感技术属于军民两用,西方国家严格管控,严禁此类技术流入中国企业。网络技术备受各国重视,欧美各国普遍采取各项措施来扶持本国的网络技术企业,2022年2月8日欧盟公布《芯片法案》,加大对芯片企业的支持。网络领域的高科技属于各个国家的撒手锏,各

---

[1] 范玉吉、张潇:"数据安全治理的模式变迁、选择与进路",载《电子政务》2022年第4期,第114页。

国都不会为了经济利益而丧失核心技术的主导权。如作为苹果公司最大的海外市场，苹果公司在中国投资了数个大型代工厂，这些代工厂只能简单地组装加工，并不能接触真正的研发环节，属于产业链的中低端。由此可见，只有强化研发意识，加强自主创新，才能真正攻克科技难题，取得技术领先，以往期待通过市场换取技术的思路，在网络安全领域已经行不通。

（二）网络安全技术产品研发投入不足

网络安全产业是维护国家网络空间安全、保障信息社会健康发展的基础和重要力量。[1]正是因为我国大多数企业的研发意识不够强，导致很多企业的研发投入明显不足，从纵向维度比较，与同类型欧美企业相比，我国企业研发投入占比较低。许多企业不愿意在研发方面加大投入，重要原因在于研发成功的概率并不高，研发实质是创新试错，正如爱迪生为了发明电灯，实验了上百种材料作为灯丝，最终才成功发明电灯。网络技术领域的研发需要大量的资金投入，比如芯片企业，更新换代极为频繁，甚至一年之内就可以推出多种新型产品。我国大多数企业是改革开放以后成长起来的，与美国、欧盟信息领域的企业相比，依然存在底子薄的问题，导致这些企业没有太多的试错成本，与其在研发环节投入巨额资金，不如用这些资金购买先进技术，或者在销售服务环节加大投入等。再加上我国市场足够广大，导致有些企业即使不加强研发投入，也能够凭借较大的市场占有率获得利润，客观而言，世界500强企业的中国公司，大多是垄断性企业，如石油、银行等，这些企业的科技要素并不突出。当前网络安全领域的竞争空前激烈，美国、欧盟、日本、韩国等，都在大力扶持芯片行业，而且国际形势趋于紧张，特别是中美贸易战之后，希望通过购买的方式获得先进的网络技术难度可想而知。

（三）网络安全技术产品研发主体分散

我国的网络技术研发主体较为分散，包括企业、科研机构、高等院校等。我国公有制的经济体制决定了除企业之外，还有其他社会力量参与科技创新，这本应该成为我国网络安全领域发展进步的助力，充分发挥集中力量办大事的制度优势。然而，网络安全领域属于技术密集型和资本密集型，需要尽可能集中力量突破核心技术，如果参与主体过多，反而造成了力量的分散。如

---

[1] 陈兴跃："中国网络安全产业发展阶段研究"，载《信息安全与通信保密》2019年第7期，第83页。

华为2021年的财报显示，2021年华为全年投入研发费用支出占全年营收的22%，高达1427亿元，比净利润1137亿元还要多出近300亿元。[1]我国公立单位的经费来自财政拨款，如此巨大的研发投入并非普通的科研机构或者高等院校能够承担，科研机构和高校即使有技术优势，前期也难以投入如此高昂的研发费用。反观发达国家，网络信息技术大多掌握在几家大公司手中。技术密集型和资本密集型的特征，客观上排除了中小企业进入网络信息领域，若干大企业集中人力优势，依托雄厚的资本，突破网络技术的研发，此种路径是发达国家大型网络信息企业快速崛起的必经之路。为应对安全新形势、新挑战，网络安全理念内涵、技术产品、产业格局等都将迎来关键变革。[2]因此，从未来网络安全技术的发展趋势来看，国家应该重点扶持几家大型的网络技术企业，通过税收减免、财政倾斜等方式，鼓励大型企业加大研发力度，实现技术突破。

三、网络安全技术领域缺乏分级

网络安全领域对技术要求较高，当下科技发展日新月异，何为高科技，相关标准也在不断调整中。以通讯领域为例，当前我国移动通信领域普遍使用5G网络，而6年前4G通讯网络是我国最先进的通信网络，因此，在网络安全技术迅猛发展的时代，有必要对网络安全技术领域进行分级，优化后续管理。

（一）缺乏网络技术安全等级标准

《个人信息保护法》将个人信息划分为敏感个人信息和一般个人信息，将生物识别、宗教信仰、特定身份、医疗健康、金融账户、行踪轨迹等信息列入敏感个人信息，采取严格的保护态度，只有取得个人的单独同意，方能够处理敏感个人信息。推进网络意识形态安全治理是营造风清气正网络空间的必然要求，是推进国家治理现代化的应有之义。[3]采取分级管理的模式，有

---

〔1〕 "华为：2021年净利润1137亿 同比大增75.9%！"，载 https://baijiahao.baidu.com/s?id=172856 8110492872127&wfr=spider&for=pc，最后访问日期：2022年8月12日。

〔2〕 谢玮、焦贝贝："网络安全发展形势分析与趋势展望"，载《通信世界》2022年第7期，第40页。

〔3〕 王永贵："推进网络意识形态安全治理现代化"，载《中国党政干部论坛》2022年第7期，第36页。

利于根据信息的敏感程度而适用宽严不同的管理标准,对于一般个人信息,采取普通保护程度即可,将有限的资源重点保护个人敏感信息。除了个人信息领域之外,其他网络安全领域亦可以采取类似的方式,分级分类划分,加强管理的针对性。网络技术分级分类管理,逐步成为世界各国通行的做法,如美国普遍将网络信息技术划分为不同的等级,特别是军事设备领域,并根据购买国与本国关系友好的程度,来判断该国能否购买某种等级的网络技术设备。较为遗憾的是,我国已有立法还未能专门针对网络技术设备划分安全等级,普遍采取统一标准设定,导致实际操作中可能存在先进网络安全技术泄露的风险。中国在5G技术上具有领先优势,但也存在缺乏5G安全整体评估、法律体系滞后、监管权责不清、主动性不足等问题。[1]为规范我国网络安全建设,确保网络安全技术的应用更加科学,应该逐步采取分级分类的管理模式。

虽然我国的网络信息设备同美国还有一定的距离,但从整体层面来讲,依然属于世界先进水平的行列,在某些领域甚至达到了世界第一的水平,如以华为公司为代表的网络通信设备制造商,掌握了5G若干核心技术,取得了大量专利。因此,虽然我国还需要积极借鉴吸收欧美发达国家的某些先进网络技术,但是我国领先的网络技术也需要加强保护防止泄露。在数字社会中,个人对自己所产生的数据和信息的控制显得力不从心。[2]美国早在1949年就联合西方国家设立了"巴黎统筹委员会",对包括我国在内的社会主义国家实施出口管制技术限制,虽然"巴统"在1994年宣告解散,但它所制定的禁运政策被后来的《瓦森纳协定》所继承,并延续至今,使我国在网络技术设备交易中受到不公平等待。在国际交往中,我国始终秉持平等互利、互惠互让的原则,与各国公平合理地开展贸易,自加入世贸组织以来,我国积极参与国际贸易,2008年进出口总额已经跃居世界第一,充分显示了世界各国对我国贸易政策的认可。

另外,按照国际公法领域的对等原则,欧美国家严格限制先进网络技术设备流向我国,划分了较为详细的网络设备安全标准,我国不得不采取必要

---

[1] 李鹏、朱军彪:"国际竞争视野下欧美5G安全政策的中国镜鉴",载《公安学研究》2021年第5期,第86页。

[2] 危红波:"我国数字社会风险治理责任分配",载《学术交流》2021年第10期,第131页。

的对等反制措施。因此，我国也可以将掌握的网络安全技术设备分级分类管理，在不违背世贸协定基本规则的前提下，限制将安全等级较高的网络技术设备输往那些不友好国家。网络安全技术设备的划分具有较强的专业性，需要通过专门技术标准测算，由于网络设备更新换代较为频繁，划分时需要具备一定的预见性。同时，还应该根据网络技术设备属于军用领域、民用领域或者军民两用领域，从而确定宽严不同的安全标准。总体而言，分级分类管理有利于我国明确掌握核心技术设备的重要程度，在保护知识产权维护国家利益的同时，防止全面禁止网络安全设备的出口，以免违反世贸组织的规则，减少不必要的摩擦纠纷。

（二）缺乏网络事件安全分类标准

运用先进技术提升网络空间政治安全风险的精准治理能力，强化不同组织间网络空间政治安全风险协同治理能力。[1]将网络安全设备划分为不同等级之后，还应该将网络安全事件划分为不同的安全等级，从而明确应该采取何种干预措施。如前所述，网络安全的内涵尚未取得国际共识，不同国家对网络安全问题采取不同的认定标准，即使国家内部，如何划分网络安全标准，亦存在争议。网络技术设备的分级分类着重从硬件层面予以划分，属于科技应用领域，除此之外，应对网络安全问题，还需要从软件方面，即网络事件的安全等级予以划分，从表面来看，此种划分并非纯技术领域的划分，然而，对于明晰网络安全技术的等级标准同样具有重要作用。进行网络信息内容安全风险识别和解构，是诊断网络信息内容治理重点和难点的有效途径。[2]网络安全事件发生之后，需要及时采取措施，防止危害风险扩大。然而，网络安全事件纷繁无比，如通过电信诈骗的方式骗取钱财，属于网络安全事件，在网上聚集恐怖分子，妄图推翻基层政权，也属于网络安全事件，显然，上述两种事件的影响力和危害程度有较大差别，所采取的解决方式明显不同，前者交由公安部门侦办即可解决，后者则应该迅速通知武警或者军队，必要时候还应该疏散当地群众，以免造成人员伤亡。

网络安全治理是一项涉及政府部门、网络平台、行业组织、企事业单位

---

〔1〕 吉鹏、许开轶："论网络空间政治安全风险的构成及其韧性治理"，载《理论导刊》2022年第3期，第78页。

〔2〕 王建亚、马榕培、周毅："网络信息内容安全风险：特征、演变及场景要素解构"，载《图书情报工作》2022年第5期，第13页。

和广大网民等多元治理主体及多种治理手段的复杂系统工程。[1]因此,采用必要的标准,将网络安全事件分级分类,有助于集中优势资源,化解网络安全事件。如果缺乏分级分类管理,采取同样的方式平均用力,则会陷入"大炮打蚊子"或者"杯水车薪"两种极端,均不利于网络安全事件的迅速平息。加强网络空间治理,既是防止西方敌对势力破坏的需要,也是增强社会主义意识形态影响力的需要。[2]另外,将网络安全事件分级分类,还能够与域外国家的网络安全政策横向对比,明确哪些网络安全事件被各国公认为将影响国家安全,有助于取得共识,加快网络安全领域的国际合作。比如,网络恐怖主义成为全人类的公敌,恐怖分子利用网络开展交流,具有隐蔽性,共同策划恐怖行动,在不同国家分步实施,最终完成恐怖袭击事件,此举显然会牵涉多个国家,需要各国加强网络安全领域的合作。

四、网络安全技术研发人才紧缺

网络安全技术领域陷入困境的根本原因在于网络安全技术人才的供给不足,技术层面的种种欠发达状态,关键在于人才培养的缺憾。虽然我国在网络科技领域取得了较大进步,但各个层级网络科技人才稀缺的问题始终存在。我国尤其缺少网络科技领军人才,于20世纪70、80年代出现了科技人才断层的问题,本应该在那个年代成长起来的网络科技人才,出现了长达十年的空窗期,缺乏科技领域"传帮带"的效果,造成老一辈专家在人才培养中缺位,使得这个年龄段的网络科技领军人才极度缺乏。当前,我国正积极培养80年代毕业的大学生肩负起领军人才的重担。

(一)良好研发环境的欠缺

网络技术人才的成长需要良好的研发环境。如前所述,网络技术研发需要大量资金的投入,同时面临失败的风险。以往我国经济实力还不强,人民刚刚解决温饱问题,缺乏足够的资金投入网络科技领域,技术研发中容错成本较少。随着经济实力的增强,对科研人员在研发中可能出现的失败应该增强包容性,以科学、理性的态度对待研发工作。以往我国网络科技的研发环

---

[1] 杨之恺、严玉慧:"公共网络安全治理体系的构建研究",载《中国管理信息化》2021年第14期,第178页。
[2] 谢晶仁:"网络空间治理能力提升的路径研究",载《湖南省社会主义学院学报》2022年第2期,第71页。

境还不够完善，存在一些功利主义的作风。如 2003 年 2 月上海交通大学微电子学院院长陈进宣称发明了"汉芯一号"芯片。"汉芯一号"在 2003 年 2 月 26 日举行了盛大的发布会，原信息产业部科技司司长、上海市副市长、上海科委、教委负责人悉数到场。[1]陈进借助"汉芯一号"申请了数十个科研项目，骗取了高达上亿元的科研基金，最终证明是一起科研造假事件。"汉芯一号"是从美国一家公司买回的芯片，雇人将芯片表面的原有标志用砂纸磨掉，然后加上"汉芯"标志"研制"而成。网络技术领域类似的事件远不止这一起，一些不法分子借助国家大力投入扶持芯片行业的契机，通过各种方式造假，甚至官商勾结骗取国家科研补助。这类事件严重损害了科技企业的信誉，破坏了原本单纯的研发环境，使得一部分专注科研的技术人员受到影响。良好研发环境的形成并非一朝一夕，需要全体网络科技从业人员齐心协力，经过多年的努力才能消弭以往事件造成的不利影响。既要着眼于诸种网络安全风险的防范，也要着眼于政治体系自身的积极建构。[2]

(二) 研发激励机制的不足

以往我国大多数企业整体上缺乏对科技研发的重视，即使能够开发出高科技产品，所能获得的物质回报也较为有限。改革开放以前注重精神奖励，强调奉献精神，著名科学家钱学森曾经戏言"搞导弹的不如卖茶叶蛋的"，以此凸显科研人员的待遇普遍不高。进入市场经济之后，人才的流动性大大加强，如果投入和回报不成正比，则可能引发网络科技人员离职，甚至前往国外大公司就职。随着国家整体经济实力的增强，当下各个企业越来越重视科研人员的激励机制，纷纷开出高额薪水吸引优秀人才。这些人才的引进，客观上提升了企业的研发实力，有助于企业汇集优秀人才集中攻关"卡脖子"技术。如华为从 2019 年开始，已经招聘了 17 位年薪 100 万元以上的应届生，其中 5 人的年薪在 201 万元。[3]网络科技领域不仅技术更新非常频繁，人才换代的频率也很高，很多科研人员大约在 40 多岁时便已经进入研发暮年，有

---

[1] "'汉芯一号'造假事件：骗取 11 亿研发资金，让'中国芯'停滞 13 年"，载 https://view.inews.qq.com/a/20220206A07R2J00? startextras=0_ d7a6f700f967e&from=ampzkqw，2022 年 8 月 12 日最后访问。

[2] 刘远亮、虞崇胜："'双轮驱动'：推进网络政治安全能力建设的新路径"，载《中州学刊》2021 年第 6 期，第 14 页。

[3] "华为'天才少年'上热搜，毕业就拿百万年薪"，载 https://www.sohu.com/a/48 6419858_121154035，最后访问日期：2022 年 8 月 12 日。

些网络科技人员戏称该行业吃"青春饭",如果在50岁之前还不能留下足够的养老钱,老年生活将十分堪忧。在市场经济条件下,尊重知识、尊重人才,则应该给予人才适当的报酬,所以给予网络科技人员高额回报有助于真正吸引人才并留住年轻人,否则,在人才跨国流动日益频繁的背景下,高科技人才能够轻而易举地在发达国家同类企业获得更高的收入。

(三)人才培养制度的缺憾

有些网络科技领域的优秀人才遵循"学而优则仕"的传统路径,在技术层面取得突出成就之后,随即成为管理人才走向仕途。当然,并非要否定个人的发展路径选择,在管理领域同样能够为网络科技事业做出贡献,但走上管理岗位之后,投入在科研方面的时间精力将大幅减少,客观上不利于后续科研成果的产出。欧美国家在网络技术方面之所以处于世界领先地位,核心在于有一大批高素质的网络科技人才。美国硅谷的网络企业,不仅聚集了大量美国本土的网络尖端人才,还吸引了全世界(特别是中国、印度等地)的高科技人才。因此,要缩小我国在网络技术方面与世界先进水平的差距,关键在于培养一大批符合新时代要求的网络科技创新人才。[1]

以往我国高校在专业设计方面,还没有真正做到与市场接轨,有些专业毕业即意味着失业,则应该缩招此专业,有些专业的毕业生还未毕业时已经被公司预定,则应该扩招此专业。直到近些年,随着国家加大扶持网络科技行业,许多高校才开始提升网络科技专业的招生力度,但是学生从入校到毕业,直到成为企业的核心技术骨干需要较长的成长周期。总体来讲,应该继续强化高校专业设置的应用性,网络科技行业的人才需求量依然较大,还有较大增长空间。数字时代网络科技日新月异,区块链、大数据、云计算等层出不穷,高校在课程设置时应该多考虑课程与就业市场实际需求的关系,确保在校学习的知识能够很快被应用于实际工作。有些高校在人才培养课程设置方面则未能契合当下的实际需求,导致有些网络科技专业课程过于陈旧,甚至使用20世纪的教材,缺乏对新兴学科和交叉学科的敏感性,依然按照传统模式设置专业和课程。当前,学科划分越来越细,交叉学科挖掘出了不同学科的衔接点,有助于从综合交叉的视角探讨问题,与网络技术相关的交叉

―――――――――

[1] 杨晓强、李若瀚:"国际网络空间安全治理:困境、反思与对策",载《河南社会科学》2022年第6期,第101页。

学科明显增多。

第四节　网络安全面临的国际挑战

虽然我国认为网络空间具有国家主权的属性，缺乏国家强制力作为后盾，根本无法维护网络安全，但网络空间的开放性决定了维护网络安全的复杂性。我国作为新兴发展中国家又是网络大国，有必要梳理网络空间国际治理的各类矛盾和焦点。[1]囿于不同国家网络科技的差异，以及法治传统等影响，当前网络安全理念价值差异较大，缺乏统一、明确的网络安全国际规则，域外国家的网络霸权带来了诸多不利影响，网络安全监管的国际合作程度较低等。当前维护网络安全面临诸多国际挑战，网络空间的国际竞争日渐激烈。从短时间来看，国际社会很难形成一致的网络安全政策，网络安全面临的国际挑战持续存在，针对上述现状，我国有必要做好长远规划。

一、不同国家网络安全理念价值的差异

不同国家产生上述网络治理观点的原因，一方面根源于各国的法治理念，特别是针对网络安全的态度，有些国家自始至终秉持开放自由的态度，主张最大限度地利用网络带来的便利性，将网络安全摆在次要位置，有些国家则非常注重国家安全，认为只有在维护网络安全的前提下，才能利用网络信息。另一方面还在于不同国家的网络技术能力存在较大差别。发展中国家科技实力有限，无法凭借自身的网络技术能力来收集发达国家的网络信息，在网络安全博弈中，属于弱势的一方。

（一）网络主权观念存在冲突

网络空间治理作为全球治理的全新命题和重要领域，关系着全人类的命运。[2]世界范围内关于网络空间的属性仍然有不同主张，主要分为两种观点：一种观点认为，网络空间具有国家属性，在一国主权范围之内，具有排他性的管辖权力，广大发展中国家大多秉持该理念。另一种观点则认为，网络空

---

[1] 赵宏瑞、李树明：" 网络空间国际治理：现状、预判、应对"，载《广西社会科学》2021年第11期，第108页。

[2] 杨诗雨、桂畅旎：" 美国网络安全和基础设施安全局（CISA）网络安全漏洞治理政策分析"，载《中国信息安全》2022年第6期，第34页。

间具有国际属性，属于全球公共空间，一国不具有排他性的管辖权力，发达国家基本认可这一观点。网络空间已成为各国冲突的最前沿，网络空间安全已成为国际社会面临的最突出的挑战。[1]发达国家普遍具备先进的网络技术，且网络行为具有较强的隐蔽性，借助技术优势窃取发展中国家重要信息时，不易被察觉。两方的观点各有支持者，各方分别依据自己的理念制定网络空间安全政策，如此一来，交锋和冲突就难以避免。如2022年8月3日印度政府正式决定，从人民院（议会下院）撤回《2021年数据保护法案》。[2]在此之前，印度迟迟没有制定保护个人数据的法律，此次撤回法案将导致印度的个人信息数据仍然无法得到强有力的法律保护。印度政府撤回法案的行为得到了大型网络科技公司的支持，许多大型网络公司都反对该法案中关于个人信息保护的某些条文，这些条款给网络公司施加了严苛的保护义务。

由此可见，发展中国家担心跨国网络巨头利用技术优势过度收集本国公民的个人信息，并借助算法功能，推算出该国的经济情况，不仅会面临个人信息泄露的网络安全风险，甚至还会引发国家安全问题。然而，发展中国家由于网络技术能力有限，短期内难以产生有竞争力的网络科技企业，只能向跨国网络巨头妥协，在缺乏科技实力作支撑的情况下，广大发展中国家维护网络安全显得力不从心。这种冲突的背后，还隐藏着关于如何利用网络空间的问题，对于大型跨国网络巨头而言，自然是希望尽量充分利用网络空间，收集各种网络信息，发掘网络信息背后隐含的经济价值，在经济效益与信息保护之间，较为倾向经济效益。从网络主权的确立，到数据主权的确立，并不是理论演绎的结果，而是经历了一个国际博弈过程。[3]

(二) 网络安全政策认知存在差异

关于网络空间的不同认知，还将引发网络安全政策和管辖方面的冲突。如果承认网络空间属于国家主权，那么制定何种网络安全政策则属于本国的国内事务，其他国家一般不得干涉。不同国家对网络安全的认知程度并不相同，因此会采取宽严不同的网络安全标准。按照网络空间自由论的主张，只

---

〔1〕 王向阳：“网络空间治理的国际规范研究”，载《情报杂志》2021年第7期，第80页。

〔2〕 "印度政府从议会撤回数据保护法案"，载https://www.163.com/dy/article/HDV22Q4A0511AFKC.html，最后访问日期：2022年8月10日。

〔3〕 徐凤：“网络主权与数据主权的确立与维护”，载《北京社会科学》2022年第7期，第55页。

要当事人不明确反对，便可以收集各类个人信息，哪怕是敏感个人信息也不例外，其他国家则采取了不同的立法政策。根据我国《个人信息保护法》的规定，收集敏感个人信息必须经过当事人同意，因此收集敏感个人信息的标准更加严格，有助于防止敏感个人信息被非法使用。不同国家关于敏感信息的范围也有不同的认定，有些国家甚至将年龄、工作单位等都视为敏感个人信息。对风险和威胁的认知是网络安全治理的关键问题，是感知之后的重要阶段。[1]

网络安全政策层面的差异，不仅体现在法律条文之中，还可能引发管辖方面的争议。我国认为网络空间属于主权范围内的事项，排除域外国家的管辖，而有些国家（如美国）则认为网络空间属于全球公域，实施"长臂管辖"措施，在网络安全案件中，频繁干预其他国家正常的司法程序。各国在利益和规范性偏好方面始终存在分歧，尤其是就以国家主权为中心的网络空间治理问题难以达成共识。[2]美国的"长臂管辖"逐渐从司法领域扩展到执法领域，甚至立法领域，已经严重影响到了其他国家网络主权的行使。以网络空间司法领域的"长臂管辖"为例，美国首先扩大了国内法院的管辖权，采取"最低限度联系"标准，尽可能地扩大自身的管辖范围，赋予本国法院"对起诉时与管辖区域有联系的原被告的管辖权"。如某国针对跨国网络巨头开展司法诉讼，倘若该网络巨头属于美国公司，或者相关的网络数据收集、存储、分析、使用等环节与美国有关联，美国法院即认为自身同样具有管辖权。按照"最低限度联系"标准，在互联互通的网络时代背景下，大多数网络数据都可能与美国有关，美国法院几乎取得了对全球网络安全的管辖权。另外，按照美国网络安全的认知和信息利用的偏爱，美国会支持网络巨头的信息收集行为。毕竟，这些网络巨头总部大多位于美国，收集其他国家的公民信息，并不会影响美国的国家安全。

二、缺乏统一明确的网络安全国际规则

困局的主要成因在于国际社会成员对网络空间的安全焦虑、伦理担忧和

---

[1] 张涛："人工智能时代的网络安全治理机制变革"，载《河南工业大学学报（社会科学版）》2022年第2期，第77页。

[2] 唐淑臣、于龙："探索构建网络空间国际治理格局的实践与展望"，载《中国信息安全》2022年第4期，第70页。

利益冲突。[1]网络空间作为一个新兴的领域,在理论认知和实践运行方面,不同国家的政策方针并不相同,从而缺乏成熟、统一的网络安全国际规则。

(一) 网络信息领域竞争激烈妨碍了话语权统一

网络的快速发展促使人类进入了数字时代,全人类普遍意识到了数字时代与传统社会的差异。未来科技、经济领域的竞争,极大可能集中在网络信息技术领域,所以世界各国均不遗余力地大力发展网络科技产业。以美国为例,其仍然在不遗余力地扶持本国的网络科技企业,加大各种政策和资金援助。早在2011年奥巴马政府就发布并逐步实施"先进制造业伙伴计划"(简称AMP计划),逐步搭建"国家制造业创新网络",包含网络信息系统、大数据分析、网络信息安全、云计算等网络科技核心技术。2018年特朗普政府基于美国在工业和信息产业的全面优势,顺势提出了"5G Fast"战略,旨在尽快实现网络的更新升级,并发布《美国先进制造业领导战略》,明确了15个重点发展的网络技术方向,这为美国互联网市场提供了良好的政策环境。2022年8月拜登政府正式签署《芯片与科学法案》,准备提供大约527亿美元的专项资金补贴美国半导体产业,还将向在美国投资半导体工厂的企业提供25%的税收抵免优惠政策,这是美国迄今为止针对网络技术产业最大的一笔投资。除此之外,欧盟、日本等网络技术先进国家,也采取了不同力度的支持政策,以协助本国网络技术的升级换代。

我国同样意识到了网络科技领域的激烈竞争,并从宏观层面制定了长远规划。早在2016年"十三五"规划中就明确提出"互联网+"产业的概念,推动与互联网相关的行业蓬勃发展,互联网产业成了"十三五"规划期间的重点发展产业。2021年"十四五"规划明确发展以下重点产业,如数字经济、云计算、大数据等,这些新兴科技均立足于网络技术。另外,还从微观层面大力支持华为、中兴、中芯国际等有实力的网络科技企业,努力开展研发创新,积极参与国际竞争。各个国家都希望在网络信息技术占据领先地位,推动经济的转型升级,在竞争如此激烈的背景下,短期内各国将关注于自身网络科技实力的提升,以便在后续网络安全国际规则制定中掌握充足的话语权。随着网络安全标准化在国内与国际层面的双重推进,国际网络安全标准

---

[1] 杨晓强、李若瀚:"国际网络空间安全治理:困境、反思与对策",载《河南社会科学》2022年第6期,第101页。

制定话语权逐渐成了各国竞争的对象。[1]

(二) 不同国家的网络安全理念差异较大

从大的方面来看,发达国家与发展中国家在网络安全领域存在严重分歧,前者倡导网络自由主义,否认网络主权,后者则坚持网络空间的国家属性,坚持网络主权,除此之外,发达国家和发展中国家内部并非"铁板一块",而是关注焦点不同。如虽然发达国家总体上坚持网络空间属于国际公域,但欧盟普遍反对美国关于网络信息的绝对自由流动,欧盟历史上有保护个人信息的传统,将个人信息视为隐私权的一部分,认为网络信息流通利用应该以公民个人信息受到保护为前提。另外,欧盟国家与美国相比,大型跨国网络巨头较少,所以基本上均反对美国的"长臂管辖"理论。对数据进行全球治理也将面对多种现实性挑战,包括国家理念差异导致治理碎片化。[2]发展中国家内部各个国家的发展水平差异较大,所掌握的网络技术不同,对网络空间主权的认识也有一定差异,如中国网络技术的整体实力基本达到了发达国家的标准,处于世界前列,而非洲某些国家的网络技术才刚刚起步,主要依靠外国支援。

以中国为代表的部分国家,坚决支持维护网络主权,反对其他国家干涉本国的网络安全政策,对公民个人信息采取严格保护的态度。中国愿与其他国家一道积极推进全球互联网安全治理体系变革,共同维护网络空间安全。[3]还有一些发展中国家在认可网络空间国家主权的同时,并未制定专门的与网络数据、个人信息相关的法律,准许或者默认跨国网络巨头收集本国的网络信息,以换取跨国网络巨头的技术和资金支持,推动本国网络技术的发展。因此,各国网络安全治理理念差异较大,短期内难以达成一致意见,某些争议将是持续性的,国际统一的网络安全规则的实现充满了未知。另外,当下还缺乏统一的网络安全国际协调机构,虽然各国均意识到了网络安全国际合作的重要性,为了加强网络安全的国际合作,目前有国际互联网大会、互联网安全论坛、全球数字经济大会等会议交流平台,但距离构建统一的网络安全国际协调机构依然有很长的路程。统一的国际机构能够提供各国交流协

---

[1] 林婧、陈奕青:"国际网络安全标准化之争的中国因应",载《北京邮电大学学报(社会科学版)》2021年第5期,第1页。

[2] 杨楠:"大国'数据战'与全球数据治理的前景",载《社会科学》2021年第7期,第44页。

[3] 马超:"论新时代中国在全球治理中的贡献",载《学习与探索》2022年第4期,第48页。

作的平台,充分吸收各国意见,逐步制定各国均能接受的国际规则,如世界贸易组织(WTO)的成立,大力推动了全球贸易的开展。网络安全领域缺乏统一国际机构的调整,无论在政策协调、技术交流,还是在对口合作等方面,必然面临较大的阻碍。

三、域外网络霸权主义带来的不利影响

我国始终坚持以"和平共处五项原则"为基础,深化与其他国家的外交关系。在国际交往中,有些国家奉行霸权主义政策,干涉其他国家内部事务,引发了世界绝大多数国家的反对,霸权主义的危害毋庸置疑。某些网络超级大国试图在网络空间复制霸权主义政策,利用技术优势,积极推行"长臂管辖",侵犯其他国家的网络主权,妨碍全球范围内网络安全的合作共赢。因此,各国应该坚决反对网络超级大国的霸权主义,同时反对跨国网络巨头的扩张政策。

(一) 网络超级大国推行霸权主义损害国家主权

网络安全事关国家主权安全和正常国际秩序的维护,网络风险的预防及网络自卫权的行使是近年来国际社会高度关注的问题。[1]世界互联网信息技术革命起源于美国,美国凭借"二战"时期形成的优势地位,积极研发互联网技术,并取得了巨大进步。从互联网诞生之日起,美国就具备了垄断优势地位。综合来看,当前美国是唯一的网络超级大国,具备先进的网络技术,拥有丰富的网络技术高端人才,构建了完整的网络基础设施,全球互联网的根服务器大多存储在美国。因此,美国是唯一有能力推行网络霸权主义的国家。事实上,美国当下采取的政策,正是为了继续垄断对先进网络技术的控制。近年来,美国政府采取了一系列中美网络脱钩措施,意在切断与中国的网络联系。[2]美国凭借自身超强的综合国力,正不断强化网络空间信息的流动,提升在网络核心科技方面的优势地位,逐步按照自己的意图实现对全球网络空间的塑造,进而将美国的标准和技术确立为全球通行的网络安全技术标准,妄图构造符合美国及其盟国的网络空间秩序,实质上是为了继续加强

---

[1] 袁泉、刘静:"网络自卫权行使的理论依据与建构",载《江西社会科学》2021年第6期,第210页。

[2] 李猛:"近年来美国网络脱钩战略的主要手段、态势分析及应对之策",载《中国信息安全》2021年第9期,第66页。

和维护美国在网络空间的霸主地位。

习近平总书记多次强调，我们要理直气壮地维护我国的网络空间主权，反对网络霸权主义。我国始终与广大发展中国家站在一起，反对网络超级大国推行霸权主义，干涉别国网络安全事务。发展中国家应该抛开成见、紧密团结，共同维护自身的网络安全。同时，还应该争取欧洲国家的支持。美国推行的网络霸权主义政策，不仅会危害广大发展中国家的利益，甚至还会侵犯其他发达国家的网络安全。如前所述，美国通过窃听德国、法国、荷兰等国政府官员的方式，获取相关国家的决策信息。倘若美国的网络霸权主义图谋得以实现，那么必将按照美国的标准制定网络安全国际准则，美国在网络空间的优势地位将再次加强，再也没有其他力量能够挑战美国的标准。美国通过"长臂管辖"，可以任意干涉其他国家的网络安全事务，世界其他国家将逐步沦为美国网络霸权的附庸，引发恶性循环。新时代我国网络意识形态安全面临重大风险，西方国家企图凭借互联网技术霸权和话语霸权西化和分化我国。[1]

（二）跨国网络巨头凭借垄断地位实施隐形干涉

绝大多数国家都能认识到网络霸权主义的危害，反对网络超级大国的霸权主义政策，却较容易忽略跨国网络巨头的扩张政策。美国推行网络霸权主义，一方面是通过"长臂管辖"实施显性干涉，另一方面则是通过跨国网络巨头凭借垄断地位实施隐性干涉。"长臂管辖"直接侵犯他国的网络主权，较容易引起其他国家的警觉，受到大多数国家的抵制。跨国网络巨头通过垄断地位渐进式地推行扩张政策，所带来的危害不亚于"长臂管辖"，但通过跨国网络巨头的精心包装，这种扩张政策不易被觉察，并且还能够为发展中国家带来技术支持，因而未能引起足够重视。网络平台和企业等算法主体具有强大的资本和技术优势，能以较隐蔽的方式实现其商业意图。[2] 须知，绝大多数跨国网络巨头都集中在美国，微软、谷歌、推特等跨国网络巨头在各自领域实现了垄断地位，在某些情况下这些跨国网络巨头是美国实施网络霸权主义的媒介。如果美国的利益与其他国家的利益发生冲突，这些跨国网络巨

---

[1] 黄静婧：" 新时代我国网络意识形态安全治理路径探析"，载《文化创新比较研究》2022年第4期，第79页。

[2] 宋亚辉、陈荣昌："整体治理：算法风险治理的优化路径"，载《学习与实践》2022年第7期，第35页。

头毫无疑问会选择维护美国的国家利益。数据不仅关涉个人权益，更是国家的一种基础性生产要素和战略性资源。[1]

美国的研发体制与我国不同，先进科技产品主要由公司研发，故美国所享有的先进网络技术，主要掌握在上述跨国网络巨头手中。跨国网络巨头凭借技术优势实现垄断地位，迫使广大发展中国家不得不使用跨国网络巨头提供的技术，从而导致本国的网络信息被跨国网络巨头所掌握。美国正通过收集别国的各类信息，逐步实现霸权主义政策。所以，某些国家认为跨国网络巨头主要是为了获取经济利益并不会对网络安全造成危害的观点显然是站不住脚的，有些危害行为始终不易被觉察。另外，美国也有必要密切关注跨国网络巨头的行为，跨国网络巨头不仅可以收集其他国家的网络信息，同样也可以收集美国的网络信息，稍有不慎，美国便有可能被跨国网络巨头的扩张政策所反噬。大数据时代"得数据者得天下"，特别是在全球一体化进程不断深化的当下。[2]因此，网络大国与跨国网络巨头之间是既相互合作，又相互牵制的关系。抵制跨国网络巨头的扩张主义政策，关键在于反垄断，防止跨国网络巨头通过技术优势获取垄断地位，除了需要从贸易公平的角度防止跨国网络巨头滥用优势地位之外，还应该形成公平竞争的市场环境，推动本国互联网企业的发展壮大。

四、网络安全治理的国际合作程度较低

网络空间的跨国属性，以及大多数国家对网络主权的维护，决定了网络空间治理必须通过国际合作，实现双赢的局面。当前，网络空间全球秩序生成，正在经历从安全主导转向安全与发展并重。[3]习近平总书记多次指出，加强国际合作在网络空间治理中的重要作用，为我国开展网络安全合作指明了方向。中国网络战略和治理制度的不断完善，将为全球网络善治贡献智慧。[4]然而，数字经济蓬勃发展，网络技术日新月异，当下网络安全治理的国际合

---

[1] 何邦武："数字法学视野下的网络空间治理"，载《中国法学》2022年第4期，第78页。

[2] 马晨、赵慧广："总体国家安全观视域下公安大数据安全治理的挑战与应对"，载《武警学院学报》2021年第12期，第52页。

[3] 王滢波、鲁传颖："网络空间全球秩序生成与中国贡献"，载《上海对外经贸大学学报》2022年第2期，第65页。

[4] 韩娜、杨念奔、石斌："美国智库对涉华网络安全议题的建构及启示"，载《情报杂志》2022年第7期，第37页。

作程度仍然偏低，主要有以下方面的原因：

（一）各国网络安全治理理念不同

网络空间领域的基础性问题仍然没能厘清，各国在网络空间的利益各有侧重，再加上各国网络安全技术的差异，以及对网络空间主权的态度不同，导致网络安全治理理念并不相同。开展国际合作的前提是取得相同或者相近的理念。比如，国际会议闭幕之后发表联合声明，即意味着参会国在某些方面取得了一致共识。网络空间领域作为一个新兴的领域，与传统较成熟的领域不同，有很多矛盾亟待化解，也会出现基础理论方面的争鸣。某些新兴权利（如体育权、环境权）到底属于基本权利还是普通权利，必然会引发较大争议。因为这些权利当下受到了越来越多的关注。如全球有40%的国家将环境权视为基本权利，并纳入宪法文本，这一比例在不断提升。我国在2018年修改《宪法》时，并未直接将环境权写入宪法，却将建设生态文明和美丽中国的理念纳入其中。由此可见，在网络空间初步兴起的阶段，网络安全治理理念存在一定差异属于正常现象，或者可以视为取得一致意见的必经阶段。伴随各个国家在网络技术领域的竞争交锋，经过长时间的沉淀，各国会逐步认识到加强网络技术合作的重要性。未来各国在网络技术层面的差异仍然会存在，但网络交流合作将更加频繁，有助于推动各国形成相同或基本相近的网络安全治理理念。

（二）缺乏统一的治理规则

各种因素的叠加影响使得全球网络安全环境变得更加不稳定，网络威胁来源和表现方式也呈现出新特点。[1]正因为各国网络安全治理理念的差异，再加上当前并未成立统一的网络安全国际组织，导致各个国家分别依据本国政策法律开展网络安全治理，形成了五花八门的网络安全治理规则。治理规则的不统一，一方面会带来成本的增加。跨国网络公司在不同国家需要遵守不同的网络安全规则，在某国可以收集公民的年龄、住址信息，在其他国家可能属于敏感个人信息，贸然收集此类信息会面临监管机构的处罚。如此一来，将极大提升跨国网络公司的成本，全在客观上阻碍网络信息技术的交流。另一方面还会引发管辖的冲突，造成法律适用的障碍。在某国属于危害网络

----

〔1〕唐岚："拜登政府网络安全体系四大架构分析"，载《中国信息安全》2021年第12期，第75页。

安全的行为，在另一些国家或地区则不属于，容易引发不同国家区域的争端。缺乏统一的网络安全治理规则，一旦被不法分子利用，便有可能成为逃避法律制裁的漏洞，导致正常社会秩序无法得到维护。

（三）网络治理技术存在差异

不同国家处在不同的发展阶段，网络技术水平有较大差异，网络技术领域属于科技密集型和资金密集型行业，既需要以先进的科技手段为基础，还需要投入大量的研发资金。显然，大多数发展中国家当前并不具备开发网络技术的能力。倘若不采取有效的帮扶措施，将面临差距继续扩大的风险。须知，即使制定了统一的网络治理国际准则，倘若合作方缺乏必要的网络技术手段，难以开展行之有效的网络安全执法，也有可能导致网络安全问题难以解决。当前，某些网络技术欠发达的国家，逐渐成了网络安全问题的重灾区，很大原因在于这些国家没有足够的能力和技术维护本国的网络安全，某些网络犯罪分子拥有比这些国家更先进的网络技术，能够轻而易举地逃脱制裁。因此，网络安全治理国际合作除了需要统一治理理念和治理规则之外，关键在于提升欠发达国家的网络技术能力，帮助这些国家构建稳定、安全的网络防御体系。全球结成网络空间命运共同体与世界人民关于美好生活的向往与追求密切相关，与全球社会的和平发展相辅相成。[1]如前所述，网络安全是国际问题，任何国际成员出现了短板都有可能引发国际性的网络安全事件。合作治理是网络安全领域的必由之路，也是发展中国家实现网络技术更新换代的有效路径，发展中国家除了依靠发达国家提供协助转让技术之外，还应该立足自身，制定长远规划，积极培养本国的网络精英。唯有拥有足够的网络技术人员，才能确保网络技术的研发创新，真正维护网络安全，以免受制于人。

---

[1] 司峥鸣、张国宏、赵来旭：“网络空间命运共同体：互联网治理理念全球传播的中国智慧”，载《内蒙古统战理论研究》2021年第6期，第47页。

第四章
域外网络安全治理法治保障的路径选择

建立和完善网络信息安全治理体系,是世界各国普遍关注的焦点问题。[1]"他山之石,可以攻玉",通过分析参考域外国家网络安全治理的路径选择,可以为我国网络安全治理提供参考借鉴。当然,各国国情不同,对网络空间性质的认定也有差异,国外网络安全治理的合理成分应该转化吸收,其中不符合我国网络安全现状的方面,则应该主动舍弃。主要发达国家抢占网络安全发展先机,在战略、法律、标准、创新、人才、基础设施等方面下定先手棋。[2]当前,美国是唯一的网络超级大国,其长远的政策规划、先进的网络技术、完善的网络基础设施建设等,都值得我们吸纳。欧盟的网络政策与美国有相似之处,但欧盟同样排斥网络霸权主义,主张网络领域的多边合作。同时,欧盟的网络人才培养制度别具特色。日本政府十分重视对网络技术的研发,并取得了较好的成绩,注重国家和网络平台的合作,形成政企合作的治理模式,在网络安全领域制定了较为严格的法律,强调对各种潜在网络安全问题的规制。

第一节 美国:技术领先的网络安全治理

毋庸置疑,美国拥有全球领先的网络技术,构建了十分发达的网络基础设施,制定了扩张性的网络政策。网络空间已经成为影响国家安全的重要因

---

[1] 周丽娜、陈晴:"国外网络信息安全治理体系现状及启示",载《社会治理》2020年第9期,第71页。

[2] 王石等:"世界主要国家网络安全战略研究及我国应对启示",载《网信军民融合》2021年第8期,第29页。

素,也是美国实现国家安全目标的重要政策领域。〔1〕美国主张网络空间的绝对自由,否认网络国家主权,强调网络信息不受限制地自由流通,实质是为了推行美国的网络霸权,攫取其他国家的网络安全信息。美国的网络治理模式,主要依靠美国先进的网络技术,在反对美国网络霸权主义时,技术层面值得我国参考借鉴。

一、美国网络安全治理概述

从历史层面追根溯源,美国是世界互联网的诞生地,网络的兴起以及前期取得的重大进步,大多与美国有着千丝万缕的联系。客观而言,美国为网络技术的发展奠定了基础。作为网络空间的引领者,美国牢牢掌握了全球互联网域名以及地址的分配和监管权力,全球互联网13台域名根服务器中的10台位于美国境内,总服务器也位于美国。

(一)重视网络安全顶层设计

美国是全球最早就网络安全问题规划、部署及推行系统化战略的国家。〔2〕自"二战"后期美国政府即开始投入巨资研发计算机技术,美国政府敏锐地意识到计算机信息技术将引领第三次科技革命,美国历届政府均采取了相同政策,鼓励网络技术研发,并将其作为国家战略决策付诸实施。在此背景下,网络技术创新突破喷涌而出,诞生了无数网络巨头,如微软公司、甲骨文公司、IBM公司等。得益于美国政府的精准判断,整个20世纪后半叶,美国的网络技术优势巨大,与其他国家相隔数代。20世纪80年代里根政府提出"星球大战"计划,依靠美国在网络信息技术领域的优势,试图引诱苏联在太空决战,最终迫使苏联不断加大国防军事领域的投入,加速了苏联解体。20世纪美国的网络政策十分成功,美国政府与网络巨头相互成就,政府的政策促进了网络巨头的兴起,并引领了网络技术进步的浪潮,反过来又推动了美国经济的快速发展,维护了美国的繁荣。美国是世界上第一个制定网络空间安全战略的国家,也是首个把网络空间安全战略作为国家安全战略组成部分的国家。〔3〕

---

〔1〕 蔡翠红、李娟:"美国亚太同盟体系中的网络安全合作",载《世界经济与政治》2018年第6期,第53页。

〔2〕 杨楠:"美国网络安全战略的攻防悖论",载《美国研究》2022年第2期,第84页。

〔3〕 刘彬、胡建伟:"美国网络空间安全战略发展演变分析",载《网络安全技术与应用》2022年第5期,第165页。

进入21世纪以后，网络信息技术的竞争日趋激烈，其他国家网络信息技术快速发展，特别是中国网络信息技术取得了飞速进步，美国在网络信息技术领域的优势有所减弱。美国为了继续维持垄断优势，加大了网络技术投入，制定了更多的扶持政策。布什政府于2003年制定了《国家网络空间安全战略》，于2008年颁布了《国家网络安全综合计划》等；奥巴马政府于2010年制定了《国家网络应急响应计划》，于2011年颁布了《网络空间国际战略》，于2012年通过了《美国网络行动策略》，于2013年实施了《增强关键基础设施的网络安全》等；特朗普政府则于2017年通过了《联邦网络安全人才战略》和《网络安全国家行动计划》等；拜登政府于2021年先后颁布了《2021联邦网络职员轮岗计划》《2021州与地方政府网络安全法案》《芯片与科学法案》等。我国须及时评估拜登政府网络安全战略调整带来的消极影响，妥善应对美国对华网络安全施压及挑战。[1]上述多项法案的实施，促使21世纪以来美国的网络安全战略逐渐清晰，通过垄断先进网络技术，借助网络人才优势，塑造符合美国利益的国际网络安全规则，逐步实现以美国为主导的、契合美国价值观的网络安全战略，以便实现攻防结合、网络震慑的霸权主义，借以输出美国的价值观，并获取经济利益。

（二）推行网络霸权主义政策

进入21世纪以后，美国的网络空间战略逐步清晰，核心是推行网络霸权主义政策。美国政府直接给我国贴上了"外国敌手"的标签，进而授权或开展了一系列对我国企业的限制或禁止措施。[2]美国通过垄断地位实施网络霸权主义：

第一，垄断国际互联网的制网权。美国在互联网兴起阶段具有绝对优势，这使美国掌握了国际互联网的制网权，犹如"达摩克利斯之剑"，始终高悬在其他国家头顶。美国凭借此种优势，可以瞬间屏蔽敌对国家的域名，将其排除在国际互联网之外，威胁他国的网络安全。虽然基于各种因素考量，美国不会轻易限制屏蔽其他国家的网络域名，但在2003年伊拉克战争时期，美国屏蔽过伊拉克的互联网域名，引发了伊拉克国内的网络瘫痪。因此，美国的

---

[1] 邢瑞利：《拜登政府网络安全战略的调整与中国应对》，载《中国矿业大学学报（社会科学版）》2021年第6期，第1页。

[2] 洪延青：《数据跨境流动的规则碎片化及中国应对》，载《行政法学研究》2022年第4期，第66页。

垄断地位，为其推行网络霸权奠定了基础。如果被美国视为敌对国家，那么该国的网络安全将时刻受到威胁，无法得到保障。网络瘫痪对任何国家而言都是难以承受的，堪称灭顶之灾，严重影响公民的正常生活。正因如此，国际社会普遍希望在美国之外安放更多的根服务器，以分散风险，并督促美国，不应将屏蔽互联网域名作为网络战争武器威胁其他国家。网络与美国霸权各要素的深度融合，使其成了美国霸权的新基石。[1]

第二，垄断网络信息核心技术。欧盟、中国、日本等组织或国家，或许在网络技术的某一方面具备领先地位，但综合实力仍然与美国相距甚远，美国的网络信息技术拥有整体的优势地位。如网络信息操作系统、搜索引擎、社交媒体等，美国的网络巨头基本处于垄断地位。例如，微软系统占有全球PC操作系统的90%以上，苹果操作系统和安卓操作系统几乎垄断了全球的智能手机，谷歌是全球最大的搜索引擎公司，脸书和推特是全球前两位的网络社交媒体，在某种意义上，全球网络生活都离不开美国网络巨头提供的技术支持。除此之外，美国还在芯片行业、半导体加工行业等网络技术方面具有得天独厚的优势。拜登总统在签署《芯片与科学法案》时公开宣传，芯片是由美国人发明的，希望美国在芯片行业永远保持领先地位。随着美国政府的大力扶持，可以预见，美国在网络信息核心技术的垄断优势在未来很长时间内都将难以被动摇。"以中国为主要战略竞争对手"的政策态度是一致的，美国对华供应链打击，预测将保持较长的时间。[2]

第三，垄断全球网络信息传播。自"二战"结束以来，美国始终希望垄断全球舆论，输出美国的价值观。20世纪美国通过传统媒体来影响全球信息舆论，如美国之音、《华盛顿邮报》《纽约时报》等。进入21世纪以后，网络已经成为全人类日常生活的重要组成部分，美国开始借助网络技术垄断全球的网络信息传播。英语是当前国际交往的主流语言，美国凭借语言优势，通过脸书、推特等网络社交平台，YouTube等网络视频平台，谷歌等网络搜索平台，逐步输出美国的价值观，通过潜移默化的影响，逐步改变其他国家传统的思维模式和价值观念。这种改变不仅有利于实现美国的经济利益，引导其

---

[1] 沈文辉、王梦帆：" 美国网络战略的调整与霸权护持模式的转型——兼论特朗普政府的网络战略"，载《美国研究》2022年第2期，第58页。

[2] 赵艺为、刘宏刚："美国国防供应链安全建设政策研究及我国应对举措建议"，载《情报杂志》2022年第5期，第40页。

他国家的公民接受喜爱美国的文化,向往美国的生活方式,还有助于实现美国的政治目的,引发其他国家的政权更迭,甚至爆发冲突内战。在全媒体时代,由于互联网的广泛应用,各种商业网站和自媒体平台多元化信息在网络快速传播。[1]

二、美国网络安全治理的主要特征

自网络空间诞生以来,美国始终一骑绝尘,这一地位的由来是多方面综合因素的效果。美国作为世界上最早成体系推动网络空间能力建设的国家,其网络空间软硬件、信息技术服务等均处于全球供应链顶端。[2]通过追根溯源地探究美国网络科技取得成功的原因,我国这样的后发国家能够借鉴其合理因素,有助于在网络技术领域实现"弯道超车"。美国网络治理的主要特征体现在以下方面:

(一)敏锐的网络空间意识

美国政府具有极其敏锐的网络空间意识,自网络科技诞生之日起,美国政府即预测其会引发新的科技革命,历届政府均实施雄心勃勃的网络政策。因此,把握时代机遇,精准预测网络科技在未来的主导地位,从宏观层面确保美国能够始终占据网络空间的制高点。在政府的大力扶持之下,相关网络科技公司蓬勃兴起,推动了数字经济时代的到来,美国数字经济占比已经超过了经济总量的一半,成了带动美国经济高速增长的引擎。倘若美国政府缺乏网络空间意识,或者在冷战背景下,仅将网络技术用作军事用途,可想而知,缺乏经济效益的反哺,必将削弱企业研发网络技术的热情,最终延缓网络科技的发展。美国政府将网络空间视为物理空间之外的虚拟空间,与陆、海、空并列,是一块亟待开发的处女地,在网络空间范围内大有可为,引发人类生活方式的改变,带来极大的经济利益。所以,美国始终坚持网络空间的"全球公域说",妄图凭借技术优势,垄断整个网络空间。网络空间不仅是美国追逐利益的场所,还能够推行美国的价值观,维护美国的全球霸权。由于网络安全问题与国家安全高度关联,网络安全一直是中美关系的焦点和

---

[1] 马朝霞:"网络安全治理体系建设对策研究",载《网络空间安全》2021年第Z5期,第6页。

[2] 颉靖、乔榕、张睿健:"美国网络空间国防工业能力发展分析",载《信息安全与通信保密》2022年第2期,第48页。

议题。[1]美国始终坚持网络空间的国际属性，倡导网络信息的绝对自由流通，并通过最低限度关联实施"长臂管辖"，否认他国的网络空间主权，实质上是妄图通过网络空间危害其他国家的国家安全，甚至颠覆他国政权。

（二）完备的网络基础设施

网络基础设施是网络技术运行的基础，缺乏优质的网络基础设施，先进的网络技术终将无用武之地，如同缺乏高速公路，时速再快的汽车也无法快速通行。美国政府十分注重网络基础设施建设，经过几十年的发展，早在2000年美国就建成了全球最大的网络基础设施，美国用户体验的网速始终是全球最快之一。美国的数据治理具备较为完整的"金字塔"式结构，包括国家战略层面的顶层设计、机构层面的中层衔接落实，以及基层环节的配套。[2]完备的网络基础设施为网络科技的发展奠定了基础，也是众多网络科技巨头发源于美国的重要原因。先进网络技术的研发试验离不开完备的网络基础设施，这是20世纪其他国家所不具备的优势。鉴于网络黑客攻击政府网站以及其他重要网站，除引发政府部门网站瘫痪之外，还可能导致其他重要部门，如军事、金融、交通、医疗等部门的瘫痪，严重影响公民的正常生活和国家安全。因此美国政府高度重视网络基础设施的防卫工作，制定了严密的防卫计划，强化风险评估，加强政企合作，逐步降低侵犯网络基础设施的风险。进入21世纪之后，特别是"9·11事件"之后，美国政府日益注重对网络基础设施的保护，小布什政府于2001年通过了《信息时代的关键基础设施保护法案》，总统亲自过问网络基础设施保护工作，并将其上升到国家战略层面加以保护。

（三）完整的网络安全立法

美国网络治理的重要特征是形成了完整的网络安全立法体系。客观而言，美国始终注重法治建设，具有深厚的法治传统。拜登政府执政以来的战略与政策，以优先维护美国自身网络安全为主线。[3]网络技术的进步虽然带来了经济的快速发展，方便了人们的生活，但同样为不法分子提供了更先进的犯

---

[1] 罗仙、张玲、胡春卉："2021年美国网络空间战略概览与分析"，载《信息安全与通信秘密》2022年第3期，第80页。

[2] 李益斌、刘洋："美国数据治理的现状、挑战和新应对"，载《中国信息安全》2022年第4期，第75页。

[3] 周宁南、李艳："拜登政府网络安全举措'落地'情况与发展态势评估"，载《中国信息安全》2022年第2期，第55页。

罪工具，使网络安全面临更大的挑战。截至目前，美国制定了一百多部关于网络安全的立法，包含联邦立法和州立法两个层次，构建了相对完善的网络安全立法体系，基本囊括了当下所有可能出现的网络安全事件。联邦层面注重站在整个国家的立场，从宏观视角规划网络安全建设。如美国早在1977年就制定了《联邦计算机系统保护法案》，1987年颁布了《计算机安全法案》，1997年通过了《加强计算机安全法案》等。上述法律注重从技术层面维护网络信息安全。我国20世纪90年代的网络安全立法借鉴了此种模式。美国政府以备忘录形式强调了网络安全研发三大主题，对网络安全相关项目的推进和资金保障给予优先考虑。[1]随后，美国政府在2010年制定了《网络安全法案》，2013年通过了《网络安全和美国竞争力法案》，2014年颁布了《联邦信息安全管理法案》等，除了关注传统计算机技术安全之外，还从整体层面规划网络安全，将计算机技术作为网络安全的一部分。同时，将网络安全与国家安全和国家竞争力结合起来。这与我国当前倡导的总体国家安全观，将网络安全视为国家安全的一部分，具有某种相似之处。除此之外，美国各个州结合实践特点，制定了较为丰富的涉及网络安全的法案，作为联邦网络安全法律体系的补充。

（四）高效的技术商业体制

美国网络安全技术的飞速发展，离不开高效的技术商业体制，美国十分注重对产品专利的保护，重视发掘科技产品的商业价值。美国政府仅限于从宏观层面指导网络行业的发展，一般不会干预网络企业的研发运营工作。美国公立科研机构在网络技术创新突破方面所做的贡献不如网络科技企业，美国的网络技术大多由众多先进的网络公司研发。这些公司研发出先进技术之后，通过强大的商业转化体系，能够迅速投入市场，获取巨额经济效益，反过来拥有足够的资金，用于下一轮的科技研发。苹果公司的运行模式充分体现了美国高效的技术商业体制，苹果公司创立于1976年，成立之初主要经营电脑业务，曾经取得过较大的成功，后来随着电脑领域的竞争越来越激烈，苹果公司开始注重智能手机领域的研发。苹果公司在2007年1月9日开始发售搭载独立研制的iOS操作系统的苹果手机，从而推动了智能手机时代的来

---

[1] 蔡伟霞、刘峰："美国国家安全局网络安全科学实验室建设的分析与思考"，载《中国信息安全》2022年第3期，第88页。

临,苹果操作系统成了与安卓并列的的智能手机操作系统,并迅速占领全球市场。之后,苹果公司专注于智能手机的科技研发,不仅完善了苹果操作系统,还在其他许多网络通信领域取得突破,引发了智能手机革命,苹果手机达到了每年更新换代一次的频率,赢得了许多年轻人的青睐。2022年1月4日苹果的市值第一次站上了3万亿美元的台阶,成了全球市值最高的科技公司。[1]

(五) 完善的人才培养体系

美国拥有当今世界最发达的教育体系,不仅在基础教育方面注重学生综合素质的提升,在高等教育方面亦独占鳌头。"常青藤联盟"集中了美国的一流名校,世界大学排名前500强的高校,大多位于美国。另外,美国各个高校在专业设置方面较为贴合市场需求,积极开设就业市场所需要的课程,且注重培养学生的创新意识,鼓励学生独立思考,积极锻炼学生的创造力。从建国至今,美国高等教育持续传承,中途没有中断,使得美国社会形成了强大的文化底蕴,注重科技创新。美国的大多数高校都开设了网络信息技术专业,拥有雄厚的师资力量,特别是临近硅谷的斯坦福大学,网络信息技术专业在全球首屈一指。客观而言,美国是全世界知识产权保护最严格的国家,整个国家较为尊重知识、尊重人才、尊重创新,能够提供优越的研发环境。除了美国大学培养众多网络信息技术人才之外,还通过给予优厚的待遇,提供全额奖学金,吸引其他国家的留学生和外国网络技术精英,留在美国参与研发工作。进入21世纪,美国知名的网络技术人才,外籍人士占比始终维持在50%左右。凭借强大的教育科研体系,美国成了世界上最大的科技人才流入国,借用全世界的智慧推动美国网络技术的发展。

三、美国网络安全治理对我国的启示

网络空间战略博弈是当前中美战略竞争激化的一个缩影,具有长期性、战略性与复合性。[2]我国倡导"网络命运共同体"理念,不会走网络霸权主义的扩张道路,美国在网络发展战略上与我国明显不同。然而,从美国网络

---

[1] "苹果公司市值超过3万亿美元",载 https://m.gmw.cn/baijia/2022-01/05/130275 0141.html,最后访问日期:2022年8月12日。

[2] 余丽、袁林林:"网络空间中美战略博弈态势、动因及未来走向",载《郑州大学学报(哲学社会科学版)》2021年第6期,第27页。

技术的发展,始终保持全球领先地位,到美国网络治理路径的选择,能够为我国带来有益的启示。总的来看,美国网络安全治理给我国的启示主要包括以下方面:

(一) 长远规划网络安全治理战略

从网络技术诞生之日起,美国政府即制定了较为清晰的网络发展战略,并结合实际,不断调整完善网络安全政策。时至今日,在清晰战略规划的指引下,美国不遗余力地输出自己的网络规则,妄图形成对美国有利的国际互联网规则。世界各国都把网络空间安全问题提升到国家战略层面,称之为国家安全问题。[1]虽然我国网络技术起步较晚,但近年来在很多方面已经取得了明显进步,成为名副其实的网络大国。当前,中美在网络核心技术领域的竞争日趋激烈,美国对我国开展各种技术限制。如2022年8月《芯片与科学法案》明确规定:"接受联邦补贴的公司在未来十年内将被限制在中国或任何其他令其担忧的外国进行任何重大交易,以扩大芯片制造产能。"[2]在国际形势趋于严峻的背景下,我国有必要长远规划网络安全治理战略,打破美国的技术封锁,确保我国网络信息技术的创新发展。未来网络安全战略,一方面应该立足于自身,通过自力更生取得技术突破;另一方面应该加强合作,在国际社会寻找潜在的合作伙伴,打破美国的技术封锁。如前所述,美国一直打压中国芯片行业的发展,但制造芯片的关键设备光刻机,大多由荷兰生产,虽然美国始终向荷兰施加压力,禁止荷兰向我国销售先进的光刻机,但荷兰政府依然顶住压力,正常开展对华光刻机贸易。由此可见,美国盟友的政策与美国并不一致,我国应该积极强化与欧盟的合作,以抵消美国技术封锁带来的不利影响。

(二) 牢牢掌握网络核心技术

美国掌握了众多网络核心技术,培育了众多网络科技巨头,网络安全治理国际规则的竞争,归根结底是网络技术的竞争,缺乏先进的网络技术,在国际规则制定中,必然缺乏足够的话语权,即使制定了有利的国际规则,亦难以从中获益。美国之所以秉持网络空间"全球公域说",关键在于美国拥有

---

[1] 马海群、王本刚:"中美网络安全思想比较研究",载《大学图书情报学刊》2022年第4期,第3页。

[2] "美芯片法案出台,中国芯片产业进入关键时刻",载 https://news.sina.com.cn/o/2022-08-12/doc-imizmscv5994795.shtml,2022年8月13日最后访问。

先进的网络技术,能够实施进攻性的网络政策。倘若美国的网络技术落后于其他国家,则无力实施扩张性网络政策,或许会认同网络空间国家主权的主张。结合美国高效的技术研发转换体系可知,美国网络核心技术研发主要由大型网络巨头承担。该模式值得我国深入思考,企业有追求效益的原始本能,而科技创新技术进步又能够推动企业获取巨额效益。优化我国的技术效益转化路径,激发企业创新研发的本能,既能促进企业成长壮大,又可实现网络技术的突破,逐步形成良性循环的研发机制。随着数字时代的演进,数据逐渐蜕变为一种国家战略性资源。[1]《芯片与科学法案》直接资助半导体企业,英特尔、通用公司等半导体巨头将获得巨额补助,我国应该积极扶持形成几个网络头部企业,逐步参与并主导网络技术国际标准的制定。

(三) 形成完备的网络安全法律体系

美国网络治理极为重视规则之治,联邦和州制定了众多网络安全立法,形成了完善的立法体系,确保网络安全事务通过法律的形式化解。我国倡导构建"网络命运共同体",积极推动网络安全领域的国际合作,主张尊重别国的网络空间主权。因此,我国网络安全立法在立法目的和管辖方式上与美国有较大差异,如我国不会实施"长臂管辖"原则。随着《网络安全法》等相关法律的出台,我国网络安全立法有了较大进步,但现有立法在技术层面依然较为薄弱。某些网络安全立法的条文过于模糊,缺乏明确的指导价值,已经不符合当前网络技术快速发展的实际。如计算机安全方面的技术规范显得过于陈旧,有必要结合当下的现实情况,在网络安全立法领域开展法律清理,实现网络安全治理的规范化、制度化、法治化。除此之外,其他问题也有待进一步改进,如网络安全立法较为分散,网络安全立法层级众多,法律法规之间存在重叠交叉,甚至相互矛盾的条文等。构建完善的网络安全立法体系,首先应该具备正确的网络安全立法理论,并明确网络安全立法目的。倘若立法目的出现了偏差,那么立法技术无论怎样优化,都难以收获预期效果。

(四) 增强网络信息传播能力

美国极为重视网络信息的传播,利用语言优势,借助垄断全球的网络社交平台,积极兜售美国的价值观,形成对美国有利的国际话语体系,能够以

---

[1] 张渝:"数据本地化措施兴起下国际投资保护规则的适用困境及其纾解",载《武大国际法评论》2021年第4期,第139页。

较小的成本，实现美国的政治经济目的。我国网络安全治理既要关注美国正面发起的挑战，打破美国的网络技术封锁，形成对我有利的网络安全国际规则，还需要留心美国从侧面施加的影响。美国等国家依托网络技术和智能化加速提升作战效能与优势，掌握网络空间主动权。[1]因此，我国有必要增强自身的网络信息传播能力。从宏观层面来看，积极在国际社会传播我国的政策主张。习近平总书记提出的"网络命运共同体"应该成为新时期国际互联网治理的重要原则之一，如同"和平共处五项原则"已经被世界各国广泛接受，随着时间的推移，"网络命运共同体"也会成为国际社会普遍认同的理念。从微观层面来看，借助我国的网络社交平台，努力传播中国声音，弘扬正能量精神，积极影响其他国家公民，使越来越多的外国友人了解中国、认可中国。网络空间形态丰富多彩，其竞争不亚于物理空间的竞争，如果放弃网络空间的话语权，丧失网络空间的信息传播能力，其不利影响将从网络空间蔓延到物理空间，整体上削弱我国的意识形态竞争力。

第二节 欧盟：独立自主的网络安全治理

欧盟作为全球最大的区域经济性组织，其网络治理政策动向往往具有风向标的作用。[2]欧盟拥有较为先进的网络安全技术，欧盟关于网络空间属性的认知，正在不断调整，以往追随美国否认网络空间的国家属性，现在欧盟不少国家主张认同网络主权，逐步摆脱对美国网络技术的依赖，构建欧盟独立的网络安全体系。随着近年来全球网络攻击事件的频繁发生，欧盟网络外交开始聚焦恶意网络活动的反应措施。[3]欧盟支持网络空间的多边主义，倡导网络安全合作。同时，欧盟非常重视网络技术人才的培养，初步形成了独立自主的网络安全治理模式。

一、欧盟网络安全治理概述

欧盟当下拥有27个正式成员国，欧盟正在不断加深成员内部的一体化，

---

〔1〕 唐岚："从网络空间军事行动新态势看网络安全的重要性"，载《人民论坛·学术前沿》2021年第10期，第90页。

〔2〕 余建川："欧盟网络安全建设的新近发展及对我国的启示——基于《欧盟数字十年网络安全战略》的分析"，载《情报杂志》2022年第3期，第87页。

〔3〕 张华："欧盟网络制裁机制的国际法透视"，载《欧洲研究》2020年第6期，第52页。

形成统一的欧洲市场。网络信息技术在未来很长的一段时间内,都将成为经济增长的重点领域,网络空间的激烈竞争,不仅表现在中美两国之间,美国与欧盟亦存在竞争,每个国家都希望抓住网络技术的制高点,在未来竞争中立于不败之地。欧盟的网络安全战略在疫情期间及其后产生了新动向,包括建设更有韧性的网络体系、提高阻止网络威胁的能力。[1] 近年来,欧盟十分重视数字网络建设。2020年,欧盟开始推动《数字市场法》和《数字服务法》的立法进程,加大力度规范网络空间。欧盟逐渐从宏观层面制定网络安全战略。2020年2月19日欧盟委员会发布了《欧洲数据战略》和《欧洲人工智能白皮书》,描绘未来欧盟要构建健康共通的数据空间。在网络空间领域大国博弈态势加剧背景下,欧盟调整网络空间战略,注重维护自身的网络空间主权。[2] 2020年12月16日,欧盟委员会和外交与安全政策联盟高级代表共同发布了最新的《欧盟数字十年的网络安全战略》,为未来十年欧洲数字领域的发展定下基调。通过上述一系列战略文件的发布,欧盟网络安全治理的战略规划已经十分清晰。总体来看包含以下方面:

(一) 大力发展数字经济,努力掌握网络核心技术

新冠肺炎疫情使欧盟国家、社会和经济体加快转型,社会各领域高速的数字化进程,突显了网络安全的重要地位。[3] 从欧盟发布的政策文件可以看出,欧盟深刻认识到网络技术革命引发的经济社会转型,积极推动传统经济模式向数字经济转型,希望抓住信息技术升级换代的机遇,努力实现数字经济增长。欧盟宏观经济发达程度不亚于美国,但网络信息技术起源于美国,使得美国在较长时间内保持了网络技术的垄断优势,数字经济规模大于欧盟。再加上欧盟内部经济发展水平不一,法国、德国等西欧国家经济十分发达,数字经济起步较早,而东欧和南欧的欧盟国家由于经济基础较薄弱,加之原东欧国家面临经济转型问题,故数字经济的应用还不够充分。欧盟作为欧洲一体化的重要载体,注重制定统一的政策,协助成员国发展。虽然欧盟内部

---

[1] 李舒沁:"欧盟网络安全战略新动向及其启示",载《网络安全技术与应用》2021年第7期,第175页。

[2] 鲁传颖、范郑杰:"欧盟网络空间战略调整与中欧网络空间合作的机遇",载《当代世界》2020年第8期,第52页。

[3] 孙频捷:"欧盟网络安全态势评估:挑战、政策与行动",载《中国信息安全》2021年第12期,第81页。

数字经济发展差别较大，但上述战略规划均强调大力发展数字经济。随着世界数字化进程的加深，欧盟跨境跨区域治理能力得以增强。[1]

欧盟发展数字经济，关键是掌握网络信息的核心技术，欧盟意识到没有先进的网络技术，则难以推进数字经济的持续发展。欧盟虽然在某些领域具有先进的网络技术，但从总体来看，欧盟在网络技术方面与美国存在差距。当前跨国网络巨头大多集中在美国，欧盟的网络科技公司还难以与美国的网络巨头相抗衡。欧盟当前的网络技术实力与欧盟的经济实力不相匹配，从宏观经济规模以及经济竞争力来看，欧盟和美国的差距并不明显，但在网络信息技术方面，即使是作为欧盟"领头羊"的法国和德国，依然与美国有较大差距，且这种差距在短期内恐难以弥补。欧盟网络安全战略核心目标是要求欧盟掌握网络核心技术，进而提出了"技术主权"的概念。欧盟是数据保护制度的标杆，也是数据主权的引领者。[2]显然，此战略目标是摆脱对美国网络技术的依赖，实现欧盟网络技术的独立，凸显了欧盟和美国网络政策的分歧以及欧盟内部的独立倾向。欧盟作为美国的盟友在较长时间内积极追随美国的网络政策，间接导致欧盟逐步沦为美国在网络安全领域的"跟班"，难以实现欧盟独立的价值利益。欧盟本身也成了美国网络霸权主义的受害者，深受"长臂管辖"之苦。欧盟将以网络安全、数字等领域为代表的科技安全视为欧盟整体安全的重要部分。[3]另外，近期曝光的美国窃听欧洲盟友事件，加深了欧盟的离心思潮，促使欧盟反思，必须建立独立自主的网络安全战略，而掌握先进的网络技术是形成独立网络安全政策的前提。欧盟各国准备在网络技术领域开展深度合作，采用分工负责、重点突破的方式，发挥欧盟的整体优势，期望在未来十年内实现网络科技的重大突破，培养出一批大型的网络科技企业，真正实现网络安全的"技术主权"。

（二）争取国际领导力，参与网络安全国际合作

欧盟的网络安全战略雄心勃勃，希望在实现网络领域"技术主权"的同

---

[1] 漆晨航："数字主权语境下欧盟信息迷雾治理研究"，载《情报理论与实践》2021年第9期，第75页。

[2] 漆晨航、陈刚："基于文本分析的欧盟数据主权战略审视及其启示"，载《情报杂志》2021年第8期，第95页。

[3] 肖轶："欧盟科技安全风险监测预警机制新动向"，载《全球科技经济瞭望》2022年第4期，第31页。

时，凭借自身雄厚的经济实力、先进的网络技术，积极谋取网络安全的领导力。网络威胁情报是欧盟遏制网络攻击、网络犯罪及建设安全智慧欧洲的重要工具。[1]欧盟属于经济发达地区，通过欧盟强有力的政策支持，加上法国、德国等国家在制造业领域的传统优势地位，以及欧洲良好的企业发展环境，未来欧盟的网络技术将迎来快速发展。在欧盟网络安全战略的指引下，欧盟的网络安全理念已经有了显著变化，不再盲目追随美国的政策，逐步认同网络主权的重要性，并积极构建自身的网络主权。同时，欧盟亦开始反对美国的网络霸权主义，希望平等参与网络空间治理。网络空间的跨国属性决定了国际合作在网络安全治理中的重要性，单独依靠某个国家完善网络安全体系，难度显然较大，欧盟以成员国内部的合作为基础，逐步加强与其他国家和地区的合作。"数字化转型"成了欧盟提升国际竞争力、实现可持续发展和战略自主的重要手段。[2]随着各个国家网络信息技术的进步，广大发展中国家维护网络主权意识的增强，个别网络超级大国妄图凭借技术优势来主导网络安全国际规则体系的难度越来越大，国际社会普遍要求各个成员都能够平等参与，兼顾各方利益。另外，从网络空间的跨国属性以及国际规则的形成来看，少数大国主导网络国际规则难以获得国际社会的普遍认同，合法性和实施性都将面临重大障碍。

所有国家都应该平等地参与网络安全国际规则的构建，通过互谅互让的国际合作，求同存异、减少分歧，尊重各国网络主权，塑造受到普遍欢迎的网络安全国际新秩序。欧盟通过输出数据治理理念抢占全球规则制定话语权，加强对数据主体权利保护。[3]因此，欧盟参与网络安全国际合作的态度，是顺应世界潮流的明智之举。另外，欧盟与我国的网络安全合作明显受到了美国的干预影响，属于有保留的合作，甚至在某些方面追随美国的技术限制策略，将我国定性为网络安全的战略竞争对手，既希望借助我国庞大的市场获取经济利益，又以网络安全受到威胁为理由，限制与我国的深度合作。欧盟

---

[1] 李留英："欧盟网络威胁情报共享进展及启示研究"，载《情报杂志》2021年第5期，第8页。

[2] 蔡翠红、张若扬：" '技术主权'和'数字主权'话语下的欧盟数字化转型战略"，载《国际政治研究》2022年第1期，第9页。

[3] 孔庆江、于华溢："数据立法域外适用现象及中国因应策略"，载《法学杂志》2020年第8期，第76页。

近年来在处理对华经济关系方面,"安全顾虑"明显增加。[1]比如,自从英国开始带头宣布禁用华为 5G 设备之后,瑞典政府也以"威胁国家安全"为由宣布禁止华为和中兴等中国企业参与 5G 网络建设,欧盟内部有越来越多的国家对华为 5G 设备开展审查,排除华为参与欧盟网络业务,实质上压缩了我国在网络技术领域与欧盟合作的空间。依据《外国直接投资审查条例》,欧盟有权对参与 5G 网络等关键基础设施投资的外商进行审查和定期监控。[2]中国和欧盟各有优势,原本可以通过相互合作取长补短,促进双方网络技术的转型升级,甚至打破美国的技术垄断。中欧网络技术合作,是互惠互利的,并非某一方单独获利。因此,从长远来看,欧盟应该及时调整对华国际合作的定位,排除其他势力对中欧合作的干扰,共同推动平等网络空间国际规则的形成。

二、欧盟网络安全治理的主要特征

近年来,国际环境发生了一系列改变,在疫情影响下欧盟网络安全面临许多新的挑战,欧盟各成员国开始结合当下实际,深入反思以往的网络安全战略。基于此,欧盟确立了大力发展数字经济、掌握网络主权的目标,对网络安全战略做出了大幅调整,所采取的治理政策与以往有重要差别。当前欧盟网络安全治理的主要特征体现在以下方面:

(一)明确网络安全的欧盟主导性

自"二战"结束以来,西欧国家与美国结成了密切的同盟,欧美之间在各个领域开展广泛合作,并通过组建北约,形成了共同的军事同盟,西欧国家无论是在国防安全领域,还是在高科技领域,都十分依赖美国。斯诺登曝光美国政府的窃听计划之后,欧洲国家深感震惊,难以想象视为依靠的盟友会窃听本国领导人,欧盟对美国的失望可想而知。自此,欧盟与美国之间的信任感迅速降低,欧盟内部的自主意识不断增强。如果核心网络技术始终依赖美国,那么欧盟的网络安全必将受制于人,美国的网络霸权主义会无差别攻击除美国之外的其他国家,欧盟也有可能成为继中国之后的又一个受害者。

另外,欧盟的"领头羊"法国和德国一直希望加快欧洲整合的步伐,早

---

[1] 刘兰芬、刘明礼:"欧盟对华经济合作中的'安全顾虑'",载《现代国际关系》2020 年第 10 期,第 27 页。

[2] 林美玉、王琦:"欧盟 5G 安全监管模式研究",载《信息通信技术与政策》2021 年第 5 期,第 62 页。

在冷战时期，法国和德国即希望将欧共体打造为美苏之外的第三极。因此，欧盟迟早会发展自己的技术力量，直至完全摆脱对美国的依赖。从宏观战略层面来看，当前网络安全领域竞争最为激烈的是中美两国，美国始终施压欧盟，妄图联合欧盟在网络安全领域对中国展开封锁。如前所述，中欧网络安全合作是互利共赢的，中国某些先进的网络通信技术，也能够提升欧盟整体的网络技术水平，且中国巨大的网络市场，对欧盟而言具有重要的吸引力。因此，欧盟虽然迫于美国的压力，逐步限制中欧之间的网络技术合作，但并没有完全摒弃与中国的合作，始终保留一定的合作渠道。站在欧盟的角度，其必须掌握先进的网络技术，通过"技术主权"的方式实现"网络主权"，进而独立自主地制定网络安全政策，才能维护欧盟的利益。

（二）强化欧盟内部的网络安全整合

虽然《欧盟数字十年的网络安全战略》的出台为欧盟网络技术发展确定了方向，但该战略的出台并非一帆风顺。战略出台前夕，各成员国依然存在较大分歧，甚至在核心的"技术主权"独立性方面也有不同看法。尽管欧盟已经出台了一系列网络安全标准，但实施这些标准通常耗时费力。[1]总的来看，战略的出台是各成员国相互妥协的产物，战略能否得到落实，主要依赖于法国和德国的执行力影响力。法国和德国坚决支持欧盟发展自身的网络技术，减少对美国的网络技术依赖，有些欧盟国家则主张继续强化与美国的合作，无须实现网络技术的独立。法国作为全球主要大国和欧盟的核心成员，近年来围绕维护"数字主权"、确保"数字安全"两大战略重心。[2]欧盟是超国家的共同体，欧盟27个成员国内部存在差异，法国、德国、荷兰、爱沙尼亚、芬兰等国的网络信息技术处于领先水平，奥地利、捷克、比利时等国的网络信息技术处于较为成熟水平，其他有些成员国如罗马尼亚、保加利亚、斯洛文尼亚等还处于网络信息技术不断发展的阶段。无论是在欧盟层面还是在成员国层面，相对于庞大的任务和活动规模，可用资源相当有限。[3]

---

[1] 李舒沁："欧盟中小企业网络安全风险应对与启示"，载《网络安全技术与应用》2022年第4期，第135页。

[2] 刘茜芸："法国网络空间安全建设特点及其对我国的启示"，载《情报杂志》2020年第10期，第32页。

[3] 郑春荣、倪晓姗："欧盟网络安全战略及中欧合作"，载《同济大学学报（社会科学版）》2020年第4期，第44页。

客观而言,在欧盟范围内实施统一的网络安全战略,需要各个成员国相互协调、相互妥协,欧盟每个成员国对于欧盟的决策都享有一票否决权,欧盟的运行机制决定了欧盟在决策和执行方面效率并不高。因此,欧盟不得不花费一定的精力来说服成员国采取共同的网络安全政策。虽然欧盟一体化的程度在不断加深,但欧盟并非国家,在动员效率方面,与中美等国相比依然存在差距。当前,法国和德国等已经制定了本国的《网络安全法》,走在了欧盟前列,其他国家则囿于种种原因在网络安全政策、技术、合作等方面还未在国内达成统一的意见,导致网络安全立法滞后于法德等国。2020年9月,欧盟计划拨款1050万欧元,用于提高欧洲网络安全能力和成员国之间合作的相关项目。[1]可以预见,欧盟内部整合需要花费较长的时间,成员国之间的发展差距如果不能缩小,那么内部整合所花费的代价将不断提升。

(三) 注重网络信息数据安全

"斯诺登事件"以来,主要经济体加快了信息基础设施保护、网络安全漏洞防范等领域的立法进程。[2]欧盟与美国的网络数据信息政策差异较大,虽然二者都主张信息的自由流通,但美国希望通过信息流通获取信息数据之上附着的经济价值,欧盟则主张对信息流动进行必要的监管,尤其要防止个人信息泄露。欧洲国家自18世纪以来就注重保护个人隐私,有些国家甚至将隐私权视为公民的基本权利,网络数据信息包含了大量个人隐私,网络技术的迅猛发展,加深了欧洲国家对个人信息泄露的担忧。当前,世界各国对个人数据保护及其控制权的需求日益迫切,欧盟《通用数据保护条例》在这一背景下出台并全面实施。[3]

经过4年左右的提案协商,欧盟于2018年5月25日出台了《通用数据保护条例》(GDPR)。该条例设置了严格的个人信息保护条款,明确限制跨国网络巨头收集公民个人信息,同时扩大了敏感个人信息的范围。GDPR的实施提高了欧盟个人信息保护和数据监管的标准,对世界上其他国家和地区产

---

〔1〕 徐济铭:"欧盟网络空间治理特点及趋势分析",载《通信世界》2021年第22期,第23页。

〔2〕 王磊、郭珊:"欧美数字经济立法最新动态、基本特征及对我国启示",载《中国经贸导刊》2022年第3期,第36页。

〔3〕 杨宗凯:"欧盟GDPR视野下中国企业合规性策略探析",载《新余学院学报》2022年第2期,第72页。

生了重要影响。[1]除此之外，欧盟于2022年3月22日发布了《信息安全条例》提案和《网络安全条例》提案，强化管理网络数据，旨在加强其面对网络威胁事件的反应能力，确保欧洲公共行政部门安全。欧盟虽然拥有大量先进的网络信息技术，但与美国相比，仍然属于弱者。美国的网络巨头几乎垄断了欧盟市场，这些网络巨头能够轻而易举地收集欧盟成员国公民的个人信息。欧盟颁布上述诸多条例，在某种意义上是担忧美国的网络巨头过度收集个人信息，从而引发网络安全事件。[2]欧盟除了出台相关条例、规范信息处理之外，各个成员国内部也制定了相关法律，以加强个人信息保护，法国和德国已经形成了完善的个人信息保护法律体系。

（四）加大力度留住技术人才

欧盟网络"技术主权"目标能否顺利实现归根结底取决于欧盟所拥有的网络科技人才的数量和质量，倘若欧盟拥有数量庞大的网络科技人才，那么欧盟必然会实现网络技术的独立自主。欧盟拥有较为发达的人才培养体系，基础教育领域和高等教育领域都处于世界领先水平，公认的世界上最早的大学洪堡大学诞生于德国。自网络信息技术革命以来，欧盟培养了众多高素质的网络科技人才，然而有相当比例的人才最终流向了美国。与美国的吸引力相比，欧盟显现出了网络科技人才洼地的困境。欧盟并没有能够与美国相匹敌的网络科技巨头，网络技术领域的虹吸效应在欧盟表现得尤为明显，欧盟培养的网络科技人才往往会助力美国突破网络核心技术。如此一来，又吸引更多的欧盟网络科技人才前往美国，最终导致恶性循环。因此，欧盟当下的关键是如何留住高素质的网络科技人才。人才的质量和规模，决定了未来欧盟数字化能力的潜力和能够达到的高度。[3]

当前，欧盟各个成员国已经意识到了人才外流的严峻形势，制定了众多吸引人才、防止人才外流的政策，希望尽量将网络人才留在欧盟内部，目前，法国、德国等具备一定的优势，吸引了欧盟内部其他国家的网络科技人才前往就业。除了加强培养和留住高素质网络人才之外，欧盟还注重提升成员国

---

〔1〕 焦娜：" 欧盟国家数据保护机构的运行机制研究"，载《情报杂志》2022年第5期，第154页。

〔2〕 李玉、李正豪："欧盟174亿天价罚单重锤，谷歌陷反垄断旋涡"，载https://baijiahao.baidu.com/s? id=1716955628059468670&wfr=spider&for=pc，2022年8月12日最后访问。

〔3〕 李舒沁："欧盟网络安全战略新动向及其启示"，载《网络安全技术与应用》2021年第7期，第176页。

所有公民的网络安全意识，提升普通从业者的网络信息技能，加大从其他国家引进网络人才的力度。各国越来越重视对国民网络安全意识的培养，将其作为网络安全能力建设的重要组成部分。[1]如北非诸多国家以前是法国的殖民地，法国借助历史和地缘优势，通过各种优惠政策，吸引阿尔及利亚、摩洛哥等国的网络科技人才，以弥补本国人才流失的不足。

三、欧盟网络安全治理对我国的启示

在以往很长一段时间内，中欧网络技术合作取得了丰富的成果，造福了中欧双方人民。排除其他因素的干扰，积极推动中欧深化网络技术合作，有利于提升双方的网络安全技术，推动欧盟网络"技术主权"的早日实现。欧盟网络外交政策已发展成为，使用外交工具分析和管理网络空间治理问题的战略手段。[2]欧盟网络安全战略的核心是实现网络"技术主权"，欧盟为了实现这一战略目标，采取了许多行之有效的措施，值得我国参考借鉴。未来我国可以借鉴欧盟的新举措，在依法治网、技术创新和国际合作等方面加大网络安全治理的建设力度。[3]

（一）顺应数字经济转型升级的趋势

近年来，欧盟大力发展数字经济，从政策层面加大对数字领域的资金扶持力度，并将未来经济增长点集中于数字领域，体现了欧盟加快经济转型升级的迫切愿望。从科技发展的趋势来看，每一次科技革命都能够推动生产力的大幅提升。当前正处在信息技术革命的关键时期，欧盟紧紧抓住这一历史机遇，推动传统经济模式向数字经济转型，顺应了时代发展的趋势，有利于欧盟整体经济实力的提升。技术的升级换代将有力地推动经济的快速发展，数字经济相比于传统的工业经济，能够提供更高的效率，为民众生活带来诸多便利。数字经济规模的扩大意味着生活便利化程度的提升以及内在经济质量的提高。欧盟作为较为成熟、发达的经济体，不局限于经济规模的增长，

---

[1] 桂畅旎："各国提高网络安全意识的主要做法、特点与借鉴"，载《中国信息安全》2018年第9期，第67页。

[2] 李艳、孙宝云："欧盟网络外交政策实践及其对我国的启示"，载《保密科学技术》2021年第10期，第44页。

[3] 何敏、张记炜："后疫情时代欧盟应对网络安全威胁的新举措及启示"，载《情报杂志》2022年第6期，第45页。

愈发注重内部经济结构的优化、经济质量的提升。数字经济是符合时代潮流的新型经济模式，属于绿色经济，能够大幅度降低由经济发展造成的能源损耗。中美两国敏锐地意识到数字经济的优势，通过各种行之有效的措施推动经济模式的转型，取得了立竿见影的效果，并且带动了其他产业的转型发展。客观而言，从20世纪90年代到21世纪初，欧盟对网络技术的认知不如中美两国敏感，以至于近年来欧盟与美国的网络技术差距被拉大，在若干网络技术领域被中国赶超。所以，欧盟下定决心加大网络技术领域的投入，积极参与网络科技的国际竞争。

（二）强化独立自主的网络安全意识

欧盟网络安全战略给予我国最大的启示即强化独立自主的网络安全意识，避免过于依赖其他国家。欧盟在构建数字主权问题上呈现出诸多新动向，包括聚焦互联网平台反垄断、加大科技创新投入。[1]欧盟长期以来一直是美国的盟国，双方在政治、经济、军事等领域高度绑定，欧盟依然决定摆脱对美国的技术依赖，实现技术独立，充分表明了欧盟未雨绸缪，不甘心核心网络技术受制于人。若我国能够进一步强化中欧关系，将有助于减轻我国在网络空间、数字领域博弈中所面临的压力。[2]一旦核心技术依赖美国，那么欧盟将难以制定独立自主的网络安全战略，必须依附于美国，削弱了维护欧盟利益的可能性。从美国窃听欧盟领导人，以及持续干涉欧盟与中国正常的网络技术合作可以看出，欧盟建立独立自主的网络安全战略具有较强的预见性，符合欧盟的整体利益和长远利益。倘若中国的网络技术与美国相差甚远，那么在美国网络霸权主义的推动下，极有可能打压欧盟的网络技术，如20世纪80年代美国打压日本经济，强迫日本签订"广场协议"。一旦欧盟的网络技术将赶超或者达到美国的水平，按照一贯做法，美国为了维持唯一的网络超级大国地位，极有可能像对待中国一样，采取各种措施限制欧盟网络技术的发展，彼时盟友关系将让位于利益关系。欧盟授权专门机构对各成员国已发布的网络安全战略文件不断进行系统梳理、评估并提供优化建议。[3]因此，

---

[1] 马国春："欧盟构建数字主权的新动向及其影响"，载《现代国际关系》2022年第6期，第51页。

[2] 孙伟意："欧盟安全联盟战略分析"，载《信息安全与通信保密》2021年第10期，第22页。

[3] 上官晓丽、刘畅："欧盟《国家网络安全能力评估框架》解析"，载《保密科学技术》2021年第7期，第59页。

欧盟强化独立自主的网络安全战略，大力发展自身的网络安全技术，将有助于欧盟以独立的身份参与全球网络技术竞争，赢得网络空间的领导地位。

（三）加大保护信息数据的力度

在数据全球化深入发展的进程中，由跨境数据流动所衍生的网络安全问题日益严峻。[1]欧盟注重保护个人隐私的传统在信息时代难能可贵，将信息安全置于网络安全治理的重要位置，能够提升国民的安全感，减少信息泄露可能引发的网络安全事件。当前越来越多的个人信息被各类平台或者个人收集，获取公民个人信息的成本较低，从而助长了信息数据泄露的风险。重要数据基本概念的界定、特征分析、属性厘定对重要数据安全的法律保护至关重要。[2]我国当前频繁发生的网络诈骗案件，在大多数情况下是因为公民个人信息被泄露，使得犯罪分子能够有针对性地开展诈骗。如果信息数据能够得到较好保护，必将大幅降低此类网络诈骗事件发生的可能。以往我国虽然注意到了公民个人信息泄露的不利影响，提高了打击公民信息泄露的力度，但客观而言，效果不尽如人意，公民日常生活仍然受到信息泄露的干扰，各种推销电话总能精准地狂轰滥炸。个人信息如果频繁遭到泄露，特别是家庭住址、身份信息、金融信息等核心信息，那么公民的安全感将得不到保障，其会降低对社会的信任度。网络信息技术的发展是为了造福人类，并非利用网络技术攫取个人信息，便利后续的犯罪活动，加大信息数据的保护力度刻不容缓。《个人信息保护法》的出台，强化了对个人信息的保护，规范了平台收集个人信息的责任，明确了网络信息执法部门应承担的义务，为个人信息保护提供了更权威的依据。

（四）注重网络安全综合执法体系建设

欧盟同美国相似，拥有较为完善的法律体系，属于法治比较发达的区域。如前所述，欧盟极为重视网络安全法律体系建设，在欧盟层面推出了一系列与网络安全相关的法案，如《数字服务法》《数字市场法》等，法国、德国等国也已经建立了相对完善的网络安全法律体系。在完善法律的指引下，欧盟还强化了网络安全事件协同治理机制，不断提升执法水平，注重网络安全

---

〔1〕 阙天舒、王子玥："美欧跨境数据流动治理范式及中国的进路"，载《国际关系研究》2021年第6期，第76页。

〔2〕 祝高峰："论数智经济时代重要数据安全的法律保护"，载《社会科学家》2021年第11期，第111页。

领域立法、执法、司法、守法等法治运行各个环节的协同发展。欧盟不断调整和完善网络安全治理战略，加强网络安全顶层设计。[1]早在2004年3月，欧盟就在布鲁塞尔成立了欧洲网络和信息安全局，将其作为提高信息安全水平的专门机构。该机构的设立有助于欧盟网络信息安全防护资源的整合，从宏观层面提升欧盟防范网络与信息安全的能力，加强欧盟对于网络与信息安全问题的规制、处理和响应等。欧盟成立跨越国界和部门的网络安全执法机构和信息共享机构，强化预警机制，有助于在初始阶段化解网络安全事件。欧盟制定了不同等级的网络安全事件响应标准，根据网络安全事件的危害评级，采取不同的应对措施，既有利于网络安全资源的优化配置，又能够在最短时间内平息网络安全事件带来的不利影响。此外，欧盟还成立了针对网络安全的应急行动小组，实时监测网络安全事件的传播，并且与欧洲网络和信息安全局加大合作力度，提供情报支持，大幅降低了网络安全事件的发生数量。

第三节　日本：政企合作的网络安全治理

自"二战"结束以来，日本的政治、经济、军事与美国高度绑定，网络安全作为整体安全的一部分，自然离不开与美国的政策协调。日本采取左右逢源的网络安全治理战略，力求在美欧之间实现平衡。同时，面向21世纪，日本全面升级了网络治理理念，着力打造"网络安全生态系统"。日本在网络安全治理中着重制定国家层面的网络安全战略，加强网络安全的法律和行政体制建设。[2]日本当下的网络安全战略有诸多新颖独到之处，具备较强的日本特色，如确立了对公共部门和民间部门分而治之的治理策略，注重行业协会在网络安全治理中的重要作用，尊重民营企业的"自律性"原则。日本的网络安全战略和具体实施政策都值得详加分析、善加利用。

---

[1] 吴军超："欧盟网络安全治理探析"，载《郑州大学学报（哲学社会科学版）》2021年第1期，第1页。

[2] 梁怀新："日本网络安全治理模式及其对中国的启示"，载《西南民族大学学报（人文社科版）》2019年第3期，第208页。

一、日本网络安全治理概述

因为数字经济的快速发展，全球网络空间安全面临全新的形势。[1]顺应网络科技发展的新趋势，日本网络安全治理战略日渐清晰，并伴随国内外环境的变化适时调整。总体而言，日本的网络安全治理战略为推动日本网络企业参与国际竞争提供了较好的政策扶持，为强化日本与美国、欧盟以及中国的网络技术合作奠定了基础。日本网络安全治理战略的关键在于以下方面：

（一）全面打造"网络安全生态系统"

在进入21世纪之后，日本在网络空间治理方面制订了全面的战略计划，进行了大量的制度建设。[2]随着全球范围内网络技术竞争的不断加剧，以及网络安全事件的频繁发生，日本开始全面升级网络安全应对机制。以2013年6月颁布的《网络安全战略》为临界点，日本的网络安全治理大体上可以被划分为前后两个不同的阶段。前一个阶段属于狭义的安全治理阶段，注重维护"信息安全"，彼时日本将"信息安全"局限于信息技术的安全，将信息安全视为单一层面的安全，缺乏整体思维，主要是通过加强技术标准来实现信息安全。例如，日本于1988年颁布实施了《有关行政机关电子计算机自动化处理个人信息保护法》，2003年公布了《信息公开、个人信息保护审查会设置法》，2010年出台了《保护国民信息安全战略》等。后一个阶段属于全面安全治理阶段，将信息安全视为网络安全的一部分，除了从技术层面强化安全监管，还注重运用综合管理手段，全方位强化网络安全治理，是前一个阶段的升级版和加强版。从2013年开始每年都会出台新版本的《网络安全战略》，结合最新形势判断，适当调整前版安全战略。2020年12月还颁布了《实现数字社会的改革方针》，对网络安全提出了具体要求，并明确提出"须基于同步推进数字转型和网络安全的共识"采取相关举措。[3]前后两个阶段的网络安全治理路径出现了显著差异，2018年的《网络安全战略》首次提出

---

[1] 崔传桢、曾昭平："数字经济时代的网络空间安全国家新战略"，载《信息安全研究》2019年第11期，第954页。

[2] 胡薇："日本网络安全体系的布局、特征及其启示"，载《重庆社会科学》2021年第4期，第126页。

[3] "日新版《网络安全战略》尽显'攻击'姿态"，载 https://m.gmw.cn/baijia/2021-10/19/35242723.html，最后访问日期：2022年8月12日。

要打造"网络安全生态系统",2019 年的《网络安全战略》则细化了"网络安全生态系统"的预期目标和具体举措等,列举了较为详细的实施方案。

"网络安全生态系统"最显著的特色是将"经济治理"与"安全治理"共同融入网络安全战略,此构想具有较强的创新性,域外其他国家虽然强调数字时代经济发展可能面临信息泄露等网络安全问题,但美国和欧盟都没有直接提出将经济与安全同步融入网络安全治理。美国较为注重实现经济利益,强调推动网络信息的自由流动,其他国家难以威胁美国的网络安全。欧盟则越来越偏重保护个人数据信息的安全,将个人隐私建立在经济价值之上,哪怕牺牲一部分经济利益,也要保障个人信息安全。日本多层次的制度框架和灵活的共享机制,是回应本国网络安全态势的必然结果。[1]欧美之所以分别偏重安全治理和经济治理,与二者在网络空间的地位和历史传统不无关系。日本"网络安全生态系统"的提出,则集合了二者的优势,主张经济治理与安全治理不可偏废的思路,这与日本的国情息息相关,后文将详细论述。网络安全生态系统主张在尊重市场经济规律的同时,发挥企业的自律功能,并采取必要的监管手段,实现经济治理与安全治理同步发展。这一战略实施之后,日本实施调整了有关数字经济领域进出口的有关标准,并结合国际形势的变化,灵活做出应对。

(二)左右逢源的网络安全战略

自古代开始日本即以擅长学习著称,在中国隋唐时代,日本大量派遣"遣隋使""遣唐使",积极吸收中国的先进文化。自近代开始,日本开启"明治维新",主张"脱亚入欧"。当下又与美国深度绑定,积极融入西方世界。日本对内采取经济治理和安全治理同等重要的网络安全战略,对外则采取左右逢源的网络安全战略,在美、欧、中之间相互协调,试图获取各方的支持,强化与各方的合作,寻求自身利益最大化。如前所述,发达国家和发展中国家在网络安全治理问题上存在较大分歧,发达国家内部亦未形成统一的意见,美国和欧盟关于网络安全的争议有逐步扩大的趋势。从美日网络安全合作的发展历程来看,美国在合作中处于引领地位。[2]首先,日本积极支持美国关

---

[1] 周瑞珏:"日本网络安全信息共享的制度框架与模式特征研究",载《科技与法律》2020 年第 6 期,第 85 页。

[2] 江天骄:"美日网络安全合作机制论析",载《国际展望》2020 年第 6 期,第 127 页。

于构建自由的跨境数据流通的主张,赞同美国模式通过数据的自由流动,发掘背后隐含的经济价值,以推动数字经济的快速发展。日本强化与美国的技术合作,大力引进美国先进的网络技术,强化本国网络科技企业的竞争力,如松下、东芝等日本企业与美国跨国网络巨头形成了紧密的合作关系,分工合作共同构建产业链。同时,日本亦认同美国基于行业自律的个人信息保护模式,主张企业主导个人信息保护,由企业设定保护标准,政府作为幕后的监管者,只有在企业保护完全失灵时,政府才开始介入。日本为了强化与欧盟的网络信息合作,采取严格保护公民隐私的态度,在欧盟出台《通用数据保护条例》之后,日本立即按照欧盟的标准修改本国的《个人信息保护法》,使日本达到与欧盟相同的个人数据保护标准,以推动日本和欧盟个人信息的双向自由流动。

随着世界范围内网络主权的兴起,以及各个国家普遍加强个人信息保护,日本逐步倾向欧盟的网络安全理念。由此可见,日本的网络安全战略在美国和欧盟之间不断协调,试图获得双方的认可,既支持美国关于网络信息数据全球自由流动的主张,又赞同欧盟强化个人信息保护的立场。争夺网络的控制权,保证信息的安全显得至关重要,因此网络是各国竞争的又一重要领域。[1]随着近年来中日关系回暖,中日双方经济联系日益密切,日本也注重加强与中国的网络信息技术合作。2019年习近平主席在日本出席G20峰会时,签署了《大阪数字经济宣言》,为中日之间的数字经济合作奠定了政治基础。[2]中日之间的网络信息技术存在一定的互补性,中国在网络通信领域具有较大的技术优势,日本则在半导体芯片领域拥有丰富的制造经验,二者地理层面的相依相邻、经济层面的互融互补,体现了中日网络信息技术合作的巨大潜力。当然,中日数字经济领域的合作同样面临政治因素的干扰,日本受到美国和国内右翼势力的影响,追随美国对华实施技术管制,限制了中日网络信息技术的深层次合作。除此之外,日本积极参与世界范围内网络技术合作交流,积极筹划全球网络安全规则的制定,希望通过左右逢源的方式,实现自身利益最大化。

---

〔1〕 刘杰:"日本网络空间作战力量浅析",载《国际研究参考》2018年第9期,第25页。

〔2〕 陈晓东:"促进数字经济与实体经济融合发展",载 https://baijiahao.baidu.com/s?id=1648685171772326107&wfr=spider&for=pc,2022年8月12日最后访问。

二、日本网络安全治理的主要特征

日本的网络安全治理并不局限于打击网络犯罪,还将网络安全与国家安全紧密结合起来。日本的网络安全治理极具特色,与日本所处的国际环境息息相关,日本组建了专门的网络安全防卫力量,还将网络安全作为拓展外交的重要手段,希望获取国际社会的支持。日本网络安全治理的主要特征如下:

(一) 公共部门和民间部门分而治之的模式

日本采取了二分法,针对公共部门和民间部门的网络安全采取了不同的治理模式,公共部门包含政府部门,以及公立学校、公立医院等具有公共服务功能的组织,这些部门承担着日常公共管理事务,容易受到有组织的网络攻击,可能会造成政府信息泄露,甚至引发政府机构瘫痪。日本政府掌握了大量的数据信息,一旦这些信息被不法分子利用,可能产生危害国家安全的重大事件。为了有效应对针对公共部门的网络攻击,日本主张强化公权力在公共部门的作用,实质上是赋予公权力部门更大的权力来保障自身不受网络攻击,或者增强应对网络攻击的实力。如日本逐步扩大网络信息监控的范围,从传统的政府机构向其他公共法人扩展。不同于公共部门,民间部门遭遇的大多是非组织性的网络攻击,网络攻击的力度和技术总体上弱于公共部门,民间部门遭受攻击后,面临个人信息泄露的风险,对国家安全造成的冲击较小,主要通过民间自律的方式来应对网络攻击,民间部门网络安全治理的自主性比较强。对于非组织性的网络安全威胁,则继续遵循一直以来的民营企业"自律性"原则。[1]为了协助民间部门更好地应对攻击,政府部门也会提供必要的技术援助和政府指导。另外,针对民间部门的重要基础设施,如电力部门、水利部门、油气部门等,与公民的日常生活息息相关,直接关系社会福祉,故采取与公共行政部门相同的保护模式。

(二) 加强政府与企业网络安全治理合作

日本网络空间国家治理模式的最大特色是政策引导发展、法律保障安全、大企业推动。[2]当前,网络安全日趋复杂,网络攻击从单纯地危害网络空间,

---

[1] 丁曼:"数字经济与日本网络空间治理战略",载《现代日本经济》2020年第1期,第5页。
[2] 门洪华、葛天任:"国家如何治理网络空间?——基于美日德俄印的比较分析",载《经济社会体制比较》2020年第4期,第83页。

逐步蔓延到现实的物理空间，网络仅成为攻击的载体，从网络空间运行的基本规律可以看出，很难单纯依靠政府开展网络安全治理，网络技术大多掌握在企业手中。日本政府和民间企业都希望确保网络空间的安全，形成良好的网络空间秩序，二者的根本目标具有一致性，为二者网络安全治理合作奠定了基础。为应对日益严峻的网络威胁，日本在网络安全领域开展了官民合作建设。[1]数字经济占日本国内生产总值的比重不断提高，许多产业与网络安全息息相关，一旦网络安全受到威胁，必然会影响这类行业的发展，甚至造成宏观经济的萎缩，日本政府和民间企业都希望规避此类风险。在日本，关键信息基础设施管理体系以内阁秘书处为领导，政府部门和社会部门共同参与为基本原则。[2]日本政府和企业合作，主要体现在网络安全系统的共建和网络安全信息的共享。在某些特定的网络安全领域，日本政府和企业开展合作共建，企业先期投入资金开展研发，日本政府则予以经费支持，直接纳入国家预算，或者通过政策扶持的方式资助企业。日本早在2019年就设立了网络安全协议会，囊括政府、通信商、IT企业、信息技术专家等，可以迅速汇集跨区域、跨部门的网络安全信息，并积极开展决策部署。当前，日本已经初步构建了官民合作的网络安全治理模式，体现出了"政府抓总、民间配合""以点带面、信息共享"的特征。此种运行模式日渐成熟，既分担了政府部门日常管理的压力，又激发了民间企业的活力。

（三）组建并扩大网络安全防卫力量

近年来，日本对网络安全来源威胁的认知发生了重要改变，逐步从非政治性、个人性网络安全威胁，转向政治性、国家性的网络安全威胁，并借口俄罗斯、中国、朝鲜发展网络军事力量，积极强化日本的网络防卫力量。同时，日本认为现代战争是高科技战争，掌握信息的主导权是赢得战争的重要手段。2003年的伊拉克战争、2008年的俄格战争、2022年的俄乌冲突都在强化刺激日本建设网络安全强国的决心。2014年日本通过了《网络安全基本法》，明确规定日本内阁应设立"网络安全战略本部"，专门负责日本国内的网络安全工作。日本自卫队不断强化下属各个机构的网络防御力量，并且从

---

[1] 程景怡："日本网络安全官民合作建设研究"，载《情报杂志》2019年第12期，第126页。
[2] 任飞、曹虎："国外关键信息基础设施安全防护战略分析和启示"，载《网络安全技术与应用》2019年第4期，第7页。

2014年开始,日本自卫队成立了90人的"网络安全防卫队",专职负责网络安全防卫工作,截至2021年"网络安全防卫队"的人数已经达到了540人。[1]同时,日本网络安全防卫预算也在持续增加,2019年的预算金额为223亿日元,2021年已经高达301亿日元。美国与日本通过多种网络空间军事合作途径,联合提升网络安全效力。[2]从2015年开始,日本自卫队以观察员的身份观摩北约的网络防卫演习,2019年以正式成员的身份参与北约的网络防卫演习,日本不断强化与美国、北约的网络军事合作。日本于2017年正式加入美国国土安全部(DHS)的自动指标共享AIS平台,与美国双向共享网络威胁指标。[3]由此可见,日本的网络安全战略呈现出了一定的军事意图,散布其他国家威胁自身网络安全的谣言,为日本扩大网络军事力量埋下了伏笔,此种行为不得不引起其他国家的重视。

(四)积极参与并开展网络安全外交

当前,日本积极参与国际网络安全会议,主动宣传网络安全政策,强化与理念相近的国家展开网络安全合作,并取得了一定效果。日本在网络大国竞争中采取左右逢源的政策,不得罪任何网络大国,在面对其他中小国家时,日本则主动开展网络安全外交,积极宣传自身的网络安全观念,获取中小国家的支持,塑造对日本有利的国际网络安全规则,从而推动大国地位的实现。近年来,网络安全合作,一直都是日本同东盟国家的重点合作议程。[4]日本大力推动与周边国家的网络安全合作,积极参与东盟的网络基础设施建设,同时,利用经济优势和技术优势,通过政府贷款开发援助等方式,鼓励、吸引东盟国家采用日本的网络安全技术。将资助领域渐进式扩展到海事合作、青少年交流、网络安全、中小企业发展等多个领域。[5]日本还积极针对非洲

---

[1] 包霞琴、黄贝:"日本网络安全政策的现状与发展趋势",载《太平洋学报》2021年第6期,第55页。

[2] 刘晴:"'印太战略'驱动下美日网络空间合作动向",载《中国信息安全》2019年第7期,第90页。

[3] 冉从敬、王冰洁:"网络主权安全的国际战略模式研究",载《信息资源管理学报》2019年第2期,第22页。

[4] 苟子奕、韩春阳:"日本网络安全治理实践研究",载《中国信息安全》2021年第5期,第70页。

[5] 邓涵、王栋:"日本-东盟一体化基金概况及其发展趋势",载《国际研究参考》2018年第11期,第20页。

国家开展网络技术援助，协助非洲国家建立网络安全系统，转让日本的网络安全技术，并帮助非洲国家培训网络科技人员。通过网络安全外交，使东盟以及非洲国家逐步依赖日本提供的技术支持，亦有助于实现日本的经济目的。另外，日本所采取的网络安全外交并非单纯地帮助中小国家构建网络安全体系，在很大程度上是为了实现日本的政治目的，通过强化对中小国家的支持，投桃报李，希望中小国家在重要政治问题上能够支持日本，甚至支持日本成为安理会的常任理事国。

三、日本网络安全治理对我国的启示

日本网络安全治理战略对日本国内产生了重要积极影响，扩大了数字经济的规模，壮大了网络科技公司的实力，拓展了日本网络企业的海外业务等。当然，日本网络安全战略军事化倾向值得我国警惕。网络空间是人类和平发展的空间，绝不是个别国家别有用心的"斗兽场"。[1]日本网络安全治理对我国的启示体现在以下方面：

（一）积极推动整体网络安全观

近年来，日本积极打造"网络安全生态系统"，扩展了网络安全的范围，从宏观层面建设网络安全体系，在维护网络安全的同时，积极推动数字经济发展。信息时代网络安全威胁和风险日益突出，并向经济、社会、文化、国防等领域传导渗透。[2]当今世界网络安全形势日趋复杂，网络安全早已超越了传统信息技术安全的范畴，亦非单纯的网络犯罪所能吸纳，而是具有整体性、包容性等特征。传统网络安全主要是信息技术安全，当下网络信息技术既有可能成为网络犯罪的载体，也有可能引爆突发网络安全危机，或许是技术层面的危机，或许是综合的群体性事件。网络安全问题从表面看是网络问题，背后则是政治、经济、社会、文化、民族、宗教等各种问题的集合体，如通过网络开展恐怖袭击事件，大多牵涉到民族、宗教、经济等各方面的因素，背后原因极为复杂。单独从网络层面开展网络安全治理，还未能深入核心要素，陷入"头疼医头脚疼医脚"的困境，难以取得良好的治理效果，树

---

[1] 郁志荣："日本如何准备开展网络战"，载《公共外交季刊》2019年第4期，第54页。
[2] 李奎乐："日本网络安全领域情报信息共享机制特点分析"，载《情报探索》2017年第12期，第84页。

立正确的网络安全观,前提是将网络安全视为整个国家安全的一部分,从政治、经济、文化、网络技术等多方面入手,共同打造网络安全治理体系。结合实际,我国作为社会主义国家,具有集中力量办大事的优势,树立整体网络安全观,有助于国家集中各种资源迅速化解网络安全事件,从而促进社会稳定。

(二) 采用不同等级的防护措施

发达国家网络法律的顶层设计较早,也相对完善,具有系统性和前瞻性。[1] 日本采取分门别类的网络安全治理政策,根据公共部门和民间部门的不同特性,适用不同强度的网络安全防卫措施。总体而言,公共部门承担了大量行政管理职能,关系社会正常生活秩序的有效运转,故采取了较为严格的防卫措施,投入了较多的防卫力量。民间部门受网络攻击的力度较小,所产生的社会影响较小,主要影响单个公民的个人生活,故以加强民间自律为主,辅之以政府提供的技术援助。此种分类方式,有助于网络安全防卫资源的优化配置,将有限的资源优先适用于重要核心部门,尽量规避网络安全事件对社会造成的不利影响。当前,我国网络安全防卫力量有限,针对公民个人的网络信息保护还比较薄弱,如公民个人信息泄露引发财产损失的网络安全事件时有发生,由于种种原因,第一时间追回损失、及时惩治犯罪分子的难度较大,导致公民遭受网络犯罪时能够获得的救济有限。我国在借鉴参考日本分类保护模式时,还应该在力所能及的范围内,尽可能强化对公民个人的网络安全保护。我国始终倡导以人为本,人民是国家的主人,从集体层面防止人民群众免受网络攻击固然重要,随着我国网络安全技术的提升、网络安全领域投入资源的增加,强化个人层面的保护也应该被提上日程。有效的网络安全治理建立在民众对政府信任的基础之上,政策制定者应重视道德信任在网络安全治理中的作用。[2]

(三) 强化网络安全政企合作

日本较为注重网络安全领域的政企合作,大多数网络安全技术都掌握在企业手中,并将这些先进技术转化为生产力,为企业获取巨额利润,企业利

---

[1] 张元、韩锦标:"新时代网络法律建设——基于21世纪发达国家的经验与启示",载《淮阴工学院学报》2019年第2期,第20页。

[2] 周利敏、钟海欣:"后斯诺登时代网络安全的全球治理",载《贵州社会科学》2020年第3期,第59页。

润增加又可以加大研发力度，突破更多技术难关。日本通过政府与企业之间的网络信息共享机制，积极借助企业掌握的先进技术，推动网络安全目标的实现。共享路径的规划、共享范围的认定等都需要以网络安全信息的概念、内容为依据。[1]客观而言，我国政企合作的广度和深度还比不上日本，许多网络技术依靠科研院所研发，这是我国网络技术发展的一大特色。如前所述，企业有追逐利润的原始动机，政府通过政策扶持，引导企业强化网络安全技术研发，并将其转化到生产流程，能够收获事半功倍的效果。政府应该为企业研发创造良好的环境，加大知识产权保护力度，给予企业更多的自主权。政府要注重发挥服务者的角色，为企业的科技研发提供政策扶持和资金支持，不干涉企业的具体规划经营。当然，网络安全领域不同于其他领域，国际竞争较为激烈，有必要加强保密性，防止先进网络技术流向国外。某些国家经常凭空指责我国企业窃取先进网络技术，损害了我国的国际声誉，政府在保密监管方面应该积极发挥作用，防止我国先进的网络技术外泄，积极维护我国企业的声誉。

（四）加快网络安全国际交流

日本不断加强战略主动性，在外交和安全层面提升网络领域的优先度。[2]日本左右逢源的网络外交政策，游刃有余地穿梭在各网络大国之间，灵活多变的外交手腕为日本赚取了额外利益，甚至赢得了政治支持。客观而言，日本网络安全外交政策值得我国参考借鉴。我国应该在国际层面积极宣传"网络命运共同体"理念，使其他国家了解我国的网络政策，避免产生误解。"网络命运共同体"与网络霸权主义截然不同，前者是追求和平共处、互利互惠的网络安全理念，与我国的外交政策一脉相承。我国应广泛参与国际网络安全会议，主动宣传我国的主张，积极提升国际影响力，推动我国的政策主张成为国际通行的网络安全准则。与网络大国开展竞争时，不仅要勇于迎接挑战，占领网络技术制高点，而且亦应该探索合作共赢的可能性，扩大共识、寻求共同利益，发掘双方利益的平衡点。网络大国各有所长，应该优势互补，避免陷入恶性竞争，引发技术封锁，开展制裁与反制裁，造成两败俱伤的局

---

[1] 周瑞珏："信息共享机制下的网络安全信息界定"，载《北京邮电大学学报（社会科学版）》2017年第6期，第54页。

[2] 嵇绍国："日本新版《网络安全战略》解析"，载《保密科学技术》2021年第9期，第55页。

面。以往我国的网络外交政策较为内敛,积极支援中小国家的网络安全体系建设,深化我国与援助国的友谊,并未在国际上大肆宣扬。未来我国有必要加大宣传力度,树立中外网络安全合作典范,使越来越多的国家认识到,中国愿与所有国家开展平等合作,实现互利共赢的价值目标。

第五章
宏观层面网络安全法治保障的治理途径

第一节 健全完善网络安全的国家治理体制

一、强化党关于网络安全治理的集中统一领导

2018年,"中国共产党领导是中国特色社会主义最本质的特征"这一振聋发聩的论断被明确写入《宪法》。2021年11月8日至11日,中国共产党第十九届中央委员会第六次全体会议在北京举行。会议上通过的《中共中央关于党的百年奋斗重大成就和历史经验的决议》明确指出:"党的领导是党和国家的根本所在、命脉所在,是全国各族人民的利益所系、命运所系。"正如习近平总书记在主持十八届中央政治局第一次集体学习时所强调的:"党政军民学,东西南北中,党是领导一切的。"网络安全治理,作为我国当前经济社会发展的必然要求,是实现国家治理体系与国家治理能力现代化的题中应有之义,必须在党的集中统一领导下发挥其治理功能、实现其治理目标。[1]党对网络安全治理的集中统一领导,具体体现为以下四个方面:

(一)对网络安全治理原则理念的集中统一领导

龙衮九章,但挚一领。所有的治理手段和方法,都必须服从于治理原则和治理理念的领导和规划。网络安全治理亦不例外。在网络安全治理的全过程中,科学的治理原则和治理理念必须一以贯之方能保证治理方法和治理手段

---

[1] 参见杜飞进:"中国现代化的一个全新维度——论国家治理体系和治理能力现代化",载《社会科学研究》2014年第5期,第37~53页。

高度统一于治理目标而不至于越轨跑偏。[1]

网络安全治理的治理原则和治理观念，从从属关系上来讲，是总体国家安全观的有机组成部分，也是总体国家安全观在网络安全治理领域中的细分体现。2014年4月15日，中共中央总书记、国家主席、中央军委主席、中央国家安全委员会主席习近平同志在主持召开中央国家安全委员会第一次会议时提出，坚持总体国家安全观，走出一条中国特色国家安全道路。这是党中央在国家治理中首次提出总体国家安全观，并首次系统提出要构建集政治安全、国土安全、军事安全、经济安全、文化安全、社会安全、科技安全、信息安全、生态安全、资源安全、核安全等于一体的国家安全体系。总体国家安全观的应运而生，对于当前中国国家安全治理而言，既是方向指南和指路明灯，亦是整合过往不同国家安全领域中各种治理理念和治理原则之后的总集成。[2]

网络安全治理，从概念体系上来说，不单独属于上述11种国家安全事务的某一种，而是贯穿于上述11种国家安全事务当中，均有涉及，无法回避。事实上，网络安全治理的疲弱将直接影响政治安全、国土安全等，也可以讲，没有充分的网络安全，就谈不上上述的11种国家安全事务。因此，网络安全治理，应当被视作国家总体安全的保障基石和前沿岗哨。从这个意义上讲，总体国家安全观对于网络安全治理的指导意义至关重要。只有在网络安全治理的全过程中充分坚持贯彻总体国家安全观，才能确保网络安全治理在宏观的总体国家安全治理框架中进行，下好国家安全的总体一盘棋。[3]也只有在网络安全治理的全过程中充分坚持贯彻总体国家安全观，才能确保不发生"就网络安全论网络安全"而忽视网络安全治理在总体国家安全大局中的关键性地位。[4]因此，在网络安全治理的全过程中，坚决贯彻落实总体国家安全观，既是提升政治站位看问题的必然要求，也是坚持党对网络安全治理集中统一领导的题中应有之义。

---

[1] 参见王鸿刚："中国参与全球治理：新时代的机遇与方向"，载《外交评论（外交学院学报）》2017年第6期，第1~21页。

[2] 参见李志斐："总体国家安全观与全球安全治理的中国方向"，载《中共中央党校（国家行政学院）学报》2022年第1期，第124~133页。

[3] 参见李建伟："总体国家安全观的理论要义阐释"，载《政治与法律》2021年第10期，第65~78页。

[4] 参见巩宜萱、史益豪、刘润泽："大安全观：超大型城市应急管理的理论构建——来自深圳的应急管理实践"，载《公共管理学报》2022年第3期，第46~57页。

(二) 对网络安全治理规范体系的集中统一领导

成熟完善的规范体系，是有效治理社会主体行为的必要前提。[1]网络安全治理，作为国家治理过程中的一个重要组成部分，其功能的发挥和作用的实现，不可能脱离成熟的网络安全治理规范体系。而一套成熟的网络安全治理规范体系，必然是在党的领导下逐步形成的。这一论断的实质是坚持党对网络安全治理立法的绝对领导。

党对立法工作的绝对领导，是习近平法治思想的重要组成内容，也是中国特色社会主义制度在立法领域的关键体现。可以说，脱离了党对立法工作的绝对领导，就无法确保立法工作切实体现人民利益和党的意志，也就无法充分保证立法工作的社会主义属性。[2]因此，在网络安全治理立法的各类活动中，无论是制定法律、规章等规范性法律文件，还是开展网络安全治理领域的立法评估和立法清理，都必须坚持党对立法工作的绝对领导，尤其是党通过人大常委会党组对立法工作的领导，这一形式既确保了党对立法机关的有效领导，也是党尊崇和贯彻宪法的重要表现。

党对网络安全治理规范体系的集中统一领导，具体实现途径仍然是各类网络安全治理立法活动。[3]在立法活动中，党并不替代立法机关直接行使立法权，而是通过立法民主协商、请示汇报制度、立法执行监督等方式，行使宪法赋予执政党的各项权利，与立法机关形成高效互动，共同推进立法活动的高质量开展。与此同时，党在各类网络安全治理立法活动中，除了依法向立法机关提出各类立法建议，从国家法的层面上完善网络安全治理规范体系之外，也依法制定网络安全治理相关的党内法规，实现"党要管党、从严治党"的执政党内部自律，进而从党内法规的层面上与国家法律法规形成有机配合，使得我国的网络安全治理规范体系更加成熟、稳健和丰富，这也是我国网络安全治理规范体系相比于世界其他国家的一个独有特色和治理优势。[4]

---

[1] 参见石佑启、陈可翔："合作治理语境下的法治化营商环境建设"，载《法学研究》2021年第2期，第174~192页。

[2] 参见张文显："习近平法治思想研究（中）——习近平法治思想的一般理论"，载《法制与社会发展》2016年第3期，第5~37页。

[3] 参见王永贵、岳爱武："着力打造清朗的网络空间——学习习近平总书记网络意识形态治理思想的重要论述"，载《中南民族大学学报（人文社会科学版）》2017年第4期，第1~8页。

[4] 参见钱锦宇："从法治走向善治的中国特色社会主义治理模式"，载《法学论坛》2020年第1期，第57~66页。

(三) 对网络安全治理队伍建设的集中统一领导

徒法不能以自行。千百年来世界各国的法律实践已经无数次证明，光有成熟和繁密的规范性文件无法实现有效的法治。事实上，就网络安全治理而言，其隐蔽性、技术性、超空间性等特点使得网络安全治理对于治理人员队伍的素质要求和技能考验远高于传统社会治理的一般性要求。近年来，各国频繁爆出的如"斯诺登事件""邮件门"等丑闻，使得公众对网络安全治理水平的评价屡屡突破下限，进而对从事网络安全治理工作的人员队伍产生了高度的不信任感。[1]也正有鉴于此，在中国，自党的十八大以来，打造一支网络安全治理铁军一直是党中央对网络安全治理队伍建设的定位追求。

2014年，中央成立网络安全与信息化领导小组，习近平总书记亲自担任组长，着力加强网络信息安全人才队伍建设，把造就世界水平的科学家、网络科技领军人才、卓越工程师、高水平创新团队作为国家的战略任务来抓，切实把人才资源汇聚起来，建设一支政治强、业务精、作风好的强大队伍，将网络安全人才队伍建设提升到一个前所未有的高度。[2]

从时间线上看，我国网络安全人才队伍建设在党的十八大之后迅速走上"快车道"：2015年，为加快网络安全高层次人才培养，国务院学位委员会决定在工学门类下增设网络空间安全一级学科，学科代码为"0839"，授予"工学"学位；2016年，国务院学位委员会正式下发《关于同意增列网络空间安全一级学科博士学位授权点的通知》，清华大学、北京交通大学、山东大学等27所高校获批增列网络空间安全一级学科博士学位授权点，解放军电子工程学院和空军工程大学获批对应调整网络空间安全一级学科博士学位授权点，共29所高校获得首批网络空间安全一级学科博士学位授予资格；同年，中央网信办联合相关部门出台《关于加强网络安全学科建设和人才培养的意见》（中网办〔2016〕4号），明确了网络安全学科建设和人才培养方向。

在网络安全人才队伍建设如火如荼的同时，可以发现，党的集中统一领导在网络安全人才队伍建设的全过程中一以贯之，从培养理念、建设目标、

---

[1] 参见朱成燕、徐晓林："中国网络安全治理中的协调机制"，载《电子政务》2019年第1期，第40~47页。

[2] 参见燕道成、陈海明："习近平网络文明思想的内在逻辑、核心要义与时代价值"，载《传媒观察》2022年第5期，第5~13页。

梯队管理和人员使用等各个方面对网络安全人才队伍建设起到了提纲挈领的重要领导作用。

（四）对网络安全治理纪律监督的集中统一领导

总体国家安全观指出，政治安全是国家安全的根本。说到底，政治安全既是网络安全治理的重要内容之一，也是网络安全治理的核心目标之一。[1] 政治安全的内部基石是政治纪律，政治安全的崩坏必自政治纪律的崩坏开始。2018年2月，中共中央纪委对中央宣传部原副部长、中央网信办原主任鲁炜严重违纪问题立案审查。鲁炜案为党的网络安全治理纪律监督提供了典型教育警示案例，也告诫我们必须高度重视网络安全治理过程中党的纪律监督作用发挥，必须确保网络安全治理的政治红线不被践踏，必须坚决避免网络安全治理体系的内部腐坏。

政治纪律是各级党组织和全体党员在政治方向、政治立场、政治言论和政治行为方面必须遵守的规则，是党最重要、最根本、最关键的纪律。[2] 网络安全治理全过程中，要坚持党的集中统一领导，绝对离不开对政治纪律监督的坚定贯彻。政治纪律严明，全党才能在政治上高度统一、行动上步调一致，才能团结带领全国各族人民决胜全面建成小康社会，奋力夺取新时代中国特色社会主义伟大胜利。党的十九大明确提出把党的政治建设摆在首位，强调党的政治建设是党的根本性建设，决定党的建设方向和效果。

要落实网络安全治理纪律监督，就必须在网络安全治理全过程中坚持深化理想信念教育，锤炼过硬的理论素养和政治品格，永葆绝对忠诚的政治本色。通过理想信念教育，切实增强网络安全治理队伍学网、用网、管网、治网的政治责任感，深入学习宣传贯彻习近平总书记关于网络强国的重要思想，树立"四个意识"，坚定"四个自信"，坚决做到"两个维护"，自觉用习近平新时代中国特色社会主义思想武装头脑、指导实践、推动工作。[3]

在网络安全治理全过程中强调纪律监督，是坚持党的集中统一领导的题

---

[1] 参见刘远亮、虞崇胜："'双轮驱动'：推进网络政治安全能力建设的新路径"，载《中州学刊》2021年第6期，第14~20页。

[2] 参见蒋英州："理论、制度、实践：解决党性修养突出问题的方法体系——习近平总书记相关重要论述的系统研究"，载《西南大学学报（社会科学版）》2020年第6期，第1~12页。

[3] 参见季为民："论习近平关于网络强国的重要思想——写在习近平'4·19'讲话发表五周年之际"，载《新闻与传播研究》2021年第4期，第5~18页。

中应有之义。[1]这要求在网络安全治理纪律监督工作中，必须树立正确的选人用人导向，把讲政治、懂网络、敢担当、善创新的好干部真正选出来、用起来，特别是要在坚持党对网络安全治理队伍建设集中统一领导的前提下，做好主要岗位领导干部选拔配备，确保网络安全工作领导权牢牢掌握在忠于党、忠于人民、忠于马克思主义的人手里。

二、妥善处理数字经济与网络安全之间的平衡

数字经济这一概念最早由经济学家唐·塔普斯科特（Tapscott）在1996年提出，他认为数字经济是指一种广泛运用信息与通信技术的经济系统，其内在地包含基础设施、电子商务以及运用信息与通信技术的B2B、B2C和C2C交易模式。[2]数字经济在我国20世纪末、21世纪初开始被学界广泛关注，一开始也被称为"信息经济"或"知识经济"。[3]一般而言，数字经济是指以信息网络为基础或平台的、以信息技术与信息资源的应用为特征的、信息与知识起重大作用的经济活动。[4]近年来，数字经济在我国经济总量中的占比持续上升，逐步成为我国经济增长的新业态。

2022年初，习近平总书记在《求是》杂志发表重要文章《不断做强做优做大我国数字经济》，文中强调："发展数字经济意义重大，是把握新一轮科技革命和产业变革新机遇的战略选择。""我们要站在统筹中华民族伟大复兴战略全局和世界百年未有之大变局的高度，统筹国内国际两个大局、发展安全两件大事，充分发挥海量数据和丰富应用场景优势，促进数字技术和实体经济深度融合，赋能传统产业转型升级，催生新产业新业态新模式，不断做强做优做大我国数字经济。"习近平总书记的重要文章对我国现阶段发展数字经济提供了方向指南和蓝图擘画，统筹"发展安全两件大事"的提法也使得数字经济和网络安全统筹发展的问题正式进入国家发展全局层面的考量议程。

（一）正确认识数字经济高质量发展与网络安全保障的关系

在当前数字经济发展的过程中，有一种论调认为，目前对于数字经济的

---

[1] 参见王翠芳："新时代党内监督的创新发展"，载《中国特色社会主义研究》2020年第3期，第97~102页。

[2] Tapscott, D., *The Digital Economy: Promise and Peril in the Age of Networked Intelligence*, McGraw-Hill, 1996.

[3] 参见乌家培："信息社会的经济如何称谓"，载《经济学动态》1998年第7期，第20~21页。

[4] 参见刘建平："数字经济与政府规制"，载《中国行政管理》2002年第9期，第9~12页。

发展应用当中，对于网络安全的法律规制不应当过严，以免影响数字经济的迅猛势头。甚至出现了个别大型互联网公司的负责人公开宣称，在用户的个人信息安全方面，实际上是用户主动在出卖自己的隐私换取便利，因此对于用户个人信息的过度采集和使用甚至泄露，是数字经济不可避免的问题，也是用户基于自身利弊考量的自主选择。这种将网络安全置于经济效率之下的分析思路，并不利于数字经济长远的高质量发展。[1]事实上，没有任何一个国家、任何一种经济形态是可以脱离安全而实现高质量发展的。这既是从社会发展秩序的价值位阶排序来看的，也是从大量历史实践中的鲜活案例中总结出来的。[2]无数事实证明，牺牲安全来换取经济发展，是饮鸩止渴、不可持续的。2022年1月，美国Broward Health公共卫生系统公布了一起大规模用户就医的数据泄露事件，超130万人受到该事件影响。同在2022年1月，美国头部HR系统供应商Kronos私有云平台遭勒索软件攻击超过1个月仍未恢复，美国纽约城区超过2万名公共交通从业人员、克利夫兰市公共服务部门工作人员、联邦快递和全食超市员工以及全美各地大量医疗人员等均受到影响，政府、医院、企业等数千家组织的薪资无法发放，涉及近千万员工。这些案例都说明，网络安全对于经济社会发展的重要影响。

就我国当前的数字经济发展形势而言，我国已经在数字经济的规模和质量上取得了先发优势，在全球范围内积累了数字经济高质量发展的先天基础。但是我们也不能忽视，在我国早期的数字经济产业发展过程当中，不可避免地出现了一系列的网络安全问题。这既跟尚不发达的网络安全保障技术有很大的关系，也与目前我国的数字经济规制体系还不完善密切相关。也正因如此，强调网络安全对于数字经济的重要性，并非小题大做。中国作为一个数字经济大国，同时作为一个人口大国，其在数字产业当中积累的信息总量规模之巨大，出乎人们的想象。这样的一个数字大国，这样的一个数字体量，一旦不能为用户和社会提供强有力的网络安全保障，将可能在全国乃至于全球引发对于数字经济的严重风险事件。网络安全领域的风险可能是系统性的，牵一发而动全身，一旦引起蝴蝶效应，其对于经济的毁灭性影响将无法估量。因此，从数字经

---

〔1〕参见白雪洁、宋培、李琳："数字经济发展助推产业结构转型"，载《上海经济研究》2022年第5期，第77~91页。

〔2〕参见阚天舒、王子玥："美欧跨境数据流动治理范式及中国的进路"，载《国际关系研究》2021年第6期，第76~96页。

济高质量发展的角度来看，网络安全保障是既管长远又管眼前的重大问题。

（二）构建完善的数字经济的规制体系

2021年11月12日，国务院印发的《"十四五"数字经济发展规划》提出，到2025年，我国数字经济迈向全面扩展期，数字经济核心产业增加值占GDP（国内生产总值）比重达到10%。数字经济在事实上已经成为拉动我国经济增长的新引擎。

在蓬勃发展的同时，我们也必须看到数字经济与过往法治环境不相适应的地方并加以针对性的改善。数字经济的规制体系构建主要包括以下三个方面的内容：

第一，完善数字产业形态下的劳动用工权益保护制度。相比于传统的经济形态，数字经济在发展过程当中，对于就业人口数量的促进是非常明显的。这种对就业的促进效应是从两个方面来实现的。[1]一方面，由于数字经济本身提供的各种数字产业形态，使得就业的岗位迅速地增加。比如直播带货、短视频up主、短视频剪辑师等数字经济模式下特有的就业形态，由于可以突破时间和空间对于就业的一定束缚，因此贡献了大量的就业岗位。另一方面，由于数字经济模式对于传统行业的改变，使得传统行业当中一些对于数字经济较为敏感的就业岗位也在互联网信息技术的加持下，迅速得到了扩展和增长。比如外卖、出租车和快递行业，这些传统意义上的劳动密集型行业，在数字平台的信息归集下，逐渐成为大量灵活就业者聚集的重点行业。靠出卖劳动力来获得劳动报酬的灵活就业者，不再担心由于缺少订单而使得劳动力大量空置。在平台对于线上消费的高度刺激下，使得原本单纯只在线下进行的劳务提供，转变为线上对接线下交付的新模式。这使得相关行业进入的门槛进一步降低，对于劳动者的管理成本也进一步下降，同时使得劳动者获取相应订单的时间和经济成本也大幅度减少，由此实现了相关行业在人力供给和需求方面的数字革新。但随之而来的问题是，我国现行的《劳动法》《劳动合同法》《社会保险法》等对数字产业形态下的劳动用工权益保护，存在一定的空白和漏洞。比如，根据《社会保险法》的规定，网络直播者、外卖员等"非全日制从业人员"或"灵活就业人员"，由于其中相当一部分人不存在正

---

[1] 参见孟祺：《数字经济与高质量就业：理论与实证》，载《社会科学》2021年第2期，第47~58页。

式签订劳动合同的就业单位,因此并不享受单位缴纳社保的福利保障;而一些从事数字产业的市场主体就借助这一规定,大量通过灵活就业或非全日制用工的方式来规避为员工缴纳社保的法律义务。因此,需要适时出台《数字产业用工法》,或对《劳动法》等现有法律进行修改以及对数字产业劳动者权益保护进行专章规定,以满足数字经济蓬勃发展下的劳动权益保护法治需求。

第二,完善数字经济的流通交易保障制度。2015年7月至8月,国务院先后颁布《关于积极推进"互联网+"行动的指导意见》和《促进大数据发展行动纲要》,强调互联网和大数据对传统经济的赋能效用。从目前的经济形态来看,大量原本在线下进行的商品贸易和服务提供,在数字经济规模迅速提升的背景下,由线下转变为线上。从一开始的网络购物到现在的直播带货,从一开始的云存储空间到现在的元宇宙产业,数字经济在迅速拉抬商品贸易流通效率的同时,也在变革着商品贸易本身的形态。仅就直播电商一项而言,2020年中国直播电商市场规模超1.2万亿元,年增长率为197.0%。[1]一些原本在线下实体运营中非常低迷的企业,通过常态化自播带货吸引消费,获得了更可控的成本投入与更稳定的销量增长。在此背景下,为实体企业提供数字经济辅助服务也成了一个新兴的行业。"企查查"数据显示,截至2020年底,中国新增直播电商相关企业注册数6939家,累计注册有8862家,2019年至2020年增长了360.8%。可见数字经济目前的火爆程度。如此庞大的体量,对于现行的商品贸易法律制度也提出了重大考验。比如,现行的《产品质量法》对虚拟币、虚拟艺术品等数字商品的产品质量监管就缺乏相应的法律规定,而《广告法》对于目前火爆的"直播带货"也存在一定的监管规定缺失。因此,为了保障数字经济的法治化发展,需要根据数字经济发展的实际情况,通过修订相应法律法规和明确监管职能,对数字经济的流通交易保障制度体系加以完善。

第三,完善数字经济区域协同发展制度。数字经济相比于传统的线下经济,一个巨大的优势是,可以突破空间对于经济交换的限制。[2]这对于弥补我国东西部发展落差具有重大的意义。由于我国东西部资源禀赋的差异以及

---

[1] 参见艾瑞咨询发布的《2021年中国直播电商行业研究报告》。
[2] 参见刘权:"网络平台的公共性及其实现——以电商平台的法律规制为视角",载《法学研究》2020年第2期,第42~56页。

区位交通对于经济发展的影响,我国西部地区长期以来受制于资源的匮乏和交通的闭塞,天然与东部沿海地区形成了经济发展上的落差。[1]在此背景下,数字经济由于不依赖于空间对于经济发展的制约,因而对于西部地区是一次具有战略意义的经济变革契机。国家目前大力推进的"东数西算",就是这一战略意义的重要体现之一。[2]事实上,从近年来涌现的大量西部地区的网络代言人(如丁真等)在网络上的爆红,也在一定程度上说明了数字经济时代,西部地区可以通过互联网信息逐步弥补自己发展落差的重大契机。正因如此,通过制度构建,来推动东西部地区数字经济的协同发展,也是完善数字经济法治保障的一个重要任务。可以通过区域性协同立法、设置数字产业纠纷跨区域巡回法庭或仲裁委等方式,进一步促进数字经济的区域协同发展,进而更好地实现数字经济领域的共同富裕。

(三) 强化对于超大型数字经济主体的监管力度

在数字经济蓬勃发展、迅速增长的背景下,一些问题逐步地显露出来,引发了公众相关的担忧和警惕。这些担忧和警惕并非毫无依据。目前在数字经济的发展过程当中,大数据人工智能云存储等新兴技术广泛应用于各类网络服务之中,可以说这些技术的应用已经涵盖了数字经济所涉及行业服务的方方面面。而数字信息技术的快速进步和相关法律规制政策的缺位形成了鲜明的对比,在监管的有效性上,形成了巨大的数字经济规制盲区。举例来说,人脸识别、指纹识别、虹膜识别等生物识别技术已经被广泛应用于人们的日常生活当中。但是相关生物数据信息的管理和储存却缺乏规范的制度管理,随处可见过度收集个人生物信息和泄露相关信息数据的案例。[3]除此之外,超大型数字经济主体借助其垄断地位和技术优势。所开发的各类算法,在更好地满足了公众消费需求的同时,也在一定程度上侵害了公众的个人隐私和信息安全。这在近年来一些大型互联网公司的数字应用当中并不鲜见。

一个典型的例子是"滴滴出行"的行政处罚案。2022年7月21日,"网

---

〔1〕 参见全毅:"我国沿边地区开放型经济体制的基本内容与构建路径",载《云南大学学报(社会科学版)》2021年第4期,第110~120页。

〔2〕 参见张可云等:"数字经济是推动区域经济发展的新动力",载《区域经济评论》2022年第3期,第8~19页。

〔3〕 参见刘琦等:"大数据生物特征识别技术研究进展",载《科技导报》2021年第19期,第74~82页。

信中国"发布对"滴滴"处以 80.26 亿元罚款的决定,让"滴滴"成为舆论关注的焦点。据"滴滴"发布的年报,2021 年,"滴滴"营收 1738.27 亿元,同比增长 22.64%。截至 2021 年 6 月,"滴滴出行"应用活跃人数已经达到 7 亿人。如此庞大的用户数量和海量的出行轨迹信息,使得"滴滴"可以借助自身归集的用户信息,根据大数据模型推测出国家一些重要组织机构的上下班规律,亦可结合国内外重大事件,分析研判国家部委、地方政府部门上下班信息,推测重点应对部门与主管部门,抑或结合国家政策变化,分析非政府工作人员去政府机构办事频率,推测政策执行效果。甚至还可以依据精确地图信息、用户轨迹信息、交通流量信息用于战略打击情报分析,了解人群密集区域和时间。如此巨大的数据分析威力,一旦为别有用心者掌握,将对我国安全形成重大威胁。但是显然,"滴滴"对于这一恶劣后果的预防措施并不到位。从国家网信办《关于下架"滴滴出行"App 的通报》可见,"滴滴出行"App 存在严重违法违规收集使用个人信息问题,对用户个人信息的收集、储存、传输、应用等并未遵守国家法律规定。

从"滴滴出行"这一案例中可以发现,类似"滴滴"这样的超大型数字经济主体,在信息的收集、存储、传输和应用过程当中,如何能够确保个人和国家的信息安全,这在目前已经成为制约数字经济快速发展的一个重大问题。为了确保国家网络信息安全不被资本所威胁、避免重大网络信息安全事件的发生,必须通过及时修订《反垄断法》《数据安全法》《个人信息保护法》等法律法规及其配套司法解释和地方立法,强化对于超大型数字经济主体的监管力度,明确其对于公民和国家信息数据的收集、存储、传输和应用的法律责任和负面清单,坚决禁止擅自收集和使用信息数据以及违规出口运输数据的行为。

三、立法、执法与司法等各项环节的统筹协调

网络安全的法治健全,离不开立法执法与司法各项环节的统筹协调。在我国,网络安全立法、执法、司法各个环节紧密相连,相互配合,共同在网络安全治理方面发挥了重大的社会治理功能。

(一)网络安全立法环节的治理功能发挥

立法是法治的首要环节,没有完善的立法体系,就没有执法和司法的完善。因此对于网络安全而言,立法环节是首要的内容,也是直接决定网络安

全治理功能发挥的第一要素。[1]就网络安全立法而言,我国的立法经历了一个从无到有的过程。从历史来看,我国的网络安全立法起步较晚。1996年国务院出台的《计算机信息网络国际联网管理暂行规定》,是我国网络安全立法领域中的第一部直接关于计算机信息网络安全的行政法规。而2012年全国人大常委会颁布的《关于加强网络信息保护的决定》,则首次以最高权力机关决定的形式,强调网络信息安全保护问题。从整体上来看,我国关于网络安全的立法体系尚不完善,无论是系统性、完整性还是条文的精细程度,还远远未能达到满足我国网络安全现实需求的程度。[2]

党的十八大之后,我国关于网络安全的立法步伐进入了快车道。党的十八大以来,我国陆续颁布了《网络安全法》《数据安全法》《个人信息保护法》等法律法规,不断强化对个人数据权益和隐私安全的保护。在网络安全立法的四梁八柱逐步构建起来的同时,我国在网络安全领域的立法活动也逐步地从框架式的规范向精细化的条文延伸。主要表现在顶层设计更为重视网络安全,在数字经济、算法开发、数据管理等领域的监管力度不断地细化和强化。立法对于网络安全的规制和重视,不再仅停留在原则性的规定上,转而从更为细致的角度,对网络安全在经济社会发展各个领域当中的应用有了更为具体的要求。[3]这离不开以习近平同志为核心的党中央对于网络安全的高度重视。2021年,习近平总书记在主持中央财经委员会第九次会议和中共中央政治局第三十四次集体学习时,对数据产权制度建设、平台经济反垄断和企业责任等数字经济规制的重大问题作出重要部署。2021年12月,国务院颁布的《"十四五"数字经济发展规划》和国家发改委等九部门联合颁布的《关于推动平台经济规范健康持续发展的若干意见》,提出要完善数字经济安全体系,不断探索符合数字经济持续健康发展的治理方式,细化平台企业数据处理规则,探索数据和算法安全监管等。在党中央和国务院对网络安全的持续关注下,基于中央作出的顶层设计,各地方人大和地方政府也对网络安

---

[1] 参见姜伟:"全面依法治国的重点任务——习近平法治思想的学习体会",载《法律适用》2021年第10期,第3~8页。

[2] 参见张龑:"网络空间安全立法的双重基础",载《中国社会科学》2021年第10期,第83~104页。

[3] 参见张光、宋歌:"数字经济下的全球规则博弈与中国路径选择——基于跨境数据流动规制视角",载《学术交流》2022年第1期,第96~113页。

全进行了更为细化的立法探索。截至 2022 年 9 月,我国各地方人大政府制定的直接规制网络安全的地方性法规和地方政府规章,共计 112 部。其中绝大多数为党的十九大之后新制定的地方规范性法律文件。这在另一个角度证明了党中央对网络安全的重视在立法体系当中的鲜明体现。

(二)网络安全执法环节的治理功能发挥

执法是网络安全治理中的重头戏,也是难点之所在。正因为网络信息技术的迅猛发展,使得网络应用突破了时间和空间的限制,进而导致网络安全执法的难度大大高于传统执法。[1]大量不断涌现出的新型网络信息违法手段,隐蔽性强、破坏性大、直接责任人定位难、法律模糊地带较多,非常考验网络安全执法人员的执法水平。从大量实践来看,目前关于网络安全的执法方式,主要依赖于以下四种:

第一,网络执法部门日常巡查。2019 年 8 月,宿迁某水闸管理局被网络执法部门在日常巡查中发现未按照网络安全等级保护要求,落实安全管理和防护工作。该管理局隶属水利部淮委沂沭泗局,是沂沭泗河洪水东调南下工程体系中的重要组成部分,属关键信息基础设施,其网络安全问题事关社会稳定和群众切身利益。宿迁警方依据《网络安全法》第 21 条、第 31 条、第 59 条的规定,对该水闸管理局予以警告,责令限期整改,落实网络安全等级保护制度。

第二,社会舆情引发的专案调查。2017 年,东北大学毕业生李某星通过"BOSS 直聘"网站找工作,疑遭遇"李鬼"公司,被骗进传销组织,不久后自杀离世,引发舆论关注。2017 年 8 月 11 日,北京市网信办、天津市网信办联合约谈了李某星之死的直接涉事招聘网站 BOSS 直聘法定代表人,要求该网站整改网站招聘信息。据悉,经相关部门调查,BOSS 直聘在为用户提供信息发布服务过程中,违规为未提供真实身份信息的用户提供了信息发布服务;未采取有效措施对用户发布传输的信息进行严格管理,导致违法违规信息扩散。北京市网信办相关负责人表示,BOSS 直聘的上述问题已违反《网络安全法》第 24 条、第 47 条的规定。

第三,执法部门专项检查。2020 年 8 月 13 日 10 时 30 分许,三河市公安局行宫东大街派出所民警在对三河某燃气有限公司进行网络安全检查时发现,

---

[1] 参见徐汉明、张新平:"网络社会治理的法治模式",载《中国社会科学》2018 年第 2 期,第 48~71 页。

该单位未建立安全培训和考核制度，没有对信息安全进行等级保护，未落实网络安全保护责任。三河市警方根据《网络安全法》第 33 条、第 34 条、第 36 条、第 38 条和第 59 条的规定，依法对该公司警告处罚。

第四，群众举报立案调查。2020 年 2 月，安徽铜陵市公安局铜官分局民警通过群众举报，发现辖区居民张某在微信群内发布"新湖家园有开出租车的一家三口，感染新型冠状病毒严重，全家已送往合肥治疗，出租车号 9986"的不实言论，后宗某将该信息转发至 4 个微信群。消息一经发布，迅速在网上扩散，对公共秩序造成不良影响。张某、宗某的行为构成利用网络散布谣言、谎报疫情扰乱公共秩序，市公安机关及时予以立案，依据《治安管理处罚法》《网络安全法》的规定，对张某、宗某分别处以 500 元罚款。

从以上四种网络安全执法方式及其对应的典型案例可以发现，目前我国关于网络安全执法的手段和方式，还高度依赖于已发现线索或网络执法部门的专项工作。在发现网络安全违法犯罪线索、启动执法工作的快捷性、精准性和全面性上，还有很大的提升空间。[1]这也导致了目前在网络安全违法犯罪领域，许多违法犯罪嫌疑人还存在较大的侥幸心理。

（三）网络安全司法环节的治理功能发挥

司法环节是网络安全法治保障的最后一道防线，也是重大网络安全违法犯罪行为的最终惩治手段。[2]在我国，司法环节对网络安全的治理功能发挥主要是通过以下四个渠道来完成的：

第一，最高司法机关在全国人民代表大会的授权下依法制定的各类司法解释性质文件对网络安全司法环节具体法律应用问题作解释规定，与法律法规形成有机补充，自 1996 年以来，最高人民检察院和最高人民法院关于网络安全的司法解释性质文件已经达到 55 份之多，对于打击网络安全违法犯罪行为起到了关键作用。其中具有代表性的，包括最高人民法院、最高人民检察院《关于办理非法利用信息网络、帮助信息网络犯罪活动等刑事案件适用法律若干问题的解释》，最高人民法院《关于审理侵害信息网络传播权民事纠纷案件适用法律若干问题的规定》等几部司法解释，在案件审理过程中的应用

---

〔1〕参见单勇："数字看门人与超大平台的犯罪治理"，载《法律科学（西北政法大学学报）》2022 年第 2 期，第 74~88 页。

〔2〕参见童建明："努力让人民群众在每一个司法案件中感受到公平正义——学习习近平总书记关于公正司法重要论述的体会"，载《国家检察官学院学报》2021 年第 4 期，第 3~16 页。

非常广泛，发挥了巨大的治理作用。

第二，依法打击和审判网络安全领域的犯罪活动。目前我国网络安全犯罪的主要形式是帮助信息网络犯罪活动和侵犯公民个人信息犯罪活动这两大类型。根据最高人民法院新闻发布会上披露的数据，2017年至2021年，全国法院一审审结帮助信息网络犯罪活动犯罪案件6.7万件，10.2万名被告人被判处刑罚；审结侵犯公民个人信息犯罪案件1.3万件，2.7万名被告人被判处刑罚。2022年上半年，全国法院一审审结帮助信息网络犯罪活动犯罪案件3.9万件，6.8万名被告人被判处刑罚；审结侵犯公民个人信息犯罪案件2300余件，4800余名被告人被判处刑罚。[1]

第三，通过公益诉讼的形式代表社会公众对侵害网络安全的违法行为进行控告。在我国，公益诉讼的提起是由人民检察院负责的。2017年6月27日，第十二届全国人大常委会第二十八次会议表决通过了《关于修改〈中华人民共和国民事诉讼法〉和〈中华人民共和国行政诉讼法〉的决定》，自此，我国检察机关获得了提起民事公益诉讼和行政公益诉讼的法定权力。网络安全作为典型的社会公众利益体现，是公益诉讼提起的重要领域。[2]近年来，我国在网络安全公益诉讼领域涌现出了一系列具有示范性意义的典型案件。2021年3月11日，浙江省杭州市余杭区检察院诉国内某知名短视频公司侵犯儿童个人信息民事公益诉讼案，经杭州互联网法院出具调解书后结案。此前，检察机关就该案提出了停止侵权、赔礼道歉、消除影响、赔偿损失等诉求，某公司均无异议，目前已针对存在问题全面开展整改。据公开报道，该案系《民法典》实施及《未成年人保护法》修订后，检察机关针对"未成年人网络保护"提起的民事公益诉讼全国第一案。

第四，通过对有关部门和社会主体制发检察建议督促其履行网络安全防护职能。检察建议是我国法律监督体系中的重要监督手段，突出体现了我国检察机关作为法定的法律监督机关在社会治理中的监督效能。尤其是行政公益诉讼诉前检察建议的制发，作为检察机关对行政执法部门提起行政公益诉讼的前置性程序，对于督促行政执法部门履行执法职能、纠正违法过失，具

---

[1] 罗沙、齐琪："2017年至2021年全国法院一审审结电诈案件超10万件"，载https://baijiahao.baidu.com/s?id=1743206966169075576&wfr=spider&for=pc，2022年10月8日最后访问。

[2] 参见徐全兵："检察机关提起行政公益诉讼的职能定位与制度构建"，载《行政法学研究》2017年第5期，第77~86页。

有突出的监督效果。[1]2020年，最高人民检察院向工业和信息化部发出"第六号检察建议"，重点围绕网络黑灰产业链条整治、App违法违规收集个人信息、未成年人网络保护等问题提出治理建议，并抄送公安部等部门，在全国范围内形成了良好的社会治理效果。

第二节 逐步培育网络安全的社会治理

一、倡导社会主义网络文化

（一）坚持网络文化传播中的社会主义意识形态立场

倡导社会主义网络文化，首要的就是坚持网络文化传播中的社会主义意识形态立场。网络文化传播中的意识形态斗争，在进入21世纪之后，开始被世界各国普遍重视。以美国为始作俑者，一些西方国家通过网络技术手段在世界范围内挑动所谓"颜色革命"，进行意识形态渗透，扶持政治反对派，培养亲西方势力。[2]其主要手段就是操纵媒体宣传，煽动街头政治，由谷歌、推特、脸书等大型网络公司提供技术支撑，利用其在网络信息传播领域的技术优势和用户基数，大规模散布煽动性影像资料。伊拉克、叙利亚等一些国家在这种长期的网络文化引导下，国家凝聚力被逐步瓦解分化，社会内部矛盾被层层放大，最终导致政权颠覆、社会动荡，彻底沦为以美国为最大受益者的霸权主义国家之附庸。

坚持网络文化传播中的社会主义意识形态立场，需要高度警惕通过网络文化传播手段进行扩散的各类分裂言论。针对我国，境外势力在意识形态问题上的分裂图谋，一直以来从未停歇。一些别有用心者，在国际外交场合和新闻媒体舆论中运用各种手段对以中国为首要代表的社会主义政权进行无所不用其极的诋毁和污蔑。近些年来，借助各类社交网络软件进行破坏和分裂行动，已经成为当前西方国家对我国进行意识形态斗争的主要形式之一。[3]

---

[1] 参见解文轶执笔："行政检察工作的现状与发展"，载《国家检察官学院学报》2015年第5期，第66~75页。

[2] 参见孙炳炎："清醒认识西方意识形态渗透的'四化'新态势"，载《理论探索》2020年第6期，第70~76页。

[3] 参见李晟："国家安全视角下社交机器人的法律规制"，载《中外法学》2022年第2期，第425~444页。

以美国前国务卿蓬佩奥等为典型代表，部分常年充当反华急先锋的西方政客更是公然声称，网络信息技术是西方国家遏制中国崛起的一个重大突破口。[1]这一状况充分显示了西方敌对势力利用其在互联网信息技术上巨大的影响力和封锁能力，试图在网络空间形成对中国的意识形态操纵。因此，必须通过严格网络信息安全审查制度、网络 IP 实名制等手段，对境外各类分裂言论的传播扩散进行打击和防控。

坚持网络文化传播中的社会主义意识形态立场，需要通过技术手段和网络安全审查程序着重抵制和预防境外势力通过网络技术手段侵入我国网络文化阵地的两种方式。一种是利用网络信息传播形成外交和舆论封锁，联合各领域之中的反华力量，在国际网络舆论中断章取义，故意扭曲中国的声音，妖魔化中国的正常国家形象。在网络信息传播过程中，刻意操弄人权议题和环保议题等舆论热点，造成中国和西方的主流社会的观点与形象对立。另一种则是找准阶层对立的缝隙，煽动我国内部社会分裂，通过煽动热点事件在网络环境中的不正常发酵，刻意制造中国社会的阶层和民族对立情绪，着力培养极端民族主义和极端民粹主义等激进的社会派系，并围绕某些负面事件，在网络环境中散播大量不实信息和恶意煽动性评论，引导民意向不正常的方向发展，最终造成严重的社会对立情绪。[2]由于网络具有与传统媒体类似的传播、放大效应，现实中的群体性事件会转化为网络突发群体事件，更进一步则有可能催生现实中的公共危机。[3]上述两种方式，一外一内，需要采取不同的手段加以应对。对于来自境外的网络分裂信息，主要可以采取封锁境外可疑 IP、外交对等反制、公开批驳曝光等方式进行应对。对于来自境内的网络分裂信息，主要可以采取严格内容审查、评论实名制、网络 IP 地址溯源等方式进行应对。需要特别注意的是，应当注意尊重合理合法的公民诉求在网络上的表达传播，确保公民合法权益和正当的媒体监督不被限制。

（二）倡导社会主义网络文化的基本原则

之所以强调社会主义网络文化不同于普遍意义上的网络文化，是因为在

---

[1] 参见刘建华："美国对华网络意识形态输出的新变化及我们的应对"，载《马克思主义研究》2019 年第 1 期，第 140~149 页。

[2] 参见廖祥忠："总体国家安全观视阈下网络文化安全的内涵特征、治理现状与建设思考"，载《现代传播（中国传媒大学学报）》2021 年第 6 期，第 1~7 页。

[3] 参见王金水："公民网络政治参与与政治稳定"，载《中国行政管理》2011 年第 5 期，第 74~77 页。

中国共产党的领导下，网络文化的形成与发展，天然与中国共产党的宗旨相联系、与社会主义的前进方向相联系、与人民群众的切身利益相联系。[1]由此，倡导社会主义网络文化，除了要将中国共产党的领导贯彻始终，还需要遵守以下四条基本原则：

第一，坚守爱国主义基本底线。爱国是对中华人民共和国公民的最基本要求，也是每一个中国公民从事网络文化活动的最基本底线。无论是从事网络文化产品的生产和消费，还是参与网络热点事件的评论和表达，都必须以爱国主义为首要原则。[2]值得注意的是，爱国主义并不是一句简单的口号，其在网络文化活动当中有着非常具体的表现。比如，一些网络带货的主播，在商品讲解过程当中使用了领土标识不完整的中国地图；一些自媒体博主，发表的言论涉及伤害我国民族英雄和烈士的名誉；还有一些网友，在九一八事变、南京大屠杀纪念日等这样的重大历史事件时间节点，发布了一些娱乐性过强、伤害民族感情的内容。这些都是在网络生活中缺乏爱国意识的具体表现。因此，在网络文化中坚守爱国主义基本底线，绝不是空喊几句爱国的口号，而是要将爱国主义基本底线全程贯彻于每一个公民和社会组织参与网络文化生活的每一个细节之中。

第二，遵守公民基本社会公德。公民基本社会公德，是道德领域中公民集体的最大公约数，是现代社会中道德伦理的一般性要求。可以说，公民基本社会公德在网络文化中扮演了价值衡量的最重要标尺。[3]一种网络文化现象，或者一种网络文化产品，能否获得人民群众的认可，能否对社会发展提供精神助益，第一衡量标准就是其是否符合公民基本社会公德。一些网民发布的言论或短视频"段子"，其所谓的"笑点"往往建立在对弱势群体的嘲讽挖苦或传统家庭伦理的调侃解构上，这就属于违背公民基本社会公德的表现，表面上看似通过哗众取宠的方式在网络上博得了一些"粉丝"的关注，但实际上这种博眼球的方式一旦在更大的范围内被曝光和关注，马上就会遭

---

[1] 参见阙天舒、莫非："总体国家安全观下的网络生态治理——整体演化、联动谱系与推进路径"，载《当代世界与社会主义》2021年第1期，第65~72页。

[2] 参见张晓东："中国公民精神在新时代的实践理性升华——《新时代公民道德建设实施纲要》的理论境域"，载《江苏行政学院学报》2020年第2期，第5~17页。

[3] 参见徐梓彦、黄明理："论改革开放以来我国公民道德演进与发展——基于《公民道德建设实施纲要》和《新时代公民道德建设实施纲要》"，载《东南大学学报（哲学社会科学版）》2020年第6期，第35~40页。

到广大人民群众的批评和唾弃。这深刻说明，即使在网络环境中，人们对于道德的基本评价尺度也并未放宽。要营造天朗气清、风清气正的社会主义网络文化，绝离不开公民基本社会公德对网络文化内容的把关和评价。

第三，敬畏网络活动法律红线。互联网不是法外之地，在虚拟空间当中，人们一样要遵守现实的法律。一方面，公民个体在参与互联网文化活动的过程中，必须以法律法规为基本准则，绝不能践踏法律红线；另一方面，公权力机关在参与互联网文化活动时，也必须以身作则，带头维护法律秩序，履行法律义务。[1]在实践中，公民个体遵守网络文化活动的法律法规，已经在日常生活当中被反复强调。同样地，公权力机关也应当高度重视参与互联网活动的法律要求，尤其是涉及涉密信息、舆情事件、涉外言论等重点领域的网络文化活动，其相关法律法规的约束要求更应当被各类公权力机关高度重视。

第四，尊重不同群体意见分歧。作为公民，每个人对于同一问题的看法，不可避免地由于所处立场和看问题的角度不同而产生不同的看法。[2]因此，在网络信息交流的过程中，不同群体之间产生意见分歧是再普通不过的事情。事实上，理越辩越明，只有在充分交换意见的前提下，一些公共议题的讨论才是行之有效的。在网络信息交流的过程当中，尊重不同群体的意见分歧，是一个基本的原则。求同存异，尊重不同群体的意见和利益，寻求意见的最大公约数，也是社会主义网络文化的题中应有之义。

（三）倡导社会主义网络文化的主要进路

在上述基本原则下，倡导社会主义网络文化可以从"供给方、需求方、监管方"三个维度进行具体的规制。

第一，从供给方的角度来看，网络文化产品的产出，根源于产品的供给者对现实世界的世界观和价值观。[3]换言之，网络文化产品的供给者投放到互联网环境当中的网络文化产品，在很大程度上反映了其自身的世界观和价值观，是其对于现实世界的认识和评价的高度反映。从宏观层面上来讲，全

---

[1] 参见段泽孝："英烈精神保护中公法与私法的衔接"，载《吉首大学学报（社会科学版）》2019年第6期，第117~126页。

[2] 参见章楚加："重大环境行政决策中的公众参与权利实现路径——基于权能分析视角"，载《理论月刊》2021年第5期，第82~90页。

[3] 参见张文君、孟宪平："建设新时代网络思想文化阵地的多重探赜"，载《学海》2022年第2期，第5~12页。

民网络文化素养的提升，势必要通过全民教育的久久为功来完成。所以，这一工作不是一两年内通过某些短期的强化措施可以完成的，而是要将网络文化作为全民教育体系当中的一个重要组成部分来进行强调和建设。[1]事实上，目前一些地方正在开展的网络文化教育课程，为目前青少年群体当中对于网络文化现象的正确认识起到了重要的引导作用。如在教育部主管的"中国慕课网"上，与网络文化相关的课程已有40余种。其中江西师范大学开设的《网络文学与文化》等国家级精品课程的选修人数均已过千。而从微观层面上来看，网络平台对于网络文化产品的供给者所提供的激励设计，也对网络文化产品供给者的世界观和价值观形成了较大的影响。尤其是对于一些青少年网络文化从业者，平台的打赏、分红、推送、限流等激励制度，直接影响了其在从事网络活动的过程当中会形成怎样的世界观和价值观。一些靠出位行为来吸引观众眼球的网络文化产品，之所以在网络市场上大行其道，离不开平台出于经济考虑为其设置的激励制度。因此，在网络文化产品供给者的激励方面，平台对于引导网络文化产品供给者的三观向善向好，有不可推卸的社会责任。[2]

第二，从需求方的角度来看，按照一般的市场规律，有什么样的需求，市场经济就会产生什么样的供给产品，去满足这样的需求。也正因如此，市场经济条件下，网络文化产品的供需关系往往在不正确的需求的刺激下，形成了畸形的产品供给。一些低俗、庸俗、恶俗的网络文化产品，正是在大量不符合法律或不符合道德的需求基础上被生产出来的。[3]遗憾的是，目前我们对于网络文化产品的监管和规制重点仍然主要放在对于网络文化产品供给者上，对于不法网络文化产品的需求者，仍然缺乏较为有效的监管和规制。比如对于网络上盗版电子书的购买者，现有的监管措施没有对其购买盗版电子书的行为进行有效的惩戒。再比如，对于一些色情直播的打赏，或付费购买者，目前法律也没有对其进行有效的制裁。这使得大量的不法网络文化产

---

〔1〕参见张新新、刘一燃："编辑数字素养与技能体系的建构——基于出版深度融合发展战略的思考"，载《中国编辑》2022年第6期，第4~10页。

〔2〕参见刘洪愧："数字贸易发展的经济效应与推进方略"，载《改革》2020年第3期，第40~52页。

〔3〕参见赵惜群、凌娟、翟中杰："网络灰色地带的生成流变机理与治理方略"，载《华南师范大学学报（社会科学版）》2019年第5期，第60~68页。

品，在旺盛的市场需求之下被持续地生产和销售。因此，从市场经济的供需关系规律上考虑，对于一些不法网络文化产品的需求者，应当通过立法的形式，对其相应的购买行为进行惩处，以此来铲除不法网络文化产品的深厚需求土壤。

第三，从监管者的角度来看，规范网络文化产品经营市场已经成为当务之急。在市场经济的条件下，网络文化产品的需求和供给随市场规律的变化而变化，在刺激和催生了多样化网络文化产品的同时，也使得相关市场经营过程当中产生了各种各样的问题。以网络直播行业为例，快手、抖音等大量直播类软件的快速兴起，一方面形成了规模巨大的网络直播市场，另一方面也使得一些涉及黑灰产业地下市场需求被快速地激发了出来。由于我国对于直播行业的相关监管政策尚不完善，数量庞大的违法违规网络文化产品以及打"擦边球"的网络文化内容，得不到及时的监管和处罚。[1]这些负面文化产品在破坏了整个市场经营秩序的同时，也使得网络文化受众群体被污染的程度大大增加，严重败坏了我国目前正在发展中的网络文化风气。因此，尽快以有力的措施规范网络文化产品经营市场已经成为当务之急。2022年9月，文化和旅游部起草了《关于规范网络演出剧（节）目经营活动 推动行业健康有序发展的通知（征求意见稿）》，拟以行政许可的形式强化对网络演出供给方的监管，如能正式进入相关立法，预计将成为规范网络文化产品经营市场的一大有力措施。但是从整体上看，我国对于网络文化产品经营市场的规制体系仍然算不上完善。大量相应的监管制度，还有待被建立起来。

二、发挥社会组织网络安全治理的效能

对于现代国家而言，发达的社会组织是社会治理有效进行的重要保障之一，也是发挥人民民主自治自理的重要抓手。根据中国社会组织网的数据，截至2021年1月20日，我国社会组织登记总数已经突破90万家。[2]在我国社会组织登记总数不断增加的大背景下，如何发挥好社会组织参与社会治理的重要功能，已经成为目前我们国家在社会治理过程当中需要认真思考的问

---

[1] 参见邓年生、姜博文、黄丽芳："批判与破解：对移动直播的理性反思与深度追问"，载《山西大学学报（哲学社会科学版）》2017年第4期，第68~74页。

[2] 王亦君、先藕洁："民政部：我国已登记社会组织90万个 慈善组织超1万个"，载《中国青年报》2022年9月8日。

题。就网络安全而言,单纯依靠政府进行网络安全治理,显然无法达到最优的效果。[1]那么就需要考虑,如何能够发挥和提升数量庞大的社会组织参与网络安全治理的效能。

(一) 整合网络安全社会治理资源

社会组织在社会治理中,相较于政府而言,一个独特的优势是可以通过非官方的途径来整合各类社会治理资源,服务于治理目标和治理需求。这意味着各类社会组织可以通过较为低廉的经济成本和更为高效的组织形式,整合和调动各种社会治理资源,投入网络安全的治理过程当中。[2]比如,广东、北京等地已先后发起成立了网络安全协会等社会组织,专门以服务网络安全治理净化网络空间,为宗旨和目标从事各类社会服务,已经取得了较为明显的社会治理效果。一方面,这些社会组织可以整合、统筹民间的网络安全能人及其社会资源,通过组织志愿服务、政府购买服务等形式,来将这些社会资源的治理效能高效地发挥出来。另一方面,也作为与政府相关监管部门进行对接的桥梁,把相关的信息和政策支持有效传达到民间。[3]从而在信息沟通方面搭建起了有效的组织机制,这就实现了网络安全社会治理资源的整合。

(二) 形成网络安全第三方监管力量

社会组织作为独立于监管部门和网络活动参与者的第三方,其在社会监督方面所具有的强大动能,可以为网络安全提供来自民间的第三方保障。举例来说,21世纪初我国在应对境外势力黑客破坏行为的过程当中,自发形成的"中国红客联盟",就是独立于我国政府部门的第三方网络安全监管力量。通过参与"中国红客联盟",一些具有高度爱国主义情怀的网络技术专业人士以"中国红客"自称,自发自觉地通过有组织的网络反击行为,为保障我国的网络安全作出了突出的贡献。而除了专业技术人士,一般公民通过自发地举报非法网络活动、开展网络安全宣讲等一系列的网络安全社会服务活动,也逐渐地形成了各类网络安全领域社会团体,从而有利于网络环境的安全监

---

[1] 参见刘美萍:"重大突发事件网络舆情协同治理机制构建研究",载《求实》2022年第5期,第64~76页。

[2] 参见曹海军、梁赛:"基层社会治理现代化的'三基'取径——基于平安中国建设的思考",载《治理研究》2021年第2期,第52~62页。

[3] 参见汪世荣:"'枫桥经验'视野下的基层社会治理制度供给研究",载《中国法学》2018年第6期,第5~22页。

管组织化、系统化、社会化。[1]目前，根据2018年5月在北京成立的中国网络社会组织联合会（国家网信办主管）披露的信息，全国已有中国网络空间安全协会、中国电子信息行业联合会等18个全国性网络安全社会组织，各地的网络安全社会组织也在蓬勃发展之中，为我国网络安全社会化监管提供了强有力的保障。

（三）培育公民网络文化素养

"网络不仅仅是一个技术概念，更是一个社会文化的概念。"[2]正是由于网络文化生活的高度社会性，任何一个国家、任何一个社会都不可能在脱离社群的基础上培育良好的公民网络文化素养。一方面，互联网文化生活当中的所有信息互动，本身必然属于特定社群的信息交流，带有鲜明的社会属性。这决定了，一切互联网信息的交换都势必打上互联网使用者所在社群的文化烙印。另一方面，从社会学的角度来看，公民在参与网络文化生活的过程当中，其性格和文化习惯也在被网络文化群体的各方面特质所型塑着。一个在互联网环境当中所表现出来的性格特质和文化属性，可能与其在现实生活当中的外在表现迥然不同。因此，无论是线上虚拟的社会组织活动，还是线下实体的社会组织活动，都对公民网络文化素养的形成有着至关重要的作用。健康积极向上的社会组织，能够将成员使用互联网过程中的价值取向，朝着正面积极的方向去引导。同时，其内部成体系的自律机制和监督机制，也会对于组织成员合理合法使用互联网，起到正式的法律规范所不具备的规范效果。[3]正因如此，各类网络安全社会组织在培育公民网络文化素养方面的影响力和贡献正在与日俱增。比如，2022年8月，上海市杨浦区的一批互联网企业发起组织的"杨浦区网络安全宣传员"队伍，发出了"全民护网e企行动"倡议，通过义务宣讲、体验观摩等方式，引导社区居民和在校学生重视网络安全，学习网络安全基本常识。通过这样的一些社会组织，可以从基层着手，辅助行政部门长久和广泛地开展对于公民网络文化素养的培育和提升。

---

[1] 参见许可："数据爬取的正当性及其边界"，载《中国法学》2021年第2期，第166~188页。

[2] [美]唐·泰普斯科特：《数字化成长3.0》，云帆译，中国人民大学出版社2009年版，第136页。

[3] 参见伍俊斌："网络政治参与的实现路径分析"，载《理论与现代化》2015年第2期，第15~22页。

三、提升社会主体参与网络安全的积极性

（一）激励社会主体举报破坏网络安全的违法行为

充分发动各类社会主体举报破坏网络安全的违法行为，是我国在互联网治理领域的重要优势，也是当前对互联网违法和不良信息进行及时处理的主要途径。相比于网络执法部门开展的网络巡查和专项案件打击行动，依托社会主体进行日常监督，能够更为广泛和快捷地发现各类互联网违法和不良信息，有利于网络环境净化监督的常态化。[1]据官方数据，仅2022年9月，全国各大互联网违法和不良信息举报受理平台就受理了网络违法和不良信息举报1518.8万件。[2]这样庞大的举报体量，如果没有广泛而通畅的信息举报渠道，是不可能实现的。目前我国主要的互联网违法和不良信息举报渠道，包括在线举报、电话举报、书信举报和现场举报等多种形式，极大地便利了各类社会主体对互联网不法行为的监督。

各类社会主体对互联网违法和不良信息的积极监督举报，离不开官方对于监督举报者的充分激励。互联网违法和不良信息举报中心、12321网络不良与垃圾信息举报受理中心、网络违法犯罪举报网站、全国"扫黄打非"办公室举报中心四个全国性的互联网违法信息举报平台联合发布的《举报互联网和手机媒体淫秽色情及低俗信息奖励办法》规定，对举报有功人员视不同情况分别给予1000元至10 000元人民币奖励，对提供违法人员较详细基本情况的予以追加奖励。这一规定，有效地提升了各类社会主体参与网络违法和不良信息监督举报的积极性。但是，从非官方的激励体系来说，激励制度的构建还不完善。2022年9月，在全国主要网站平台受理的举报中，主要商业网站平台受理量占52.3%，达723.8万件。[3]这意味着各大主要商业网站平台，已经成为受理互联网违法和不良信息举报的重要端口。但是不同于官方举报平台的是，互联网商业平台出于经济利益的考虑，对于一些危害自身平台运营和商业盈利行为的举报，容易选择压制或者忽略，从而伤害了举报者的监督积极性，更谈不上对于举报者的物质激励。因此，如何要求互联网商业平

---

[1] 参见林华："网络谣言治理市场机制的构造"，载《行政法学研究》2020年第1期，第66~76页。

[2] 信息来源：中央网信办（国家互联网信息办公室）违法和不良信息举报中心公开数据。

[3] 信息来源：中央网信办（国家互联网信息办公室）违法和不良信息举报中心公开数据。

台进一步加强对互联网违法和不良信息举报者的激励，是一个值得考虑的问题。

(二) 破除弱势群体使用互联网的壁垒障碍

20世纪末，随着互联网信息技术的突飞猛进，学者们开始关注到了不同阶层不同身份的社会主体，在使用互联网信息技术方面存在的巨大差异以及由此带来的不平等问题。有学者将这种不平等称为"数字鸿沟"，并陆续提出了"接入沟、使用沟和知识沟"这三个不同层次的"数字鸿沟"。复旦大学2022年10月发布的《中老年人用网情况及网络素养调研报告》指出，适度使用互联网和短视频，有助于提升中老年人福祉。[1]在看到中老年人通过使用互联网可以获得的一系列福祉的同时，我们也需要注意到，中老年人在使用互联网信息技术方面还存在巨大的障碍，也就是所谓的数字鸿沟。而在我国目前老龄化程度逐渐加深的大背景下，为数众多的中老年人在使用互联网的过程中，如果存在不可弥合的数字鸿沟，那么势必影响弱势群体使用互联网配合国家进行网络安全治理的进程。因此。通过各种社会教育手段和普惠性措施，来为中老年人、留守妇女、贫困人员等弱势群体进行互联网信息技术使用赋能，提升这些群体对于互联网安全的重视程度和治理意识，将有效提升社会主体参与网络安全治理的积极性和治理效率。[2]这既是从我国网络安全治理的成本和效率上来考虑的，也是从共同富裕的角度来考虑的。在共建共治共享的理念下，让更多的社会主体积极参与网络安全治理，保障他们在网络环境治理当中的话语权，既是充分动员社会力量、净化网络环境的必然要求，更是社会全员参与网络活动、分享网络红利、行使合法网络权利的应有之义。

(三) 吸纳社会主体参与网络安全人才培养

专业人才培养是社会治理过程当中必要的资源筹集环节。人才作为社会治理的第一要素，是反映社会治理效率的一个重要风向标。能否实现网络安全的高效治理，关键在于能否发掘培育和储备一批网络安全领域的高级人才。当前，由于我国在网络安全人才培养体系方面起步较晚，目前能够胜任网络

---

[1] "中老年人用网情况及网络素养报告：整体用网情况良好"，载 https://www.thepaper.cn/newsDetail_forward_20206995，2022年8月12日最后访问。

[2] 参见杨一帆、潘君豪："老年群体的数字融入困境及应对路径"，载《新闻与写作》2021年第3期，第22~29页。

安全专业需求的人才数量还较少。尤其是在涉及新型技术应用的一些领域中，比如人工智能、大数据、云计算等新领域的网络安全，尤其缺少高级人才的参与。这种人才上的匮乏问题，既是量的层面上，也是质的层面上的。因此，为了强化我国网络安全人才培养体系，除了在政府层面上要加大对于网络安全人才培养的政策和经费投入，也要充分吸纳各类有条件的社会主体，尤其是大型互联网企业和科研机构参与到网络安全人才培养的过程当中来。2022年7月1日，在中央网信办指导下，网络安全学院学生创新资助计划正式启动。天融信科技集团、奇安信集团、蔚来、蚂蚁集团、中国互联网发展基金会网络安全专项基金作为资助方，出资7800万元连续五年计划资助1200名学生开展创新研究。[1]这是社会主体深度参与网络安全人才培养的一个典型案例，值得我国许多大型互联网企业和非营利组织学习。但需要注意的是，社会主体参与网络安全人才培养，不光可以通过投资的方式来进行，还可以通过技术开源、普惠性技术教育、技术下乡、信息科普等一系列的手段来进行，[2]从而形成社会力量参与网络安全人才培养和储备的组合拳，真正实现与政府主导的网络安全人才培养体系的高效互补。

四、加快网络信息核心技术的自主创新

从网络安全的基本逻辑来讲，无论是从国与国的层面上看，还是从企业与企业、人与人的层面上看，所谓网络安全，实际上就是围绕网络关键信息展开的一系列攻防问题。如何把有害的网络行为和网络信息阻绝于正常的网络环境秩序之外，这是网络安全的核心问题。而决定网络是否真正安全的关键因素，是网络信息核心技术。显然，无论是主权国家，还是大型互联网企业，网络信息核心技术的匮乏，就如同在战争中缺乏足够的军事装备，只能被动挨打。尤其是在网络信息核心技术和相应的配套设施不能够实现自主、自给的情况下，更是犹如把自己的关键网络信息充分暴露于他人的监控之下。正如习近平总书记所说的："近代以来，西方国家之所以能称雄世界，一个重要原因就是掌握了高端科技。"目前，我国在网络信息技术及其产业应用方

---

[1] 参见"网络安全学院学生创新资助计划正式启动"，载http://politics.people.com.cn/n1/2022/0704/c1001-32465490.html，2022年8月12日最后访问。

[2] 参见李艳、孙宝云、刘崇瑞："英国网络安全人才培养机制及其对我国的启示"，载《电子政务》2019年第5期，第65~77页。

面，还存在核心技术自主创新不足的问题。[1] 2016年10月9日，中共中央政治局就实施网络强国战略进行第三十六次集体学习时，习近平总书记强调，要加快推进网络信息技术自主创新，加快数字经济对经济发展的推动，加快提高网络管理水平，加快增强网络空间安全防御能力，加快用网络信息技术推进社会治理，加快提升我国对网络空间的国际话语权和规则制定权，朝着建设网络强国目标不懈努力。这为我国在网络信息核心技术上的自主创新提出了战略层面的要求。

（一）强化鼓励企业从事网络信息核心技术研发的财政投入力度

网络信息核心技术的研发，不是一朝一夕就能够完成的快速工程。事实上，西方发达国家在网络信息核心技术上的先发优势，也是建立在第三次工业革命以来长达几十年持续不懈的技术投入之上的。2021年全球企业研发投入排名前20名中，中国企业只有华为和阿里巴巴两家企业排名其中，而美国企业则入选9席，占据半壁江山。而在排名前列的20家企业中，前6位均为互联网和电子设备制造企业，美国企业占据其中4席，且研发经费年投入都在千亿美元以上。[2] 这充分说明了当前世界各国在网络信息技术领域激烈的竞争态势和经费投入上的白热化。不可否认的是，我国在网络信息核心技术研发方面的企业投入，在短时间之内不可能达到以美国为首的西方发达国家的水平。为了缩短这种企业投入经费上面的巨大差距，政府应当通过国家税收政策等手段，对于在网络信息核心技术研发方面取得重大突破的企业予以倾斜，减免或免征企业所得税，发放技术研发补贴和技术研发奖励基金，以此鼓励企业从事网络信息核心技术研发。[3]

（二）组织"国家队"研发关键技术和共性基础技术

2022年10月，中央全面深化改革委员会第二十七次会议审议通过了《关于健全社会主义市场经济条件下关键核心技术攻关新型举国体制的意见》。由此，"关键核心技术攻关新型举国体制"作为一个重要概念被提了出来。所谓"关键核心技术攻关新型举国体制"，简而言之就是通过国家层面上的资源配

---

[1] 参见许先春："习近平关于发展我国数字经济的战略思考"，载《中共党史研究》2022年第3期，第17~30页。

[2] 数据来源：《欧盟2021工业研发投入积分榜》。

[3] 参见辜胜阻等："创新驱动与核心技术突破是高质量发展的基石"，载《中国软科学》2018年第10期，第9~18页。

置，组织国家队研发关键技术和共性基础技术，好钢用在刀刃上，以此突破在关键技术领域投入资源不足、研究力量各自为战、研究方向分散的瓶颈问题。在关键核心技术攻关新型举国体制下，政府作为关键技术和共性基础技术研发的主导保障，需要统筹各方资源，促进新型科研院所与企业间的高效对接，一要对接宏观规划、政策方向，为产学研一体化提供具体支持；二要迅速建立起国内统一的技术标准，打造区域性的共性基础技术平台，为小规模的数字化项目的开发、试点和应用推广提供公共普惠性支持；三要调动企业积极性，对部分重点行业的企业研发力量和市场推广行为进行有效的组织和指导。[1]尤其是在超大型项目的研发方面，政府必须充当有效的沟通纽带，使新时代的举国体制能在大型企业的参与助力下更好地实现瓶颈突破，使市场主体在营利和爱国间实现平衡，充分把产业发展的经济效益与社会效益统一起来，才能充分实现我国网络信息技术在核心技术领域的重大突破。

(三) 提高信息技术产业应用国产化率

之前已经论述过，在网络安全保障的问题上，工欲善其事，必先利其器。在核心技术不能实现自主、自给的情况下，就谈不上网络安全。在2022年俄罗斯和乌克兰爆发的局部冲突当中，我们可以发现：整体军力明显落后于俄罗斯的乌克兰军队，在某些国家提供的高精度卫星支持下，一度使俄罗斯军队陷于左支右绌的境地当中。而其军事打击的精确性，又高度依赖"星链"卫星网络技术。而讽刺的是，"星链"被许多国家作为民用产业的关键技术支持引进和应用，一旦爆发冲突对抗，原本用于民用产业的技术一转身就能快速变为服务于军事和政治目的的撒手锏。从这一事例，我们可以推知核心关键网络信息技术的威力。那么我们也不禁需要考虑这样一个问题：具备这样威力的技术和设备一旦被频繁应用于国与国之间的对抗，我们能否在这样的技术压制下，有效保障我国的国家利益和网络安全？居安思危，正是在全球政治局势动荡莫测的大背景下，冲突对抗越是频繁激烈，我们越需要在关键信息技术的研发和应用方面提高警惕，逐步通过自主研发和自主替代，提升信息技术产业应用的国产化率。尤其是在关键民用设施和其配套技术方面，必须将技术应用的主动权牢牢掌握在自己手中，由此才能避免在关键技术领

---

[1] 参见孙笑明等："国家主导技术创新组织模式研究——技术创新选择视角"，载《科技进步与对策》2021年第5期，第19~28页。

域受制于人，以至于在一些非常时刻陷入被动。[1]当然，这样的一个过程是艰难的。无论是从技术研发还是从经济效率上来讲，都必须在相当长的一段时期内付出较大的经济投入、牺牲一定的经济利益。但是不经过这样的一个阶段，我国的网络信息技术产业就无法形成完整的自主技术体系，其发展就容易在关键节点上受制于人，国家、企业和公民个人的网络安全就越发得不到充分的保障。因此，在提高信息技术产业应用国产化率的过程当中，应当充分保持高度的政治自觉和居安思危的长远意识，克服短期的一些困难，为子孙后代的福祉和国家网络安全的独立自主打好基础。

近年来，受芯片断供等事件影响，我国网络信息产业领域的核心科技尤其是上游核心技术受制于人的现状对我国经济发展、社会稳定等都提出了严峻考验，为解决核心技术"卡脖子""受制于人"等问题，科技自立自强已经纳入国家发展战略。[2]我国对此已经出台了一系列支持政策，如《新时期促进集成电路和软件产业高质量发展的若干政策》《国家政务信息化项目建设管理办法》《关键信息基础设施安全保护条例》等。其中，《关键信息基础设施安全保护条例》明确要求关键信息基础设施运营者应当优先采购安全可信的网络产品和服务，确保供应链安全，进而实现从基础软硬件到上层应用都自主可控和安全可信。

第三节 完善参与网络安全的全球治理机制

一、以联合国作为主要平台积极参与全球网络安全治理机制

（一）联合更多发展中国家参与联合国主导的全球网络安全治理机制

在全球网络安全治理体系中，联合国正在通过多种方式来发挥其作为全球最大国际组织的主导作用。在制订国际网络安全治理规范的基础上，联合国试图不断加强各会员国的网络安全治理水平，以促进其所主导建立的全球网络安全治理体系在全球范围内的推广落地。众所周知，在网络安全治理的议题

---

[1] 参见李勃昕等："技术封锁是否会抑制中国创新发展？——基于国外技术引进和国内技术购买的对冲效应解释"，载《统计研究》2021年第10期，第23～37页。

[2] 参见万鹏宇、王弘钰、汲海锋："产业技术创新战略联盟中的突破式创新研究"，载《经济纵横》2020年第1期，第96～105页。

上，国与国之间的界限早已被突破，所以，无论哪个国家，在网络安全治理问题上都不可能绕开联合国在国际网络安全治理上建立起来的规则体系。[1]因此，积极参与联合国主导的全球网络安全治理机制，对于中国参与国际网络安全治理有着十分重大的现实意义。

鉴于当前中国在国际网络安全治理环境中的地位和面临的主要问题，中国参与联合国主导的全球网络安全治理机制的主要策略应当是联合更多发展中国家共同抵制以美国为首的网络霸权主义。在经历了2007年4月爱沙尼亚遭遇的大规模网络战和2013年的"斯诺登棱镜门"事件之后，国际社会对于网络安全有了更为深刻的认识和担忧。但是，在国际互联网治理标准应当如何确定的议题上，各国在网络信息技术水平上的差距造成了不同发展水平的国家持不同的看法。技术上的后发国家在互联网信息技术研发和应用上的权利如何保障，是造成各国在制定国际互联网治理标准的过程中无法取得一致的主要因素。以美国、法国和德国为首的传统互联网信息技术大国，出于自身国家利益和产业发展利益的考虑，更多地试图在国际互联网治理规则的制定中限制发展中国家的技术探索。[2]而更多的互联网技术弱势国家则针锋相对，坚决抵制这种限制，故而在相关议题上长期议而不决。这决定了中国必须通过联合国这一国际平台联合更多发展中国家，尤其是在互联网信息技术方面相对落后的发展中国家，共同冲破传统互联网信息技术大国的技术封锁和国际对抗，为发展中国家参与制定国际互联网治理标准争取更多话语权。

而与此同时，由于互联网的无国界性，越是在较落后的发展中国家，推广与网络信息技术发展趋势相适应的互联网治理规则越有必要。这是由发展中国家普遍薄弱的网络信息产业监管体系和执法效能所决定的。[3]因此，通过联合国取得更多发展中国家的共识与合作，以确保较落后的发达国家在受到网络袭击后，不会因为受到网络袭击而导致更多的国与国之间的发展鸿沟，是非常有现实紧迫性的。事实上，联合国早在2015年就已经在一份调查报告

---

[1] 参见鲁传颖、[美]约翰·马勒里："体制复合体理论视角下的人工智能全球治理进程"，载《国际观察》2018年第4期，第67~83页。

[2] 参见郎平："国际互联网治理：挑战与应对"，载《国际经济评论》2016年第2期，第127~141页。

[3] 参见杨晓强、李若瀚："国际网络空间安全治理：困境、反思与对策"，载《河南社会科学》2022年第6期，第101~109页。

中谈及,全世界每年因跨国互联网犯罪而遭到侵害的总人数已经数以百万计,尤其是在发展中国家,跨国互联网犯罪快速蔓延开来,导致了包括中国在内的大量发展中国家经济和法治上的严重损害。因此,中国借助联合国在发展中国家群体中的影响力和组织能力推行公允的全球网络安全标准就显得非常必要。这既使得广大发展中国家的话语权和利益在协商过程中得到最大可能的尊重,也使得新建构起来的国际网络安全新秩序可以尽量摆脱西方发达国家的控制。

(二)借助联合国在全球网络安全治理中的特有优势维护自身利益

自联合国成立以来,其作为最主要的国际性组织,在全球协同事务的组织协商过程中发挥了重大的协调作用。尽管由于以美国为代表的个别国家仍然存在较强的霸权主义思想,使得联合国在许多问题的协商和处理上,仍然存在较大的局限性。[1]但不可否认的是,联合国仍然是目前全球议题协商解决的最好途径。尤其是在国际网络安全治理领域,联合国对于网络安全治理的优势正在愈发地凸显出来。通过借助联合国在全球网络安全治理中的特有优势,可以更好地在全球网络安全治理进程中维护我国自身利益。

第一,应当借助联合国协调各方利益的对话优势,争取更多国际网络安全治理领域的国际共识,形成一批实质性的国家条约。由于联合国作为国际间组织的属性,其在网络安全治理上不会像主权国家一样受到自身国家利益的限制,因而在各国利益的平衡上,更能代表和体现大部分国家的利益。这就使得联合国作为网络安全治理议题的最主要协商渠道,为各国合理平衡网络国际利益提供了一个较为平等的协商平台。同样地,正因为联合国相对于主权国家和区域性合作组织而言,更难以被个别国家所操纵,所以在协调各方利益冲突、推动全球协商一致的角度上来说,更多的国家愿意在联合国的协商框架下进行网络安全利益的分配和妥协。[2]而这正好与互联网治理议题的无边界性高度适应。

第二,应当利用好联合国的斡旋功能,调和与各西方大国之间的网络安全治理争议,避免不必要的冲突摩擦。在一超多强的世界政治格局下,大国

---

〔1〕参见[美]劳拉·德拉迪斯:《互联网治理全球博弈》,覃庆玲等译,中国人民大学出版社2017年版,第37页。

〔2〕参见王明国:"全球互联网治理的模式变迁、制度逻辑与重构路径",载《世界经济与政治》2015年第3期,第47~73页。

与小国的国际事务话语权达成了一种基本稳定的平衡状态,而这种平衡状态正是建立在以联合国作为主要协商框架的基础上。也就是说,联合国作为大国和小国之间以及大国和大国之间利益冲突的缓冲器,可以避免国与国之间由于具体的网络安全议题发生的冲突矛盾扩大化,将其烈度控制在一个世界各国普遍可接受的范围内。既确保大国在网络安全议题上不采取极端的手段,也保证更多的小国能够在网络安全治理议题上保有最基本的话语权和国家利益。

第三,通过联合国搭建的平台,可以实现与友好国家或非政府组织之间的网络安全治理资源共享互惠,进一步弥合我国与互联网大国之间的网络安全技术鸿沟。联合国作为超主权国家范畴的国际性组织,其在充分调动国际社会各界人士参与网络安全治理上具有得天独厚的优势。尤其是在调动更多的非政府组织人士参与全球网络安保上,不带有明显国家利益倾向性的联合国,更容易被国际专业人士和非政府组织所认同,进而在最大限度上实现国际网络安全治理的资源统筹配置。[1]而且在网络安全技术较为薄弱的小国提供普惠性服务的领域,联合国的治理功能可以被更为有效地体现出来。

(三) 我国参与联合国主导全球网络安全治理机制的现实目标

尽管我国参与联合国主导全球网络安全治理机制既是全球网络安全治理需求的必然选择,也是我国维护自身国际网络安全权益的题中应有之义,但是从联合国的运行现状和全球网络安全治理的历史进程来看,短期内我国参与联合国主导全球网络安全治理机制的现实目标是争取更多国际网络安全治理具体议题的话语权以及捍卫自身网络安全主权。

众所周知,联合国的权力来源于其在国际议题协商方面的专业性和中立性。在过去相当长的一段时间里,联合国基于其运营宗旨为实现全球福祉作出的一系列努力为世界文明的整体进步作出了积极贡献。在世界范围内,联合国是否能够真正促进网络安全的发展,这将直接影响到其在世界舞台上的话语地位。当前,在国际网络安全治理规则的制定上,联合国如何解决大国之间的根本利益冲突,已经成为它面临的主要挑战之一。[2]比如,关于俄罗

---

[1] 参见董青岭:"多元合作主义与网络安全治理",载《世界经济与政治》2014年第11期,第52~72页。

[2] 参见盛辰超:"联合国在全球网络安全治理中的规范功能研究",载《国际论坛》2016年第3期,第7~12页。

斯于1998年提出的关于互联网武器管制的议案，虽然在联合国层面上得到了一定的支持，但是至今该议案所涉及的主要国家还没有就具体实施的方案取得一致意见。显然，美国等在互联网武器的研发和应用上具有先发优势的个别国家，不可能轻易放弃其在多年以来互联网武器方面取得的技术优势和应用利益。即使是联合国也不可能完全解决这方面的利益冲突。而与此同时，俄罗斯、中国等其他世界大国又不可能长期容忍美国等国家利用其在互联网武器领域的保有优势对其他国家进行互联网攻击而不受任何限制。正是因为大国与大国之间在互联网武器管制方面的根本利益冲突长期得不到妥善解决，也更加无法顾及小国在互联网武器管制方面的利益，联合国在这一议题上的贡献，就只能止于提供一个对话的窗口，而暂时仍然无法实现问题解决的实质性突破。2011年9月，俄罗斯和中国将《信息安全国际行为准则（草案）》递交给了联合国，要求尽快在联合国成员之间就协议达成一致。然而，英美等西方发达国家却对此表示了坚决反对。2013年12月，联合国大会通过了第68/243号决议，探讨现行的国际法在互联网领域是否可以应用。在大会讨论过程中，美国和欧盟主要成员都是互联网军事化的主要支持者，而中国和俄罗斯则对此表示了坚决的反对。显然在这一议题上，世界主要国家都表现出了根本利益上的分歧和冲突。一旦互联网军事化，就有可能打开国际互联网战争的"潘多拉魔盒"，进而打破目前和平与发展的全球化主基调和大国之间勉强形成的军事平衡。这是国际社会所不愿看到的。由于主要国家的根本利益无法在这一议题上进行妥协，因此联合国对于这一议题只能长期搁置、议而不决。

从现实出发，联合国对于国际网络安全治理领域的作用发挥，仍然无力平衡和调节大国之间的根本利益冲突，迫使其在国际网络安全治理领域作出妥协和让步，对于美国等传统互联网信息技术大国在网络安全领域的越轨行为，也无法在联合国层面上进行有效的制裁。因此，联合国对于国际网络安全治理议题的解决，其作用发挥主要在于争取更多的合作机会和资源，而非对于核心关切问题作出实质性的裁断。[1]事实上，在现阶段制定和推行一套成熟的国际网络安全治理规则体系，时机尚不成熟。即使有这样的可能性，也不可能通过联合国在现阶段组织一些初步的磋商性谈判来完成。在国际网

---

〔1〕参见王孔祥："网络安全的国际合作机制探析"，载《国际论坛》2013年第5期，第1~7页。

络安全治理格局尚未出现大的转型契机、世界主要互联网大国之间的博弈尚未出现阶段性结果、全球网络安全技术普及尚未达到一定程度的大背景下，国际网络安全治理议题无法得到一劳永逸式的解决和回应。[1]因此就国际网络安全治理议题来说，我国目前最为迫切的任务，是通过联合国在一些合作契机较为成熟、国际共识较为明确的子议题上先行取得国际合作的成果。比如联合打击网络跨国犯罪、培育网络安全治理人才、为广大发展中国家提供网络安全技术普惠性支持等。

二、搭建全球网络安全治理的新制度框架

全球网络安全治理新制度框架，从组成内容上来看，全球网络安全治理的新制度框架至少应当包括六个部分：一是全球网络安全治理的标准立废制度；二是全球网络安全治理的对话协商制度；三是全球网络安全治理的资源配置制度；四是全球网络安全治理的平等监督制度，五是全球网络安全治理的惩罚制裁制度，六是全球网络安全治理的技术协作制度。目前来看，由于各国利益协商不充分等多方面原因，全球网络安全治理新制度框架还远未成形，这也成为中国参与全球网络安全治理的一个重要国际任务。

全球网络安全治理新制度框架的实践探索最初由欧洲各国所发起。2019年6月27日，欧洲议会和欧盟理事会第2019/881号条例《关于欧洲网络与信息安全局信息和通信技术的网络安全》正式施行。该法在制度设计、涵盖范围以及监管手段等问题上具有开创性、系统性、科学性和前瞻性，为全球网络和信息通讯安全的法律设计、网络安全保护的国际合作以及网络安全标准体系的完善提供了值得参考的新思路。伴随着以欧盟为代表的区域性组织的一系列举措，全球网络安全治理的新制度框架正在被提上国际议事日程，渐渐为全球所关注。

搭建全球网络安全治理新制度框架，首先要克服的是美国等国顽固的网络霸权主义思想。21世纪初以来，美国、欧盟主要成员国等发达国家过分强调在国际网络安全治理过程中的非国家行动者的领导地位，而发展中国家则坚持国家仍然是最主要的治理主体，即使建立非国家行动者性质的治理主体，

---

[1] 参见郎平："全球网络空间规则制定的合作与博弈"，载《国际展望》2014年第6期，第138~152页。

那么这样的主体也应该由联合国来发起和主导，而非个别国家牵头或直接控制的超主权国际组织。正由于无法在这方面达成充分共识，许多国际网络安全治理议题的对话都因此而陷入了僵局。近十年来，随着互联网技术与数字经济的飞速发展，国际上对网络安全问题的认识也出现了一些改变，世界各国也逐渐认识到，在网络空间治理过程中，没有一个国家能够承担包办一切的职能，国际社会也不可能允许任何一个国家具有这样的权威。[1]在这一背景下，美国和欧盟主要成员国在国际网络安全治理议题上强硬的态度虽然有所缓和，但是仍旧依仗自身在信息网络技术领域长年积累的技术优势和产业规模在国际网络安全治理议题上指手画脚，试图保全其既得利益。这为全球网络安全治理新制度框架的形成带来了一层阴霾。

从现实来看，中国搭建全球网络安全治理的新制度框架的一个良好切入点是数字经济领域。全球网络安全治理新制度框架缓慢形成的过程中，随着数字经济的发展和政府网络安全治理观念的转变，世界各国对全球网络安全议题越来越重视，对其中国家之间利益分配和均衡发展问题的关注度也越来越高。全球网络安全治理新制度框架建立的核心问题依然是发达国家与发展中国家在网络安全议题解决中话语权分配的问题。除了联合国，二十国集团（G20）、经济合作组织（OECD）、东盟地区论坛（ARF）等国际和区域组织都在积极参与和促进全球网络安全治理的国际合作。[2]在现任联合国秘书长古特雷斯的大力支持下，联合国试图通过建立一个全球性的网络安全治理体系，以统筹各国在网络安全治理议题上的利益与分歧。古特雷斯主张各方在网络安全治理共识的基础上，签署一份旨在建立更加包容的国际协定。联合国在世界范围内致力于网络安全治理体系化的倡议，使得全球网络空间治理问题的焦点由安全转移到发展，由关注网络安全主导权的归属问题向以数字经济发展的议题转变。[3]这是一个缓解当前网络安全治理分歧的方案，将促进更多的国家重视数字经济的发展，同时也将为中国参与制定国际数字经济

---

[1] 参见郭丰："全球网络空间治理态势与国际规范制定"，载《北京航空航天大学学报（社会科学版）》2021年第5期，第40~42页。

[2] 参见董青岭："多元合作主义与网络安全治理"，载《世界经济与政治》2014年第11期，第52~72页。

[3] 参见杨楠："大国'数据战'与全球数据治理的前景"，载《社会科学》2021年第7期，第44~58页。

安全发展的保障性规则提供契机,进而促进各国就完善当前网络安全治理的制度框架与中国进行深度的合作。

三、坚守全球网络安全治理的基本原则

2015年12月16日,在浙江乌镇开幕的第二届世界互联网大会上,习近平总书记指出,推进全球互联网治理体系变革,应该坚持"尊重网络主权、维护和平安全、促进开放合作、构建良好秩序"四原则。以上四原则,可以作为全球网络安全治理的基本原则,为世界各国开展全球网络安全治理合作提供基本指引。

（一）尊重网络主权

目前,对于网络主权的明确定义尚未形成共识。总体来说,对网络主权的认识可以分为三种主要的观点：一是认为网络主权不同于传统意义上国际法对国家主权的规定,而应当被认为是一种超越国家主权的"泛在主权"；二是认为网络主权严格同一于国家主权,无国家主权则无网络主权,网络主权从属于国家主权,应当按照国际法对于国家主权的规定,从属地和属人两个层面上确定主权管辖关系；三是认为网络主权虽然是国家主权的重要组成部分,但是从网络的无边界性出发,网络主权的行使从方法论的角度来说势必不可能完全等同于国家主权的行使,需要通过探索建构出一套全新的主权机制来配合国家主权对网络环境进行治理。[1]对于这些观点,张新宝教授等提出,国家主权要坚持对网络空间的适用性,反对消解主权的"网络自身主权论"和弱化主权的"多利益攸关方治理模式",[2]得到了多数学者的认同。事实上,世界各国尊重网络主权的核心问题,仍然是尊重他国内政,也即是尊重主权国家对于自身网络治理自主权,坚决避免霸权主义和政治干涉。只有明确了这一点,才能探讨网络主权的具体内容和行使机制。

（二）维护和平安全

当前,国际社会多极化的趋势不断加强,经济全球化的进程在摩擦和碰撞中不断曲折前行。大数据、人工智能科学技术的发展迅速,使全球网络安

---

[1] 参见陈星:"论网络空间主权的理论基础与中国方案",载《甘肃社会科学》2022年第3期,第113~121页。

[2] 张新宝、许可:"网络空间主权的治理模式及其制度构建",载《中国社会科学》2016年第8期,第139~158页。

全的形势不断发生重大变革。整体来看，全球范围内的和平与发展是一种无法阻挡的历史趋势，具体到网络安全领域亦是如此。维持与增进全球互联网世界的和平与稳定，就需要建立一个和平安全的互联网环境，在网络信息技术发展上摒弃冷战思想，建立互信互利的新格局和平等合作的网络安全理念。这要求世界各国和各大国际组织都要在网络安全领域强调协作而非对抗，以维护世界和平为己任。包容性、协同性和共享性应当成为网络信息技术全球合作的基本价值取向。[1]事实表明，对抗和冲突无益于互联网世界的长远发展，在网络世界中一样需要遵守《联合国宪章》、尊重各国人民的自由意志。

（三）促进开放合作

开放是互联网世界的核心特质，也是互联网服务人类福祉进步的关键因素。在2021年的中关村论坛，习近平总书记指出：当前，世界百年未有之大变局加速演进，新冠肺炎疫情影响广泛深远，世界经济复苏面临严峻挑战，世界各国更加需要加强科技开放合作，通过科技创新共同探索解决重要全球性问题的途径和方法，共同应对时代挑战，共同促进人类和平与发展的崇高事业。在网络安全领域，网络信息技术的发展与应用必须具有全球视野，把握时代脉搏，紧扣人类生产生活提出的新要求。[2]在开放合作的议题上，我们需要高度重视网络安全领域的科技创新，尤其在核心技术上，应当积极参与全球研发协作，致力于推动全球科技创新协作，以更加开放的态度加强国际科技交流，在独立自主的前提下，实现网络安全领域的技术共赢与共进。

（四）构建良好秩序

构建良好秩序，是维护网络安全、推进全球互联网治理体系变革的重要目标。归根结底，全球互联网治理体系变革所要实现的目的在于确保世界互联网资源配置的公平性。这离不开良好的互联网治理秩序。良好的全球互联网治理秩序，其核心是平等协商、互利共赢，对于反对网络霸权主义、网络恐怖主义的意义是深远而关键的。围绕话语权争夺与利益博弈，全球互联网治

---

[1] 邹旭怡：“全球互联网治理困境与网络空间命运共同体构建的价值取向”，载《天津社会科学》2020年第2期，第83~87页。

[2] 参见支振锋："互联网全球治理的法治之道"，载《法制与社会发展》2017年第1期，第91~105页。

理模式经历了网络自由主义、多利益攸关方、国家回归与再主权化三个阶段。[1]在全球互联网治理模式不断演化的过程中,全球互联网治理秩序也在动荡中不断实现革新。目前来看,全球互联网治理秩序还远未定型、难称完善,距离形成真正意义上的网络空间命运共同体还有相当长的路程。

四、强化与理念相同国家的网络安全合作

毋庸置疑,在全球网络安全形势日益严峻的大背景下,各国之间的通力合作,对于解决当前各国面临的网络安全危机是至关重要的。由于互联网世界的无边界性,任何一个国家都不可能在当前网络危机蔓延全球的背景下独善其身。[2]同样地,如果没有健全完善的国际网络安全合作共识性理念,使各国之间通力配合、有效化解网络安全危机,那么个别国家在网络安全领域好不容易建筑起来的防御屏障,也将在国与国之间的冲突对抗和不合作态度下被逐渐瓦解。这就要求世界各国在互联网治理领域必须在网络安全的合作理念上取得相应的共识。这既是合作的前提,也是合作的效果保障。

2022年9月5日,中国国家计算机病毒应急处理中心和360安全科技公司联合发布的调查报告显示,美国国家安全局应当对2021年6月西北工业大学受到的大量的网络袭击负责。调查发现,由于西北工业大学在我国国防科研领域的特殊地位,美国一直在进行着针对西北工业大学的黑客入侵,不仅长期盗用学校的网络设备配置、网络管理数据、维护数据等技术数据,甚至还动用了41种专门的网络攻击武器对西北工业大学的校内科研信息进行长期监控和信息捕捉。调查报告曝光后,舆论哗然。美国为了应对世界各国的谴责,声称西北工业大学参与了中国策划的4起针对美国的间谍活动,试图将此次网络袭击的焦点从其身上转移,以掩饰其违反国际共识对主权国家重要科研机构进行网络入侵的行为。

这一实例充分说明,当前网络空间的安全问题已成为世界各国共同面临的一项严峻挑战,而且美国在这一系列网络安全问题中扮演了令人极为不齿的反面角色。事实上,美国在互联网上的肆意妄为,已经将自己推向了各个

---

[1] 金华:"区块链架构下的全球互联网建设:治理体系与中国进路",载《学术探索》2021年第10期,第11~21页。

[2] 参见杨鲁慧:"百年变局下的国际格局调整与中国引领新型周边关系",载《理论探讨》2021年第1期,第38~45页。

爱好和平、维护全球网络安全的主权国家的对立面。对此，我国在积极发展自身网络安全防御手段的同时，也需要同理念相同的世界各国达成共识和合作，进一步在全球范围内形成对霸权主义与强权政治在网络安全领域的抵制力量，吸引更多爱好和平和发展的国家，积极主动地参与到国际互联网治理中来，形成治理合力，发挥正面作用。

在国际网络安全治理问题上，互联网领域的公约与条约则是重要的法律保障，而政府间国际组织则具体负责治理实践的开展。[1]因此，积极争取与理念相同国家的网络安全合作，是我国当前在网络安全治理领域中一个重要而迫切的任务。事实上，世界各国目前在网络安全治理上，已经有诸多国与国之间合作的典型案例。国际网络安全治理的区域化合作已经成为大的趋势。比如，欧盟与美国签订了《安全港协议》和一系列计划，在个人隐私信息保护、数据信任和双边条约等方面达成部分共识；美国和日本也在情报信息共享领域以及提升网络威慑方面达成协议，以更好地解决网络空间的一些问题；葡萄牙和巴西则在电信领域情报交换方面签订了条约；欧盟议会于2016年通过的《通用数据保护条例》自2018年5月起生效，作为史上最严的数据保护条例涉及范围广泛，也为各国关于信息技术方面的立法和实务提供了有效的指引。

近年来，我国在国与国之间的网络安全治理合作当中，展现出了博大的胸怀和先进的治理理念，积极争取了较多的国际对话和实质性合作。[2]比如，中俄提出了在国际信息安全领域合作的政府间协定以及网络行为准则等，强调网络政策是各国的国家主权，不能用信息网络影响全球稳定，也为国际信息安全的处理提供了方案；自2008年以来已举办六届中英互联网圆桌会议，其间中英两国签署了首份网络安全协议；中国还与俄罗斯、哈萨克斯坦、吉尔吉斯斯坦、塔吉克斯坦和乌兹别克斯坦等国在上海合作组织（SCO）成员国会议上就国际网络安全进行了深度对话；2019年10月20日在中国浙江乌镇召开的第六届世界互联网大会召开前夕，在中国的积极推动下，世界互联网大会组委会发布了《携手构建网络空间命运共同体》的概念文件，提出了

---

[1] 王明国："全球互联网治理的模式变迁、制度逻辑与重构路径"，载《世界经济与政治》2015年第3期，第47~73页。

[2] 参见李强、曾薇："网络安全治理中的国际协作"，载《中国科技论坛》2016年第11期，第26~31页。

"智能互联开放合作——携手共建网络空间命运共同体"这一主题,呼吁全球各国一起纵论网络空间发展趋势、共商网络空间合作途径。这些合作与对话,都为中国在网络安全领域的国际影响力发挥产生了积极有效的作用,有利于维护中国在国际互联网治理领域的国家利益。

五、维护网络安全是国际社会的共同责任

随着世界网民的不断增多,全球性的网络空间逐渐形成。同时,随着网络背景下世界各国之间的联系日益紧密,人类共同的利益日益增多,网络社会生态的好坏关乎全人类的前途命运,构筑全球网络空间命运共同体,营造积极健康、向上向善的网络生态,符合人类的共同愿望。

(一) 把握国际合作的重要契机

全球互联时代,谁掌握了互联网技术,谁就能够在互联网竞争时代的大潮当中分得一杯羹。维护网络安全,表面上来看是一种防御性的措施,是一种对于应急状态的被动应对。但实际上在网络安全治理领域,构建对于网络冲突和网络入侵的体系性防御屏障,同样蕴藏着经济和文化增长的重大契机。以数字经济为例,在强大的网络信息技术对物流、信息流的赋能之下,经济效率不断提升,经济产业形态不断走向多样化,数字经济正在为国家间从竞争走向合作提供更多机遇。目前已有 86 个世贸组织成员加入了多边框架下的电子商务谈判,亚太经合组织等也相继发布了关于数据跨境流动和数字经济的规定和倡议,部分国家间还签订了专门的数字经济协定或者数字贸易协定。如果没有充分的网络安全保障,这种深入程度的合作与互信是不可想象的。同样地,在一个网络安全得不到充分保障的国家,其他国家也不可能在数字经济领域与之开展较为深入的经济往来。因此,网络安全治理既是维护自身国家利益的题中应有之义,也是开拓和稳固国际经济合作与文化交流的必要前提。

(二) 协调各国合力解决全球面临的共同问题

国际互联网治理,虽然重点主要集中在互联网信息技术的应用上,但其针对的问题却是世界各国所普遍面临的社会问题。比如网络敲诈,几乎已经成为世界各国普遍面临的一个重要的犯罪类型。2019 年勒索软件攻击给世界各国经济组织造成的损失超过 75 亿美元,攻击者获利丰厚。[1]这种跨越时间

---

[1] 数据来源于 IBM 公司发布的《X-Force 威胁情报指数 2020》。

和空间的新型犯罪类型，单靠一国的治理作为很难从源头进行打击和预防。必须依赖高度的国际合作，从 IP 地址排查、服务器锁定、人员抓捕和引渡等方面进行深度互助，才能彻底斩断这样的犯罪魔爪。因此，国与国之间在网络安全治理领域的深度合作，既是在为全球范围内的互联网环境净化作出贡献，也是在为本国的社会治理积极吸引外部的助力。[1]尤其是相对于中国这样的发展中国家而言，许多社会问题都依赖于网络而生发。为了消除这些治理风险，除了强化自身对于互联网治理的能力，也必须在国际社会上积极吸取世界各国在网络治理领域的经验教训，同时在人才培养、技术引进、互信认证、联合研发、信息共享等多个方面实现深度国际合作。

（三）促进国际社会交往方式的创新

在即时通讯和跨国社交软件目前在世界各国广泛被应用的现实背景下，国际社会交往的方式正在实现质的创新和突破。越来越多的国人在通过跨国网络信息交流的过程中受益。尤其是在科研机构和教育机构，全球互通共享的学术资源和数据信息，正在把全球的学者更加紧密地团结于互联网学术资源之上。但是与此同时，我们也必须清醒地认识到国际社会交往的顺畅与便捷，势必要建立在高度的网络安全之上。互联网信息泥沙俱下、鱼龙混杂的现状已非一日之寒。在信息爆炸的时代，大量垃圾和冗余的信息被大量地生产出来，蔓延于互联网环境当中。在此背景下如何精确地筛选出那些有害的信息并加以排除，是目前世界各国在互联网信息净化的过程中势必要解决的问题。除了对于有毒有害信息的过滤，公民个人隐私在互联网上的频繁泄露，也引发了公众对于互联网使用环境安全的担忧和顾虑。因此，开放的国际互联网信息环境离不开网络安全的保障。要发挥互联网对于促进国际社会交往方式的革新效果，就必须以安全的网络环境作为基础和前提。[2]如何平衡网络环境下国际社会交往便利性和安全性两大重要价值，这是目前世界各国在网络治理领域进行合作时，必须高度关注的一个问题。

---

〔1〕参见金慧华："论国际网络空间法中的应有注意义务"，载《东方法学》2019 年第 6 期，第 69～77 页。

〔2〕参见杨嵘均："国家自主性与国家能力视域中网络空间政治安全建设"，载《行政论坛》2022 年第 2 期，第 10～17 页。

第六章
微观层面网络安全法治保障的优化方案

第一节 完善网络安全执法体制

在网络技术迅猛发展的今天，一方面，一些国家利用网络的开放性和无边界性，在具有核心技术优势的基础上，窃取我国国家秘密、商业信息，进行文化侵袭，影响我国的网络安全；另一方面，国内的一些不法分子也在利用各种互联网漏洞对我国公民的人身和财产安全进行侵扰，网络电信诈骗、个人隐私泄露、商业秘密窃取等互联网犯罪已经成为我国社会治理的重难点问题。这些因素，使得网络执法部门的任务越来越艰巨，维护网络整体安全越来越困难。在这种严峻的国际、国内形势下，完善我国网络执法体制已经成为当前保障我国网络安全的关键任务。[1]

一、健全网络安全执法体系

（一）细化网络安全执法活动的配套规范

目前从立法体系上来看，我国在网络安全执法方面的规定并未形成独立的体系。[2] 网络安全执法是在以《行政处罚法》《人民警察法》《国家安全法》等基本法律为核心的大执法体系下运行的。这就造成了目前网络安全执法在体系上还不够精细、不够明确的现状。

第一，《人民警察法》作为我国人民警察执法行为的最主要规范之一，对

---

[1] 参见周汉华："习近平互联网法治思想研究"，载《中国法学》2017年第3期，第5~21页。
[2] 参见张龑："网络空间安全立法的双重基础"，载《中国社会科学》2021年第10期，第83~104页。

于我国人民警察的执法权力配置、适用范围以及权责归属主体等,进行了法律层面上的规定。但是《人民警察法》制定时的立法目的,主要是针对现实社会空间层面内的警察执法活动,而对于互联网虚拟环境下的警察执法规定,则没有进行单独的考虑。考虑到《人民警察法》作为基本法律对于我国警察执法活动具有极为重要且关键的法律规范及监督、制约作用,其势必要对于虚拟网络环境下的警察执法活动进行法律层面上的顶层设计。网络空间内的警务执法,以海量信息数据为基础,与广泛流动于社会各界各领域内外的高密度信息及数据产生紧密关联。无论是在执法取证的环节还是在立案监督的环节,都对人民警察的规范执法行为有着和现实世界显然不同的要求。[1]因此,针对虚拟网络空间内的警察执法活动,必须充分考虑互联网环境下对于警察执法活动的特殊要求,比如调取公民个人隐私信息以及网络取证等。目前我国在网络执法过程当中出现的一系列规范性问题,要得到根本的解决,就要对《人民警察法》以下的警务执法规范进行梳理,从网络执法的规范性要求上对相关规范进行立、改、释、废。

第二,《数据安全法》作为专门规定我国数据安全事项的法律,对于数据安全保障的各项管理制度,进行了全面系统的阐述与明确,应当与我国的一般性执法规范进行相关配套制度的衔接。[2]同时,《数据安全法》也明晰了对履行数据安全建设负有各项保障义务的相关主体法律责任依据,是我国网络执法过程中确定网络主体责任的重要依据。[3]对此,在我国网络执法体系的完善建立过程当中,应充分吸收《数据安全法》数据安全管理的核心理念。[4]对于网络空间内警察执法活动的法律规范建设,应从相关警务数据运转流程的规范化建设与数据安全的全方位监管层面入手。

要细化网络安全执法活动的配套规范,可以从以下几个方面着手:其一,应尽快完善《人民警察法》和《数据安全法》等相关上位法针对网络执法的必

---

[1] 参见王楠:"浅析大数据时代下的公安教育——评《智慧公安——大数据时代的警务模式》",载《中国教育学刊》2020年第12期,第110页。

[2] 参见刘权:"数据安全认证:个人信息保护的第三方规制",载《法学评论》2022年第1期,第118~130页。

[3] 参见陈兵、郭光坤:"数据分类分级制度的定位与定则——以《数据安全法》为中心的展开",载《中国特色社会主义研究》2022年第3期,第50~60页。

[4] 参见刘权:"论个人信息处理的合法、正当、必要原则",载《法学家》2021年第5期,第1~15页。

要配套法律规范及监督、管理措施,更进一步为系统地明晰好网络空间内警务执法活动的具体范围、权力配置以及相关警务数据管理的规范措施等。[1]其二,必须立足于实现网络虚拟空间内警察执法活动各环节的全面规范运行及有效监督,应在相应领域的法律及配套法规条款中,对网络警务执法活动的具体运行模式、框架及流程等,予以更进一步的法律完善与规范健全,并做好有针对性的法律衔接工作。

(二) 加强网络执法数据安全保障规范

在网络执法的过程中,如何安全地归集、储存、传输和清理执法数据,是我国当前在网络执法体系完善的过程当中必须注意的一个关键问题。由于网络执法数据往往牵涉公民和社会主体的隐私或商业机密,所以在网络执法过程当中,对于相关信息的调取和使用,必须严格按照相关的网络安全保障规范进行。[2]目前我国的法律法规体系对于上述事项的规定还不够健全和完善。但是,关于数据安全保障与监督管理等方面的内容,《数据安全法》内有关条款都进行了非常明确的阐述,具体包括了数据的安全与发展、数据安全的管理制度、数据安全保护义务、政务数据安全与开放等内容,即实现数据安全的监督管理与制度保障,是《数据安全法》的重要任务之一。在以相关智能技术平台及广泛数据为重要载体与支撑的网络虚拟空间警务执法过程中,会涉及极为广泛的各类属性信息及数据类型。[3]应充分吸收《数据安全法》关于数据安全风险评估、防范、处置等理念核心,重点明确网络虚拟空间内警务数据安全管理的统一标准程序及必要性安全审查机制,健全警务数据安全风险评估、防范、处置等环节内相对应的配套监管与监督机制。

同时,对广泛来源于社会各领域内的多元数据及信息类型,应在实现全环节、全周期、全流程数据安全保障与管理的基础上,加快健全相对应的刚性法律体系、法规条款以及配套的数据动态安全管理机制。[4]另外,应依据

---

[1] 参见孙莹:"大规模侵害个人信息高额罚款研究",载《中国法学》2020年第5期,第106~126页。

[2] 参见余成峰:"信息隐私权的宪法时刻规范基础与体系重构",载《中外法学》2021年第1期,第32~56页。

[3] 参见刘权:"网络平台的公共性及其实现——以电商平台的法律规制为视角",载《法学研究》2020年第2期,第42~56页。

[4] 参见蒋大兴、王首杰:"共享经济的法律规制",载《中国社会科学》2017年第9期,第141~162页。

《数据安全法》有关数据收集方面的规定,严格要求相关警务数据的收集与处理主体,在进行如数据的采集、处理等活动过程当中,必须充分遵循合法、正当及必要的原则。对于网络执法流程而言,必须严格落实好各项程序性的数据处理与安全管理规定以及安全审查机制,严格明确相关警务数据运转流程中的各类程序性审批规定,不断夯实警务执法活动的数据安全根基与规范保障;将数据安全保护及数据安全风险规避的相应责任与义务,注入网络空间执法活动的每个具体环节及各细致流程。

(三)厘清网络执法数据流程管理规范

结合我国智慧警务人工智能技术相关具体应用实践,警务工作本身所具有的强烈社会属性,决定了智慧警务嵌入式人工智能技术,必然会与极其广泛的社会性因素发生紧密联系。网络执法活动,充分依靠相关数据分析及处理等智能技术,作为其基本运行支撑框架,并以对相关数据的深度挖掘与智能化分析、处理为基础,从而进行下一步的精准研判以及相关决策部署。[1] 此过程中,若在涉及海量数据搜集、传输、分析及处理等环节内的相应安全监督管理措施及机制发生缺位,则会在很大程度上增加数据运转过程中的不确定性风险因素。《数据安全法》的颁布,更为深刻地体现出了我国在数据安全法律保障领域内的不断深入探索。针对网络虚拟空间内的警务执法过程,必须充分体现出法律对其各方面的规范与制约及保障作用,应进一步完善警务数据的相应管理流程与基本程序性准则。其一,应统筹健全好与完善好人工智能、大数据等技术条件下的网络执法数据具体运转流程的法律保障体系,探索完善数据运转各环节内的技术开发监管条款以及全流程数据风险的规避机制。其二,以《数据安全法》为重要依据,为全面实现与确保网络执法各环节、各流程的严格规范化运行与法治化建设保障,应将数据安全管理的基本理念、数据安全开发的具体监督条款以及相关安全保障机制的建设,深度贯穿于警务数据智能化分析与利用、开发的每个具体流程,以数据安全保障与规范及监管等环节为重心,不断驱动网络执法活动的规范化进行及常态化监督。

(四)明确网络执法活动的规范监督体系

在高度互通互联的信息化社会形态下,严格规范与有效监督网络虚拟空

---

[1] 参见杜辉:"面向共治格局的法治形态及其展开",载《法学研究》2019年第4期,第21~39页。

间内警察执法活动的每个流程与各具体环节,必须建立起符合网络空间权力行使特点与运行规律的规范监督体系与机制。[1]大数据时代下,虚拟空间内的权力运行模式,在实现其高效智能、快速精准化的同时,缺乏相应、合理且必要的法律规范制约及全面安全保障与监督措施,是其产生各类潜在消极风险的根源。[2]对此,应充分吸收《数据安全法》中关于数据安全管理与保障建设的核心内涵,在网络虚拟空间内,对能够有效保障警察执法活动规范进行的各项监督管理措施及必要数据安全监管机制,进行全面且系统的深入研究与实践探索。其中,建立专门的网络警察执法技术监督部门,是有效的途径。[3]网络虚拟空间内的警察执法活动,从其具体运行过程来看,是以互联网等平台为技术载体与重要媒介的,大数据分析与处理技术、人工智能识别技术、物联网等技术是其重要的支撑框架。基于此,要达到更为全面地规范好与监督好网络空间内警务执法活动的目标,应不断加强网络空间警察执法活动的专业技术规范监督部门职能建设;加快推动构建网络空间内警察执法活动的责任追溯与倒查机制,探索建立起网络空间警察执法活动的数据流程审查及行政问责监督体系,健全警务数据活动流程的追溯机制。

二、强化执法部门统筹协作

随着网络技术的发展,网络信息全球化传播已成为现实,网络已进入各个传统的社会领域,由于其本身的虚拟性致使许多违法行为越来越隐蔽、越来越猖獗。网络执法机关既是网络监管的主要责任人,也是网络执法的主要力量,加强网络执法人员素质、提高网络执法水平、努力维护网络社会秩序,维护网络社会的稳定,是其重要的责任。[4]网络执法机关在执法办案中,经常遇到与其他有权执法的行政机关(如文旅部门、市场监督部门等)在网络执法过程中各司其职、互不衔接的情况,致使执法效果减弱,出现执法盲区、

---

[1] 参见谢富胜、吴越、王生升:"平台经济全球化的政治经济学分析",载《中国社会科学》2019年第12期,第62~81页。

[2] 参见郭晔:"新时代社会治理现代化的法理思辨——'社会治理的法治思维和法理思维'学术研讨会述评",载《治理研究》2019年第2期,第98~106页。

[3] 参见黄晓春、周黎安:"政府治理机制转型与社会组织发展",载《中国社会科学》2017年第11期,第118~138页。

[4] 参见贾开、蒋余浩:"人工智能治理的三个基本问题:技术逻辑、风险挑战与公共政策选择",载《中国行政管理》2017年第10期,第40~45页。

执法冲突、执法重叠的现象，极大地影响了执法机关的工作效率和执法水平，既不利于维护网络安全和打击网络违法行为，也与我国现阶段的依法治国的精神不符。

（一）统一协调网络执法机关的软硬件执法条件

网络执法机关包括公安、国安、网信办等多个部门机关，不同类型的执法者都有各自不同的工作系统，相关的执法信息往往不能规范有效地归集在一起，没有形成一个完整的大数据系统。[1]目前，我国还没有一个统一的网络执法信息工作平台，各地方的做法互不统一、数据互补共享。在涉及地方利益的情况下，一些地方在部门设置、平台开发、技术应用等方面缺乏全局视野，在网络执法工具和平台方面重复建设、多头为政。在实际工作中，一线网络执法人员对网络技术的学习运用不到位，也有一些部门领导不重视、不研究，这些都严重妨碍了网络执法体系的发展。在基层边远、贫穷地区，网络执法机关经费短缺，网络设备设施落后。在网络执法案件中，经常会遇到设备故障，从而影响工作的效率和质量。[2]为此，需要专门保障用于基层一线执法机构的网络建设经费。各级网络执法机关也需要及时对网络设施设备标准进行技术指导，并安排专人负责网络设备的管理，并加强设备的维护、维修，保证网络的正常运行；为网上执法工作提供技术保障。

（二）建立全流程网络安全执法配合机制

网络安全执法是一个闭环的流程。其中每一个环节都可能影响到网络安全执法的实际效果。[3]要提升网络安全执法的部门之间配合，就必须建立全流程网络安全执法配合机制。

第一，完善网络安全执法规范与指导机制，为网络安全执法人员提供健全、完备、可操作的执法指导。[4]对于网络安全刑事案件，需要贯彻以审判为核心的诉讼制度改革的要求，要做到全面、客观、及时地搜集证据，并进一步明确非法证据排除、瑕疵证据补强的范围、程序和标准；加强对律师

---

[1] 参见蒋勇："权利保护视角下警察网络执法权的程序规制"，载《广西社会科学》2021年第9期，第109~117页。

[2] 参见郭渐强、袁光："我国网络执法面临的困境及其出路"，载《当代经济管理》2016年第12期，第33~39页。

[3] 参见周汉华："平行还是交叉 个人信息保护与隐私权的关系"，载《中外法学》2021年第5期，第1167~1187页。

[4] 参见卞建林："论公安刑事执法规范化"，载《东方法学》2019年第4期，第4~13页。

案件的告知，听取辩护意见，接受律师申诉的法律规定，完善律师的诉讼程序。

第二，加强对立案环节的监管，严格执行网络安全案件的法律部门统一审核和出口制度。[1]同时需要建立行政问责机制和执法纠错机制，健全当事人的诉讼权利救济机制，完善对于执法纠错申诉的受理和反馈。

第三，建立健全网络执法机关统一使用的执法信息系统和配套机制。[2]对网络执法过程的形成取证全过程记录，进一步实现网络执法案件的行政处罚、行政复议决定、行政处罚等行政行为的规范性。

第四，加强网络执法人员法治观念的培育，加强对网络执法人员依法办事的考核与监督，加强对网络执法人员的培训，将法律规定和实际运用结合起来，加强对一线网络执法人员网络侦察、调查取证和技术工具使用的模拟演练；强化对网络执法人员的资格考核，并对网络执法人员执法资格管理制度。[3]

（三）加强技术伦理道德规范与数据安全法治保障建设

网络执法活动的规范性要求，来源于对国家治理能力现代化的治理期待。现代化的国家治理，要求技术伦理道德规范和网络安全法治保障有机结合起来。这势必要求网络执法机关，对于各项网络执法数据的获取与利用活动，时刻充分体现出国家对人民的关怀，多措并举增强全民的幸福感、获得感和安全感。[4]纵观人类历史长河，科学技术的创新与发展，永远是一把锋利的"双刃剑"，科学技术所带来的风险挑战与收益博弈不断。因此，合理规范地使用网络执法技术的首要前提与根本基础，就是要在网络执法数据的获取与利用的每个领域及环节内，将切实提升与保障人类技术伦理道德规范建设作为其根本原则。首先，应在各类网络执法数据的获取与利用环节内，不断强化相应的法治与道德规范建设作用，健全技术伦理道德规范的监督体系。其次，要运用严格具体且明确的刚性法律规范与伦理道德规范监督措施，来实现

---

[1] 参见张可："大数据侦查措施程控体系建构：前提、核心与保障"，载《东方法学》2019年第6期，第87~94页。

[2] 参见徐汉明："我国网络法治的经验与启示"，载《中国法学》2018年第3期，第51~70页。

[3] 参见曾磊："惩治网络犯罪国际警务合作的理论基础与路径考量"，载《中国人民公安大学学报（社会科学版）》2021年第1期，第121~131页。

[4] 参见卢家银："数字化生存中的伦理失范、责任与应对"，载《新闻与写作》2020年第12期，第28~34页。

对相关网络执法数据的获取与利用全环节及全流程的安全保障与规范建设。[1]运用刚性的成文法律规范体系,来层层规范、约束与监督相关主体的网络执法数据的获取与利用等活动,坚守好网络执法机关在网络执法数据的获取与利用过程中的道德与法律底线。

全面加强网络执法工作的伦理道德与法治规范体系建设,势在必行。积极推进网络执法数据的获取与利用的伦理道德与法律规范全面深度建设,是确保当前网络执法数据的获取与利用技术安全良性发展的基本前提,也是全方位保障相关网络执法数据合理、合法、合规使用及安全运转的根本举措。其一,应不断健全网络执法数据的获取与利用等相关主体的追责与问责制度体系建设,明确规定网络执法数据的获取与利用者在相关法律法规中的权利和义务。通过此举,能够切实将保障与维护人类技术伦理道德规范建设的具体责任及义务,层层压实于网络执法数据的获取与利用的每个参与主体。[2]其二,为不断加强网络执法过程中的算法安全保障性建设,应在网络执法相关技术算法中,层层融入社会伦理道德监督指标体系与风险评估机制。[3]其三,应从法治社会的维度与逻辑角度,来不断探索网络执法数据算法的法治化、人性化及规范化建设途径,始终坚持运用刚性的成文法律及规范条款,来切实保障公民个人的隐私信息,构建起更为安全且稳定的网络空间新秩序。

三、明晰网络安全执法责任

(一) 增强网络安全执法责任规定的可操作性

法律责任要想落到实处,必须从立法环节就对具体的法律责任进行明确而具有可操作性的规定。在很多时候,法律责任得不到明确的追究,主要在于规范性法律文件对于法律责任的规定过于模糊和原则化,从而在具体执行环节缺乏可操作性。现行的网络安全执法体系与网络信息技术的迅速发展相

---

[1] 参见杨晓强、李若瀚:"国际网络空间安全治理:困境、反思与对策",载《河南社会科学》2022年第6期,第101~109页。

[2] 参见黄志雄:"网络空间负责任国家行为规范:源起、影响和应对",载《当代法学》2019年第1期,第60~69页。

[3] 参见赵玉林:"互联网集体行动的变迁态势与治理优化——基于'国家—社会—互联网'三维框架的宏观分析",载《中国行政管理》2021年第1期,第73~78页。

比，还存在较大的落差，尤其从法律法规的完备性上来讲，与当前的网络安全形势不相适应。由于立法的滞后，使得网络安全执法机关在执法过程中往往对于一些新近生成的危害网络安全的行为无法及时追究其法律责任。而对于一些疏于管理、执法不严的网络安全执法者，也无从对其进行处罚问责。从"北大法宝"上的检索结果来看，截至2022年10月，我国从中央到地方制定的规范性文件涉及网络安全的已经达到了20 000余部，其中规范性法律文件300余部。但是如此庞大的规范性文件体系，往往只是在文件内容当中对网络安全的重要性进行了原则性的强调和规定，而对于具体的法律责任，尤其是网络安全执法者及执法机关的法律责任，往往一笔带过，缺乏具体条文的可操作性。[1]如《杭州市计算机信息网络安全保护管理条例》，其中关于法律责任具体处罚的条文共有11条，但对于网络执法人员的法律责任追究，仅以1条作为原则性规定："公安机关及其他部门工作人员违反本条例规定，玩忽职守、滥用职权或者徇私舞弊的，由其所在单位或者上级主管部门、监察机关依法追究其行政责任；构成犯罪的，由司法机关依法追究其刑事责任。"从国内其他各地方的规范性法律文件来看，这种做法具有普遍意义：绝大多数的地方规范性法律文件，对于网络安全执法工作者和执法机关的法律责任都是以这样的方式进行规定的。这种规定过于原则性，事实上只能作为一种法律责任在原则上的强调，而不能够具体作为追责的法律依据进行适用。

事实上，目前对于网络安全执法而言，在很大程度上取决于网络执法机关及其工作人员对于危害网络安全违法行为的稽查力度。[2]尤其是在一些轻微程度的危害网络安全违法行为上，比如通过社交软件发布一些网络谣言和轻微的色情暴力恐怖信息等，如果没有造成轰动性的社会影响，网络执法机关及其工作人员，即使对其不做处罚，也不会引起社会人士的注意和媒体监督的关注，具有非常大的行政裁量空间。

(二) 强化网络安全执法数据管理责任

目前在网络安全执法领域，各地方的网络安全执法机关都存在归集大量的网络安全执法数据的现象。这些数据可能涉及公民个人隐私，也可能涉及国

---

[1] 参见周汉华："探索激励相容的个人数据治理之道——中国个人信息保护法的立法方向"，载《法学研究》2018年第2期，第3~23页。

[2] 参见马方："系统构建国家安全法治实施体系"，载《理论探索》2022年第1期，第12~22页。

家秘密。[1]但是目前在立法层面上,对于各地方网络安全执法机关如何归集和储存网络安全执法数据的法律责任界定不明,尤其是网络安全执法人员通过人工智能大数据等新型网络信息技术对公民个人的隐私数据进行调取和归集的法律责任,目前尚不明确。[2]事实上,在《数据安全法》的相关条文中,已明确规定了负有数据保护义务主体的各项法律义务与具体责任。因此,应以《数据安全法》关于参与数据安全建设的相关责任与义务主体法律条款作为重要参考依据,在网络安全执法过程中,对相关网络安全执法数据负有各项安全保障责任及义务的有关主体,在相关法律中进行更为明确的法律责任界定。

第一,针对网络安全执法活动过程中形成相关数据管理的权责归属主体,应在配套立法中吸收《数据安全法》关于数据安全保护义务等理念,尽快建立全面且细致的配套法律、法规及具体办法措施,对网络安全执法活动过程中所对应的主体责任及有关义务,加以严格明确与具体落实。

第二,为实现从源头上把控和遏制由于网络安全执法活动出现纰漏可能衍生出的各种网络安全数据泄露风险及技术安全隐患,应在网络安全执法活动的流程与框架内,充分明确与严格界定网络安全执法数据的归集和使用过程中,网络安全执法人员应当承担的各项数据安全管理责任及保障义务。[3]

第三,网络安全执法人员所应用的人工智能、大数据等网络信息技术的深入研发与具体落地,始终离不开第三方技术企业的支持。随着网络信息技术企业规模与数量的不断扩大,在其技术成果服务于网络安全执法的同时,也必须将第三方技术开发主体在参与网络安全执法数据安全建设每个环节及各流程中的相应责任与义务,予以更进一步的法律责任界定。

四、提升网络安全执法人员综合素质

目前,网络信息技术已经深入到了千家万户,并成为人们日常生活中不

---

[1] 参见程雷:"大数据背景下的秘密监控与公民个人信息保护",载《法学论坛》2021年第3期,第15~26页。

[2] 参见季卫东:"数据保护权的多维视角",载《政治与法律》2021年第10期,第2~13页。

[3] 参见施伟东:"论市域社会治理数字化转型的法治推进",载《政治与法律》2022年第3期,第92~107页。

可缺少的一部分。这就需要网络执法人员具有相应的网络执法技能和法治观念，并具有一定的网络安全技术素养。一名合格的网络执法人员，首先要熟练使用网络，精通计算机领域的各类知识，同时要适应网络技术和计算机技术的飞速发展；其次，必须具备一定的国家安全专业知识，在总体国家安全观的指导下，熟悉掌握有关的法律、法规，并具备相应的网络安全违法行为调查技能，从而成为一名合格的网络执法人员。[1]目前，我国网络安全执法人员的网络技术素质还有待提高，对于人工智能、大数据等新兴技术的学习和使用，往往存在较大的习得障碍。这主要是因为目前在我国网络安全执法人员的岗前培训中，专业的网络信息技术培训还不够充分，无法满足目前对于网络安全执法的技术要求。[2]在日常工作训练的过程中，也缺少专门的网上执法技术技能训练。网络执法人员对于专业化执法工具和技术的使用，往往要借助第三方网络信息技术平台的支持或者人员的辅助，这就给目前网络安全执法带来了较大的困难和隐患。人工智能技术和大数据技术等，在网络安全执法过程中的应用极大地促进了我国网络安全执法效率的提升，实现了相关网络安全执法决策效能的优化。[3]为从技术端口上实现网络安全执法活动的有序规范进行，必须深入进行相关人工智能算法和大数据技术的应用优化，层层构筑起智能技术及算法的法律监管体系及程序性审查机制。所以，应积极探索国家安全视角下的人工智能专业技术人才培养方案，大力发挥国家网络安全技术人才的各项突出优势，着力培养一支专门负责国家网络安全技术研发的科研人才队伍。

第二节 健全网络安全参与制度

一、网络空间是人民群众的共同家园

国家网络信息事业的发展和国家网络安全的稳固，必须贯彻以人民为中

---

〔1〕 参见郭渐强、袁光：“我国网络执法面临的困境及其出路”，载《当代经济管理》2016年第12期，第33~39页。

〔2〕 参见范冠峰：“我国网络信息安全法治的困境与对策”，载《山东社会科学》2019年第5期，第107~112页。

〔3〕 参见马长山："数智治理的法治悖论"，载《东方法学》2022年第4期，第63~74页。

心的发展思想。[1]在人民群众对网络信息产业发展的高度期待下,网络空间需要适应人民期待和需求,加快信息化服务普及,降低应用成本,为老百姓提供用得上、用得起、用得好的信息服务,让亿万人民在共享互联网发展成果上有更多获得感。

当前,信息革命时代潮流和中华民族伟大复兴战略全局发生历史性交汇。[2]放眼世界,网络信息技术全面融入社会生产生活,深刻改变着全球经济格局、利益格局、安全格局。纵观国内,网民数量已经达到全球第一,我国已成为名副其实的网络大国。[3]网络安全和信息化是事关国家安全和国家发展、事关广大人民群众工作生活的重大战略问题,我们必须牢牢把握信息革命的"时"与"势",加快建设网络强国,向着网络基础设施基本普及、自主创新能力显著增强、信息经济全面发展、网络安全保障有力的目标不断前进。

科技是建设网络强国的核心。我国的信息化产业已经有了突飞猛进的突破,但与国际先进水平以及建设网络强国的战略目标相比,其核心技术差距仍然比较大。[4]信息技术的发展和工业的发展水平直接影响着信息技术的发展。我国的信息技术产业体系相对完善,基础较好,有些方面已接近或达到国际先进水平,具备了较大的优势和实力。因此要趁热打铁,充分利用社会主义制度下的新型举国体制和中国在世界网络信息产业中的超大规模市场优势,加强数字技术的基础研究和开发,打好关键核心技术的攻坚战,把网络信息产业发展的自主权牢牢掌握在自己手中。

互联网并非法外之地。网络治理的起点与落脚点都是为广大人民群众创造一个清新的网络环境。任何人在互联网上都要遵守法律,不能破坏互联网的传播秩序,更不能通过互联网发布非法信息,这是任何一个法治国家的公民都必须严守的底线。习近平总书记曾多次强调,互联网是千百万人民的共

---

[1] 参见任贵祥:"习近平建设网络强国战略研究",载《中共党史研究》2019年第8期,第5~15页。

[2] 参见曲青山:"中国共产党百年与百年大变局",载《中共党史研究》2021年第3期,第5~11页。

[3] 参见王仕勇、郑保卫:"习近平关于网络社会治理重要论述的逻辑理路与时代价值",载《现代传播(中国传媒大学学报)》2019年第2期,第1~6页。

[4] 参见任贵祥:"习近平建设网络强国战略研究",载《中共党史研究》2019年第8期,第5~15页。

同精神家园。依法治理互联网，构建良好的网络生态体系，关系到我国网络安全环境的长期稳定，关系到一个国家的团结，更关系广大人民的根本利益。贯彻中央的指示，响应人民的关注，持续提高依法治网的能力和水平，是当前网络环境治理工作的重点。网络环境的净化，从根本上说，就是要以法治的方式对网络社会进行有效的治理，构建一个风清气爽的网络空间。[1]这是推动我国治理体系和治理能力现代化的一个重要着力点和突破口。从这一伟大进程中，我国占全世界1/5的互联网用户都能从中受益。依法管网治网，建设良好网络生态，集中时间集中力量解决群众反映强烈的问题，重拳整治网络违法违规问题，有效遏制网络乱象滋生蔓延，切实维护国家、社会和个人合法权益，既是为群众办实事解难题的题中应有之义，更是落实中央要求、回应群众关切的具体体现。

二、人民参与网络安全治理的顶层设计

随着我国互联网基础设施建设步伐加快、自主创新能力逐步增强、信息经济蓬勃发展，互联网已经成为国家发展的重要驱动力。[2]党的十九大报告明确提出建设"网络强国"，表明互联网发展将进入全新的时代，亿万人民将在共享互联网发展成果上有更多实实在在的获得感。但同时，随着全球互联网的迅速发展，网络安全也成为事关国家安全的重要问题。网络攻击、网络恐怖、网络窃密、网络诈骗等活动猖獗，国家网络安全形势日益严峻，积极应对威胁、有效防范风险是网络时代维护国家安全、社会稳定和公共利益的重要使命。

网络安全关乎国家安全，更关乎全民利益，也是中国从网络大国迈向网络强国的决定性一步。[3]2014年2月27日，中央网络安全和信息化领导小组正式成立，这是中国互联网有史以来最重要也将影响深远的一件大事。在成立会议上，习近平总书记指出"没有网络安全，就没有国家安全"。2014年，

---

[1] 参见肖唤元、郑晶晶："新时代网络意识形态话语权构建的四重'论'域透视——学习习近平总书记关于网络意识形态工作的重要论述"，载《社会主义研究》2020年第1期，第9~16页。

[2] 参见戚聿东、丁述磊、刘翠花："数字经济时代新职业促进专业化发展和经济增长的机理研究——基于社会分工视角"，载《北京师范大学学报（社会科学版）》2021年第3期，第58~69页。

[3] 参见汤景泰、林如鹏："论习近平新时代网络强国思想"，载《新闻与传播研究》2018年第1期，第5~20页。

领导小组在京召开第一次会议，习近平总书记又提出："要从国际国内大势出发，总体布局，统筹各方，创新发展，努力把我国建设成为网络强国。"2015年10月，党的十八届五中全会将"网络强国"提升至国家发展战略地位。2016年11月7日，《网络安全法》通过，从国家法律法规层面进一步明确了对大数据安全和数据跨境流动的管理规范，标志着中国拥有了第一部全面规范网络空间安全管理方面问题的基础性法律，在网络安全上实现了"有法可依"。2017年10月，党的十九大报告在"加快建设创新型国家"部分专门提出，要为建设网络强国、数字中国、智慧社会提供有力支撑。网络安全建设是网络治理体系的重要一环，更是实现网络强国的重要基础。近年来，世界主要国家均明确提出维护国家网络安全是全民的共同责任。大数据时代，互联网的海量信息，仅仅依靠政府部门监管很难应对，做好网络安全工作不是某个机构、某个部门的事，需要自上而下、全民参与，这既是我国网络安全实践经验的总结，也是世界互联网发展的普遍规律。[1] 2019年9月，在第六个国家网络安全宣传周开幕之际，习近平总书记对网络安全工作作出了"四个坚持"的重要指示。具体来说，就是：一要坚持网络安全为人民、网络安全靠人民，保障个人信息安全，维护公民在网络空间的合法权益；二要坚持网络安全教育、技术、产业融合发展，形成人才培养、技术创新、产业发展的良性生态；三要坚持促进发展和依法管理相统一，既大力培育人工智能、物联网、下一代通信网络等新技术新应用，又积极利用法律法规和标准规范引导新技术应用；四要坚持安全可控和开放创新并重，立足于开放环境维护网络安全，加强国际交流合作，提升广大人民群众在网络空间的获得感、幸福感、安全感。"四个坚持"明确了人民参与网络安全治理的路径方向，是网络安全治理坚持全过程人民民主的重要指南。可见，建立健全人民参与的网络安全治理体系是提高我国网络空间治理水平的重要环节。

三、人民参与网络安全治理的制度安排

（一）构建人民参与网络安全协商治理法律体系

社会主义民主协商是我国开展社会治理的一大法宝，也是人民参与网

---

[1] 参见邱锐、卫文新："大数据时代公众参与的国家网络安全体系建设"，载《新视野》2018年第4期，第115~121页。

安全治理的重要途径。在网络安全治理的全过程中，必须坚持以人民为中心的发展思想，树立为人民负责的意识，加大网络空间治理力度，完善人民参与网络安全协商治理法律体系。[1]首先，需要进一步针对人民参与网络安全协商治理构建参与渠道，通过多种形式，科学、合理、合法，与时俱进，确立网络问政、线上答疑、互动建言等形式多样的渠道，为人民深度参与网络空间治理和网络安全建设提供意见通道。[2]其次，构建人民参与网络安全协商治理法律体系，需要立法机关立足实践，面向现实，突出实效，针对目前由于网络空间的虚拟性所导致的网络侵权取证难、举证难等难题，在立法层面上探讨相应的完善方案。最后，需要广泛听取民意，针对群众反映最集中的网络空间治理问题，科学合理地制定法律规范，完善配套规范性文件体系，从而形成完善的网络空间民主协商治理法律体系。

(二) 构建人民参与网络安全治理监管体系

网络空间如果没有监管，就没有良好的网络生态。高效的监管体系一定离不开人民的参与。发动人民群众高度参与网络安全社会化监管，是我国降低网络安全监管成本、增强网络安全监管成效的一个主要经验。[3]在此基础上，可以通过人民参与网络安全治理监管体系，进一步为人民群众参与网络安全治理提供监管渠道。首先，需要在网络空间治理实践的基础上，充分借助人民群众的意见建言，针对人民群众最为关切的网络空间治理突出问题，尤其是监管体系方面的漏洞，通过公开的媒体渠道，为公众解读其演化机理、分析其问题成因，通过这种方式为人民群众在网络安全监管上的高度参与，提供公开透明的信息来源，便利其参与监管。[4]其次，可以通过广开言路，积极吸纳人民群众对于我国网络安全治理的意见建议，实现人民群众对网络安全治理意见吸收归集的常态化，让人民群众在网络治理过程中，能够有直接的意见反馈和参与感，激励其主动积极地参与网络安全治理过程，与网络

---

[1] 参见柏路:"社会主义核心价值观引领网络舆论治理制度化建设"，载《探索》2021年第1期，第164~175页。

[2] 参见王立峰、韩建力:"网络舆情治理的风险与应对策略探析"，载《西南民族大学学报（人文社科版）》2019年第3期，第139~145页。

[3] 参见刘少华、陈荣昌:"互联网信息内容监管执法的难题及其破解"，载《中国行政管理》2018年第12期，第25~30页。

[4] 参见林振:"突发公共事件网络舆情协同治理机制建构研究"，载《华中科技大学学报（社会科学版）》2019年第2期，第38~44页。

安全执法机关的行政行为形成配合。[1]最后,可以通过在人民群众当中,选聘网络安全观察员、网络安全意见代表等,做好人民群众对于网络安全治理领域的意见代言人,同时借鉴国外在网络空间治理监管方面的好做法、好经验,与我国的具体国情结合起来,在我国网络空间治理中进行合理尝试。

(三)构建人民参与网络安全治理自律体系

网络空间不仅要自由,还要自律。由于目前我国网民的数量已经达到了占全球1/5的比例,因此,在这一背景下,我国人民群众在参与互联网活动的过程当中,必须实现高度的自律。而如果人民群众都能够自发自律地遵守网络空间秩序、遵守网络安全法律法规,那么这将对于我国的网络安全治理贡献巨大的治理动力。[2]要推动形成人民群众参与网络安全治理的自律体系,必须充分发挥人民群众对于网络安全的积极认识。一方面,需要通过广泛的宣传引导机制,提高基层人民群众的道德认知和个人自律意识;另一方面,要建立和完善互联网行业自律规范,呼吁人民群众坚持底线思维,通过各类网络安全自律组织,充分发挥人民群众的治理能动性。

(四)构建人民参与网络安全共治体系

网络治理是一项系统性工程,离不开多方参与的网络安全共治体系。构建人民参与网络安全共治体系必须从顶层设计、体系构建、技术支撑、队伍建设、资源整合等多个层面、多个角度采取措施,综合施策,形成治理合力。[3]首先,在网络安全治理原则上,必须坚持党的领导,发挥党组织在网络安全治理中总揽全局、协调各方的领导核心作用,同时强化各级政府的网络安全治理责任,激发社会组织活力,发挥公众积极性,引领和推动社会力量参与网络安全治理,努力形成网络安全治理人人参与、人人尽责的良好局面。其次,在网络安全治理框架上,要加强网络安全治理制度建设,完善党委领导、政府负责、社会协同、公众参与、法治保障的网络安全治理体制机制,提高网

---

[1] 参见曹元、董新凯:"习近平网络空间治理系列论述的系统探析",载《南京社会科学》2019年第6期,第1~7页。

[2] 参见徐汉明:"我国网络法治的经验与启示",载《中国法学》2018年第3期,第51~70页。

[3] 参见唐庆鹏:"网络空间政治安全的社会共治:逻辑、困境及进路",载《理论与改革》2022年第1期,第143~155页。

络安全治理社会化、法治化、智能化、专业化水平。[1]再次,在网络安全治理配置上,致力于打造党委、政府、社会组织和公众等立体多维、多元互补的新局面,通过健全网络安全保障体系、网络安全服务体系和网络安全治理体系,配全治理资源,形成治理合力。[2]最后,在网络安全治理手段上,通过加强互联网、大数据、人工智能等现代化网络安全治理设施的软硬件建设,整合网络安全治理数据资源,消除信息共享屏障,确保治理过程保密安全,提高网络安全治理智能化水平。

第三节 强化网络安全审查制度

一、强化网络安全审查的必要性

我国已经成为名副其实的网络大国。第50次《中国互联网络发展状况统计报告》显示,截至2022年6月,我国网民规模为10.51亿,互联网普及率达74.4%,形成了全球最为庞大、生机勃勃的数字社会。[3]扎实铺就网络安全基石对于我国从网络大国迈向网络强国尤为关键。对此,习近平总书记指出,"没有网络安全就没有国家安全,就没有经济社会稳定运行,广大人民群众利益也难以得到保障"。网络安全事关国家安全、经济社会发展和人民福祉,是一项极端重要的工作。[4]随着网络化、智能化程度不断加深,数字化转型持续推进,网络空间安全风险格局加速演变,网络安全风险成为数字时代最大的风险。

在上述背景之下,强化网络安全审查就变得异常必要。从近年来引起社会公众广泛关注的"滴滴"案、"货拉拉"案、"BOSS直聘"案等一系列网络安全审查案件来看,在过去数十年来,我国的网络信息产业和数字经济的

---

[1] 参见徐汉明、张新平:"网络社会治理的法治模式",载《中国社会科学》2018年第2期,第48~71页。

[2] 参见江必新:"以党的十九大精神为指导 加强和创新社会治理",载《国家行政学院学报》2018年第1期,第23~29页。

[3] 李政葳:"第50次《中国互联网络发展状况统计报告》发布",载《光明日报》2022年9月1日。

[4] 参见冯维江、张宇燕:"新时代国家安全学——思想渊源、实践基础和理论逻辑",载《世界经济与政治》2019年第4期,第4~27页。

快速发展中仍然存在为数众多的网络安全隐患。[1]目前各式各样的互联网信息公司和相关产业,对于网络安全的重视还不到位。大量的互联网经济主体在参与互联网活动的过程当中,过度追逐经济利益而忽视了网络安全隐患的存在,这对于我国社会治理形成了重大负面影响。许多数字经济的从业者对于互联网安全的重视程度较低,进而在出卖关键数据、过度收集个人信息、疏于对关键网络设备的管理等方面,对我国的网络安全治理造成了重大的隐患。[2]因此,推动广泛的网络安全审查制度化规范化,已经成为推动我国数字经济和网络信息产业健康持久发展的必然要求和重要动力。

二、网络安全审查范围的有限性

相比于美国、英国等互联网大国而言,我国对于网络安全审查的制度出台起步较晚。[3]2021年12月28日,国家互联网信息办公室、国家发展和改革委员会、工业和信息化部、公安部、国家安全部等13部门联合修订发布了《网络安全审查办法》,自2022年2月15日起正式施行。从法律效力上看,《网络安全审查办法》是部门规章,是从属于《网络安全法》的下位法,与其他相关法规制度共同服务于构建网络安全保障体系。《网络安全审查办法》的出台,使得我国对于网络安全审查的制度化和规范化开始正式启动,这对于我国网络安全治理而言是一个里程碑式的文件。

《网络安全审查办法》一共23条,开篇即明确了启动网络安全审查的适用条件之一是"影响或者可能影响国家安全的",即"国家安全"是网络安全审查的大前提。这里的"国家安全"应当做广义的理解,从总体国家安全观的角度出发,国家安全不仅指政治安全和领土安全,也包括生态安全、文化安全等诸多领域。从网络安全的审查范围上来看,要注意两方面的关键因素:一是审查对象。《网络安全审查办法》第2条第1款明确规定了"关键信息基础设施运营者采购网络产品和服务,……影响或可能影响国家安全的,

---

[1] 参见彭海艳、何振:"人工智能背景下政府数据安全治理的现实困境与应对策略研究",载《云南社会科学》2022年第3期,第29~37页。

[2] 参见刘素华:"论手机自动记录用户行动轨迹与个人信息保护",载《法学评论》2020年第5期,第101~111页。

[3] 参见王桂芳:"大国网络竞争与中国网络安全战略选择",载《国际安全研究》2017年第2期,第27~46页。

第六章 微观层面网络安全法治保障的优化方案

应当按照本办法进行网络安全审查"。也就是说,审查对象是"采购网络产品和服务"的行为,而这一行为需加以严格限定,即主体是"关键信息基础设施运营者",条件是"影响或可能影响国家安全"。二是审查重点。《网络安全审查办法》第10条明确规定了七个方面的审查重点。其中包括,产品和服务使用后带来的关键信息基础设施被非法控制、遭受干扰或破坏,以及重要数据被窃取、泄露、毁损的风险;产品和服务供应中断对关键信息基础设施业务连续性的危害;产品和服务的安全性、开放性、透明性、来源的多样性,供应渠道的可靠性以及因为政治、外交、贸易等因素导致供应中断的风险;产品和服务提供者遵守中国法律、行政法规、部门规章情况;其他可能危害关键信息基础设施安全和国家安全的因素。最后一点作为兜底条款,为网络安全审查机关提供了审查范围自由裁量的一定空间。

需要注意的是,《网络安全审查办法》虽然作为目前我国最主要的网络安全审查规范性文件,但是并不是我国在网络安全审查领域的唯一法律规定。对于《网络安全审查办法》当中的概念和规范,必须在我国整体国家安全法律体系当中去做解释和理解。比如,《国家安全法》提出了"建立国家安全审查"制度,并在第59条规定:"国家建立国家安全审查和监管的制度和机制,对影响或者可能影响国家安全的外商投资、特定物项和关键技术、网络信息技术产品和服务、涉及国家安全事项的建设项目,以及其他重大事项和活动,进行国家安全审查,有效预防和化解国家安全风险。"《网络安全法》则进一步提出建立"网络安全等级保护制度"和"关键信息基础设施"保护,在第35条规定:"关键信息基础设施的运营者采购网络产品和服务,可能影响国家安全的,应当通过国家网信部门会同国务院有关部门组织的国家安全审查。"《数据安全法》则在第24条第1款规定:"国家建立数据安全审查制度,对影响或者可能影响国家安全的数据处理活动进行国家安全审查。"这些国家安全领域的上位法所提出的一系列与网络安全相关的审查制度,在一定程度上与《网络安全审查办法》所规定的网络安全审查制度,共同构建了我国网络安全审查的法律体系。

由此可以认为,"国家安全审查"为最上位概念,网络安全审查是国家安全审查在具体领域的具体表现。网络安全审查的范围从对象上来看除了网络数据,还包括网络设施、信息系统和供应链等方面。需要注意的一个问题是,网络数据的审查和网络设施、信息系统、供应链等的审查往往是同一的。[1]这是由于，在互联网已经高度渗透各个领域的今天，很少有一个行业、一个场景在处理大量数据的时候，与硬件设施和软件设备毫无关系，反之亦然。也正因为如此，在网络安全审查的具体过程当中除了法定的网络安全审查机构，还有工信、证监、发改等多个行业部门的深度参与。[2]这是由于目前我国的网络安全审查规范性体系还不健全，所以只能以各行政执法部门的条块职能分割为基础分工依据来进行网络安全审查的具体实施。在这一背景之下，进一步衍生出对于网络安全审查范围的界定非常关键的两个问题：

第一，《网络安全审查办法》所称的"关键信息基础设施"的范围如何界定。从目前的相关法规和规定来看，对关键信息基础设施范围规定最明确的是《关于关键信息基础设施安全保护工作有关事项的通知》。该文件将"关键信息基础设施"限定在"电信、广播电视、能源、金融、公路水路运输、铁路、民航、邮政、水利、应急管理、卫生健康、社会保障、国防科技工业等行业领域"。但是《关于关键信息基础设施安全保护工作有关事项的通知》作为国务院部门出台的规范性文件，能否被网络安全审查所直接援引参照，还有待网络安全审查的实践进行检验。因此，对于"关键信息基础设施"这一概念的界定，现在看来还不够完善和精细。

第二，《网络安全审查办法》所称的"网络产品和服务"的范围如何限定。《网络安全审查办法》第21条规定"核心网络设备、重要通信产品、高性能计算机和服务器、大容量存储设备、大型数据库和应用软件、网络安全设备、云计算服务，以及其他对关键信息基础设施安全、网络安全和数据安全有重要影响的网络产品和服务"，其中的"网络安全设备"需要结合《网络安全法》做体系解释。《网络安全法》第23条所规定的"网络关键设备和网络安全专用产品"和《网络安全审查办法》所称的"网络产品和服务"有概念重合。同时，国家网信办会同工信部、公安部、国家认监委在2017年6月发布的《网络关键设备和网络安全专用产品目录》（第一批）对于相关产品门类进行了细分：包括路由器、交换机、服务器（机架式）、PLC设备4种

---

[1] 参见马宁："国家网络安全审查制度的保障功能及其实现路径"，载《环球法律评论》2016年第5期，第134~150页。

[2] 参见张怀岭、邵和平："对等视阈下外资安全审查的建构逻辑与制度实现"，载《社会科学》2021年第3期，第40~52页。

网络关键设备,以及数据备份一体机、防火墙、入侵检测系统等11种网络安全专用产品。那么,《网络安全审查办法》所称的"网络产品和服务"是否也应当出台相应的目录进行门类细分,是值得实务部门思考的一个问题。

正是由于上述问题的存在,目前网络安全审查的范围还存在一定的局限性,一些概念尚待明确。在网络安全审查的实际操作中,不能仅着眼于《网络安全审查办法》里明确提到的情形,而是要基于整个网络和数据安全立法框架,作体系解释。我们有理由相信,未来随着网络安全审查法律法规体系的不断完善,网络安全审查的部门分工和审查范围将不断明确和精细化。

三、网络安全审查的基本原则

网络安全审查的基本原则是指导网络安全审查实务全过程的指针,代表了网络安全审查的基本价值取向。根据《网络安全审查办法》,我国在网络安全审查过程中,应当坚持以下四个基本原则。

(一)防范网络安全风险与促进先进技术应用相结合

防范网络安全风险是促进网络信息产业和网络信息事业不断持续健康发展的手段和保障,而不是目的。归根结底,防范网络安全风险要建立在整体信息技术产业发展、网络信息技术进步的基础之上,[1]绝不能因噎废食,因为存在一定的网络安全风险就惧怕和抗拒一切先进技术在网络信息产业当中的应用和普及。事实上,促进先进技术的应用本身是防范网络安全风险的一个关键要求。没有足够先进的网络安全风险防范技术,网络安全一样得不到充分的保障。技术作为一柄双刃剑,会不会产生相应的风险以及相应的风险是否可控,主要还是取决于有没有有力的监管部门和相应的制度政策来进行约束和驾驭。因此,网络安全审查机构在进行网络安全审查的过程当中,对于一切先进技术的审查,要本着有利于我国网络安全信息产业和事业发展进步的价值理念来进行裁夺。[2]对于一些可能存在一定网络安全风险的先进技术,要对网络安全风险和技术收益进行全面的衡量和评估。

---

〔1〕参见宋方青、张可:"论政府基于国家安全理由对网络的管制:逻辑、措施与限度",载《湖南大学学报(社会科学版)》2021年第5期,第136~144页。

〔2〕参见马宁:"国家网络安全审查制度的保障功能及其实现路径",载《环球法律评论》2016年第5期,第134~150页。

（二）过程公正透明与知识产权保护相结合

网络安全审查的过程当中，势必要涉及对于网络信息技术的全面分析和理解。这要求提交网络安全审查的市场主体，对于网络安全审查对象的技术说明，必须有利于审查机构的理解和把握。与此同时，考虑到对网络安全审查进行社会监管和舆论监督的便利性，在一定程度上对于网络安全审查的过程，采取公开透明的公示、说明、听证等程序，是网络安全审查机关尊重民意、维护人民利益和社会公益的基本体现。当然，网络安全审查过程公正透明与知识产权保护是两者不可偏废的。在提交审查的市场主体，充分便利于网络安全审查机构进行网络安全审查的同时，网络安全审查机构也必须高度重视网络安全审查对象在审查过程当中的知识产权完整性以及商业秘密的隐秘性，充分尊重市场主体在网络安全审查当中的知识产权和商业秘密。对此，网络安全审查机构应当建立健全相应的信息保护机制，对提交审查的对象进行技术保密和审查数据信息的妥善管理，避免由于网络安全审查过程当中，对于知识产权和商业秘密的管理疏漏，造成不平等的市场竞争结果，乃至于发生权力寻租和对于审查对象的合法利益侵害。

（三）事前审查与持续监管相结合

网络安全审查是一个过程，这要求网络安全审查机关，对于网络安全审查对象的持续监管，必须实现常态化和长效化。目前来看，网络安全审查的重点固然是事前审查为主，但是从以往的一系列网络安全违法事件来看，过程监督更为重要，尤其是对于一些已经通过网络安全事前审查的市场主体，在其网络信息技术具体应用和开发的过程中，是否严格遵守了事前审查程序时提交的相应说明和规则，只能通过持续监管来进行考察，而不能单纯地通过事前审查的形式，来检验其是否遵守了网络安全的相关规则。事实上，有很多市场主体，在通过事前审查之后，就会自觉或不自觉地放松对于网络安全的重视程度，甚至为了获得相应的经济利益，明目张胆地放弃网络安全的法律义务，进而造成严重的网络安全隐患和风险事件。因此，网络安全审查必须事前审查与持续监管相结合。网络安全审查机关对于网络安全审查对象的持续监管，应当作为后续我国网络安全法治保障完善的过程中一个重要的因素进行强化。

（四）企业承诺与社会监督相结合

从企业社会信用的角度来说，一个遵纪守法信用良好的市场主体，对于公众和政府监管机构的承诺具有高度的信誉效力。在网络安全审查的过程中，企业提交的所有关于网络安全审查的相应说明材料，都在一定程度上代表了企业对于网络安全事项的承诺，构成了企业对于国家、对于公众的信用保证。因此在网络安全审查的过程中，企业承诺作为市场主体的一个重要信用表现，应当被纳入企业信用评价的体系当中。对于那些不遵守自己做出的网络安全事项承诺的企业，应当从企业信用评价的角度，对其进行信用降级乃至于信用处罚，以惩戒其在网络安全事项当中不遵守承诺的失信行为。与此同时，网络安全审查机构对于企业上报材料的审查过程，也不能掉以轻心，应当充分借助公示公告等公开程序，动用社会监督资源，对于企业承诺进行相应的真实性检验，充分调动公众对于企业监督的积极性，以实现企业承诺与社会监督相结合的高效监管方式。

四、网络安全审查的具体措施

（一）明确网络安全审查的具体标准

网络安全审查要落到实处，就必须明确审查的具体标准，实现审查的精准化和规范化。早在2016年，原中央网信办、原质检总局、国家标准委就联合制定印发了《关于加强国家网络安全标准化工作的若干意见》，提出要"推进急需重点标准制定"，加快开展关键信息基础设施保护、网络安全审查、网络空间可信身份等领域的标准研究和制定工作。经过多年探索，《网络安全法》《网络数据安全管理条例》《网络安全审查办法》等一系列规范性法律文件先后出台颁布，网络安全审查的相关标准也逐步从抽象走向具体。但是，目前来看，网络安全审查的标准距离精细化、类型化、系统化的要求，还有很大的差距，具体可以通过以下两个方面的举措进行进一步完善。

第一，推动地方标准与国家标准实现系统化衔接。目前，各地方只有湖南省等个别省市制定了网络安全审查领域的地方标准，如《政务信息化项目网络安全审查规范》等。但是由于在政务信息化项目等细分领域没有对应的网络安全审查国家标准，这些地方标准总体上较为零散和不统一。为了降低各个地方由于网络安全审查标准不统一而产生的治理衔接成本，需要尽快出台统一的国家标准，对网络安全审查标准进行明确的规定。

第二，推动完善和细化具体细分领域的标准。网络安全审查的对象非常繁杂，从信息载体和数据传输形式等不同角度可以进行非常深度的细分。单纯的一两个总体性的一般标准，无法满足精细化的网络安全审查需求和日新月异的网络环境发展。但是从时效性上来考虑，网络环境的复杂性和变化性，也使得标准的制定需要充分考虑可能出现的变化和未来经济社会对网络信息发展的需求。如何兼顾细分领域中网络安全审查的精细程度和经济社会发展的实际需求，是网络安全审查工作中必须考虑的实际问题。因此，需要根据社交媒体、政府主页、军事信息等网络安全审查的不同对象和相应的不同功能需求，建立起不同的细分标准，以适应越发精细化的网络安全审查任务。

（二）构建完备的数据安全治理体系

网络安全审查的关键要素是数据，可以说，数据是网络安全审查的最基本对象，只有抓住了数据这一网络安全审查的"牛鼻子"，才能实现有效的网络安全审查。在当今经济发展、社会生活和政府管理中，数据的价值已经得到了社会的普遍认同和高度的关注。在数字化经济逐渐成为主流的今天，数据流动和共享交换已经成为一个普遍现象。为了实现数据的价值，必须让数据流通，共享数据的最大利用。于是，各国都设立了政府主导的大数据中心或相应的管理部门，以实现各个领域的数据信息共享和交流，同时也要求公共部门和企业通过数据的交流交换来提高自己的服务和运行效率。

作为网络信息的主要形式，数据的共享性和数据的安全性有着天生的矛盾冲突。其中一对关键的矛盾冲突就是效率平衡的问题。数据安全治理体系需要找到一个平衡点，既要符合数据合规的法律政策要求，又要充分利用网络数据信息的巨大潜能，从而加快数据资源的市场化，推动整个国家的健康持续发展。这就需要数据保护机制由过去单纯关注数据交换的结果，转变为基于数据的数据采集、传输、存储、处理、共享和使用的全过程治理监督，进而从管理、技术、流程等各个方面着手，建立一个完备的数据安全治理体系，为网络安全审查提供充分的数据治理的体系保障。

（三）发展网络安全人工智能审查技术

在网络环境中，对安全与风险的认识是一个核心问题，也是网络安全审查的重要前提。面对庞大的网络信息容量，单纯依靠人力进行网络安全的审查工作，显然并不现实。对此，借助人工智能审查技术，对已有的感知信息进行自动解析，可以有效提高网络安全审查的效率，节约大量网络安全审查的时间和人力。[1]人工智能技术智能识别网络安全风险的能力，是依靠大量的数据和算法模型支持，对违反网络安全政策、产生网络安全风险的情况进行自动识别，并对其进行分类处置和自动识别模型的自主优化，具有人力不可比拟的技术优势。借助网络安全人工智能审查技术，可以实现对网络安全风险的种类和具体的风险点进行迅速的筛查辨识，为风险的快速处置干预提供决策支持，为网络安全防护提供强大的支持。

近年来，人工智能技术的快速发展，为我国的网络安全审查的优化开辟了新途径。将人工智能引入公众的安全网络安全审查领域，可以促进网络安全审查工作中跨部门、跨地域、跨领域的信息交流与服务，推动政府管理的扁平化和高效化。全维度的人工智能对网络安全风险进行全面的筛查识别，将有效增强各个领域对信息集成与协作的实际需要，从而促进网络安全风险的一体化协同治理。

第四节 优化网络安全实名登记制度

一、实名登记的主要内容及其功能

网络安全实名登记制度，有时也简称为网络实名制，是指将网络使用者的身份与其真实姓名、身份证号码等信息相对应联系的一种制度。[2]网络安全实名登记制度的产生，有其深刻的技术原因和制度背景。由于最初的互联网活动无法验证互联网使用者的个人真实身份，那么就在互联网环境当中形成了一个法律监管的真空地带。在现代法治社会讲求责任主义的原则之下，无法认定一个行为是具体哪一个主体所做出的，就无从追究其具体的法律责任。这就为互联网上匿名从事违法网络活动的一些社会主体带来了天然的便利。因此，在互联网普及发展的过去几十年里，大量的灰黑产业和违法活动在互联网上横行无忌，得不到有效的监管。其根源之一就是网络环境的匿名性。网络安全实名登记制度的产生，就是为了破解这一问题，是对互联网环

---

[1] 参见王世伟：“论信息安全、网络安全、网络空间安全”，载《中国图书馆学报》2015年第2期，第72~84页。

[2] 参见高一飞、蒋炼：“网络实名制的发展及其规制”，载《广西社会科学》2016年第2期，第102~108页。

境进行有效法律监管的题中应有之义。

从世界各国目前实行网络安全实名登记制度的现实情况来看,实行网络安全实名登记制度,对打击网上违法行为起到了明显的效果。[1]网络安全实名登记制度下,不但需要用户在实名验证后登录账号,同时还要保证网络用户的个人信息、网络账号、上网记录等信息真实可靠且可以事后随时调阅侦查。通过这种方式,可以利用违法犯罪者的个人实名信息注册资料和网络 IP 地址的定位技术,轻易获取违法犯罪者的真实身份和大致位置,对违法犯罪分子和网络违法犯罪实施精确打击。

与此同时,网络安全实名登记制度在规范和引导网络舆论方面,也同样发挥了很大的作用。[2]在实行网络安全实名登记制度的情况下,个人主体无法直接使用不真实的身份或者是彻底隐藏自己的真实信息参与互联网环境中的信息数据交换。而对网络上散布谣言、散布不良信息的,警方可以随时根据用户使用即时通讯方式登录账号后所遗留的信息,迅速找到当事人,进行教育告诫,督促其删除违规信息,纠正错误,澄清真相。

此外,网络安全实名登记制度对保证电子交易的安全性也起到了至关重要的作用。在实行网络安全实名登记制度后,企业经营人员将无法如过去那样隐藏自己的身份来从事违法违规的经营活动。如果企业违法,则可以追寻到企业网络账号注册时的实名信息,从而获取直接责任人和企业负责人相关的违法犯罪事实,并对其承担相应的法律后果。故而,一方面,网络安全实名登记制度通过互联网的身份锁定性提高了对非法交易活动的震慑作用;另一方面,网络安全实名登记制度也为网络管理部门和工商管理部门保障数字经济和网络商业活动的安全创造了极为便利的前提性条件。

无论是在现实环境中还是在网络世界中,任何一个社会主体所享有的自由都是有限度的。[3]"互联网不是法外之地",没有了法律对于网络活动的约束,网络安全也就无从谈及,进而社会主体所享有的权利也就得不到实际的

---

[1] 参见李青:"美国网络安全审查制度研究及对中国的启示",载《国际安全研究》2017 年第 2 期,第 47~65 页。

[2] 参见方世南、徐雪闪:"网络意识形态安全中意见领袖作用研究",载《南京师大学报(社会科学版)》2019 年第 1 期,第 83~104 页。

[3] 参见张龑:"网络空间安全立法的双重基础",载《中国社会科学》2021 年第 10 期,第 83~104 页。

保障。在匿名环境下，由于基于现实世界而设定的制度缺乏对网络空间的有效管控，导致法定的权利义务在网络环境中无法行使和履行，也无从有效救济。实施网络实名制，使网络上的个人身份与现实身份一一对应，进而使现实环境中的权利义务关系得以在网络空间中延展和衔接，而不至于被互联网信息技术的发展和应用所分割。

二、实名登记的范围限制

2010年6月1日，原国家工商总局（现国家市场监督管理总局）印发《网络商品交易及有关服务行为管理暂行办法》（已失效），要求从2010年7月1日起，个人开设网络店铺将需提交开办者的姓名、地址真实信息，进行网络实名登记，将网络实名登记制度的适用范围扩大到了市场经营主体开设的领域。

实行网络实名制，其主要目的在于通过对用户实际身份的认证和确认，有效打击网络违法犯罪活动，有效规范网络行为，净化网络环境，保护国家和社会公众在网络环境中的合法权利。但是，实行网络实名登记，可以获取的社会治理效果一定是建立在限制网络用户自由的基础之上的。由于网络信息系统强大的信息存储、处理功能，网络用户在网络上的各种行为都将被记录下来，而监管机构和执法机关对于这些记录信息的调取乃至于公开，对使用网络者的自由无疑将产生相应的负面影响。例如，网络用户登记了自己的姓名、年龄、性别等个人信息后，如果对该网络用户在网上活动的信息轨迹等进行整理、分析，就可以发现该用户的喜好、行为倾向，其私人活动也面临公开的危险。[1]这意味着网络实名登记制度实行过程当中，必须将网络用户的实名登记的信息范围限制在必要范围内。在实名登记的信息采集过程中，必须严格遵守比例原则。[2]充分尊重用户的个人隐私，在有效打击网络违法犯罪行为的前提下，对网络实名登记信息妥善保存，严格保密，避免发生行政执法机关对网络实名登记信息的泄露，给公民和社会市场主体造成不可挽回的损失。

---

〔1〕 参见徐晓日、刘旭妍："论网络实名制下的个人数据保护"，载《电子政务》2019年第7期，第56~66页。

〔2〕 参见单民、陈磊："博弈与选择：以实名制遏制网络言论犯罪的可行性分析"，载《河北法学》2015年第9期，第29~37页。

三、实名登记的制度设计

网络安全实名登记制度在当今世界已经成为一种通行的网络治理手段。大部分国家都采用了网络安全实名登记制度为本国的网络安全提供治理保障。按照一般的网络安全实名登记制度通行规定，公民个人在使用互联网时，必须提供个人姓名、住址、Email 等能够反映个人真实情况的信息。

我国网络实名登记制度始于 2002 年。根据 2002 年 9 月国务院印发的《互联网上网服务营业场所管理条例》（2022 年修订）第 23 条，"互联网上网服务营业场所经营单位应当对上网消费者的身份证等有效证件进行核对、登记，并记录有关上网信息……"自 2002 年 11 月，所有通过网吧获取网络服务的个人都要提供身份证进行登记。但由于我国开展网络安全实名登记制度试点之初，人脸识别、指纹识别、虹膜识别等生物信息识别技术手段的应用还不普遍和成熟，因此，我国普遍意义上的网络安全实名登记制度是建立在手机电话卡实名制的基础上的。可以理解为，我国网络安全实名登记制度实际上是以手机电话卡实名登记制度为主要媒介而完成的。

2013 年 7 月 16 日，随着电信行业发展的要求，全国实行了手机卡实名制，工业和信息化部颁布《电话用户真实身份信息登记规定》。2015 年，工业和信息化部、公安部、原工商总局分别发布了《电话"黑卡"治理专项行动工作方案》，国家出台了《反恐怖主义法》，全国人民代表大会常务委员会 2012 年出台《关于加强网络信息保护的决定》。按照工信部、公安部、国家工商总局《电话"黑卡"治理专项行动工作方案》的要求，各基础运营商要加强对社会销售渠道的管理。一是向社会销售渠道发放统一的标志、代理商编号，并将其放在醒目的地方。二是所有的网络销售渠道都配备了二代身份证识别设备，在办理手机入网业务时，必须用二代身份证进行身份验证，并将其身份信息输入系统；不能委托没有二代身份证的销售机构办理手机用户的入网业务。三是强化网上营销渠道的管理，电信公司在网上销售手机卡时，必须在预选阶段提交身份证扫描资料；将此信息与"国家居民身份证号码查询服务中心"进行网络比对，确认后才能发放手机卡；在手机卡发放阶段，必须在确认用户的身份证明与网络提供的身份信息相符之后，才能将手机卡片交给客户，并为其提供手机通讯业务。与此同时，工业和信息化部《关于进一步防范和打击通讯信息诈骗工作的实施意见》明确提出，要严格落实移动电话用户实名制工作，严格按照文件要求。一是要采取行之有效的管理与技术手段，以保证用户信息的真实、准确、可追溯，并对新用户进行入网登记，并对其进行拍照、保存。二是对一证多卡实行严格限制，基础运营商要立即对一证多卡进行清理，对同一客户在同一运营商有效使用5个手机电话卡的情况下，不能再为其开设新的电话卡。

根据工业和信息化部的统计数据，自2013年9月1日开始实施电话用户实名制措施后，截至2016年12月31日，我国电话用户（包括固定电话用户和移动电话用户）实名率已实现100%。也正是在手机电话卡实名制在全国范围内普遍确立的背景下，2015年2月，国家互联网信息办公室发布的《互联网用户账号名称管理规定》第5条，明确了网络信息服务商必须根据"后台实名，前台自愿"的原则，对用户进行实名认证，并对其进行实名登记。在"后台实名，前台自愿"的原则之下，违反网络实名制，包括以下三种形式：一是冒名登记。即为达到某种目的，冒用他人的身份，在网络上注册账号，往往是用他人已泄露的个人信息进行登记。利用冒用登记注册的账号进行网络犯罪的，应依法追究其刑事责任，如对被冒名人的名誉、隐私等权利构成侵害的，应依法承担相应的民事责任。二是虚假登记。在这种情形下，网络用户往往是利用伪造的身份证件、户口本、护照等，提供虚假的个人信息进行登记注册。网络服务提供者具有对用户个人信息的真实性进行审查的义务，应在其注意义务范围内承担相应的连带责任。三是不登记。网络实名制下，网络服务提供者未按规定要求用户提供真实身份信息的，由主管部门责令改正，由其在规定期限内要求用户提供个人真实身份信息；拒绝改正或者情节严重的，由主管部门对其或者直接负责的主管人员和其他责任人员进行处罚。

四、实名登记的救济措施

无救济则无权利。实名登记制度实行的过程中，也应当充分给予我国公民有效的救济措施，来避免实名登记造成的一些负面影响为公民造成不可挽回的损失。对于公民实名登记的救济措施，可以从私法和公法两个不同的角度来建构。

私法意义上，实名登记所产生的法律风险主要集中于个人信息的泄露和不当采集、使用、传播上。在大数据时代，信息控制者对于个人信息有很强的利用激励而缺乏同等程度的保护激励。[1]为了强化和明确信息控制者对于个人信息的法律责任,2021年8月,第十三届全国人大常委会第三十次会议通过了《个人信息保护法》,并于2021年11月1日起施行。这是我国首次通过法律的形式,专门规定个人信息的保护事项。《个人信息保护法》在体例上共8章74条,明确了个人信息处理活动应遵循的原则,构建了以"告知-同意"为核心的个人信息处理规则,以此保障个人在信息处理活动中的各项权利,强化个人信息处理者的义务,明确个人信息保护的监管职责,并设置了严格的法律责任。

在《个人信息保护法》实施的背景下,进一步推行和完善网络实名登记制度,必须建立健全网上实名管理体系。在建立网络实名登记制度的基础上,构建完善的个人信息安全法律体系,实现网络实名登记制度也需要建立相应的网上信息安全管理体系。网络身份管理体系需要一个能够和自己真实身份相匹配的网络身份,尽管别人无法通过网络的身份来识别该用户的真实身份,但是通过身份管理系统可以将两者一一对应。[2]目前,国内已初步建立了网络身份认证制度,包括网吧身份登记制度、网络接入服务供应商身份登记制度等。然而,由于存在着伪造身份证和冒用身份证等问题,必须建立一套针对自然人生物的网上身份信息系统,以保证通过网络身份可以查找到利用其身份从事网络活动的人员。比如,网民在进入互联网之前,需要提交自己的指纹、DNA、眼纹等个人信息,并在网上建立相应的身份和个人的生物信息。

从公法意义上来讲,正因为网络实名登记制度是对公民基本权利的一种限制,所以网络实名登记制度的实施过程中必然需要对公共权力进行约束。[3]因此,在规范各种相关措施时,要切实考虑到网络实名登记制度在构建过程中对公共权力的约束,不能任由公共权力侵犯公民的基本权利。[4]公民的基本权利的保护,取决于是否能够形成对公共权力的有效制约,这是法治的核

---

〔1〕 参见周汉华:"探索激励相容的个人数据治理之道——中国个人信息保护法的立法方向",载《法学研究》2018年第2期,第3~23页。

〔2〕 参见张新宝:"从隐私到个人信息:利益再衡量的理论与制度安排",载《中国法学》2015年第3期,第38~59页。

〔3〕 参见高一飞:"互联网时代的媒体与司法关系",载《中外法学》2016年第2期,第486~517页。

〔4〕 参见肖红春:"网络实名制的正当性基础",载《理论与改革》2012年第4期,第80~82页。

心目的。从这一点上来说,网络实名登记制度的推行过程中,应该高度重视对公权力的约束,在出台和适用相应的法律法规的时候,要充分考虑到网络实名登记制度之下的公权力法治化运行。